SCHRIFTENREIHE ZU ARBEITSWISSEN
UND TECHNOLOGIEMANAGEMENT

Herausgeber

Univ.-Prof. Dr.-Ing. Dr.-Ing. E. h. Dr. h. c. Dieter Spath
Univ.-Prof. Dr.-Ing. habil. Prof. e. h. mult. Dr. h. c. mult. Hans-Jörg Bullinger

Institut für Arbeitswissenschaft und Technologiemanagement IAT
der Universität Stuttgart, Stuttgart
Fraunhofer-Institut für Arbeitswirtschaft und Organisation IAO, Stuttgart

Band 35

Johannes Jüngst

Reifegradmodell zur digitalen Kundeninteraktion im Internet

FRAUNHOFER VERLAG

Impressum

Kontaktadresse:
Institut für Arbeitswissenschaft
und Technologiemanagement IAT
der Universität Stuttgart und
Fraunhofer-Institut für Arbeitswirtschaft
und Organisation IAO
Nobelstraße 12, 70569 Stuttgart
Telefon +49 711 970-01, Fax -2299
www.iat.uni-stuttgart.de
www.iao.fraunhofer.de

Schriftenreihe zu Arbeitswissenschaft
und Technologiemanagement

Herausgeber:
Univ. Prof. Dr.-Ing. Dr.-Ing. E. h. Dr. h. c. Dieter Spath
Univ. Prof. Dr.-Ing. habil. Prof. e. h. mult.
Dr. h. c. mult. Hans-Jörg Bullinger

Institut für Arbeitswissenschaft
und Technologiemanagement IAT
der Universität Stuttgart und
Fraunhofer-Institut für Arbeitswirtschaft
und Organisation IAO

Bibliografische Information der
Deutschen Nationalbibliothek:
Die Deutsche Nationalbibliothek verzeichnet
diese Publikation in der Deutschen National-
bibliografie; detaillierte bibliografische Daten sind
im Internet über www.dnb.de abrufbar.

ISSN 2195-3414
ISBN 978-3-8396-1071-8

D 93
Zugl.: Stuttgart, Univ., Diss., 2016

Titelbild: © ellagrin-Fotolia.com

Druck und Weiterverarbeitung:
IRB Mediendienstleistungen
Fraunhofer-Informationszentrum
Raum und Bau IRB, Stuttgart

Für den Druck des Buchs wurde chlor-
und säurefreies Papier verwendet.
Titelbild © Fotolia.de

© FRAUNHOFER VERLAG, 2016
Fraunhofer-Informationszentrum
Raum und Bau IRB
Postfach 800469, 70504 Stuttgart
Nobelstraße 12, 70569 Stuttgart
Telefon +49 711 970-2500, Fax -2508
verlag@fraunhofer.de
http://verlag.fraunhofer.de

Geleitwort

Grundlage der Arbeiten am Institut für Arbeitswissenschaft und Technologiemanagement IAT der Universität Stuttgart und am kooperierenden Fraunhofer-Institut für Arbeitswirtschaft und Organisation IAO ist die Überzeugung, dass unternehmerischer Erfolg in Zeiten globalen Wettbewerbs vor allem bedeutet, neue technologische Potenziale nutzbringend einzusetzen. Deren erfolgreicher Einsatz wird vor allem durch die Fähigkeit bestimmt, kunden- und mitarbeiterorientiert Technologien schneller als die Mitbewerber zu entwickeln und anzuwenden. Dabei müssen gleichzeitig innovative und anthropozentrische Konzepte der Arbeitsorganisation zum Einsatz kommen. Die systematische Gestaltung wird also erst durch die Bündelung von Management- und Technologiekompetenz ermöglicht. Dabei wird durch eine ganzheitliche Betrachtung der Forschungs- und Entwicklungsthemen gewährleistet, dass wirtschaftlicher Erfolg, Mitarbeiterinteressen und gesellschaftliche Auswirkungen immer gleichwertig berücksichtigt werden.

Die im Rahmen der Forschungsarbeiten an den Instituten entstandenen Dissertationen werden in der »Schriftenreihe zu Arbeitswissenschaft und Technologiemanagement« veröffentlicht. Die Schriftenreihe ersetzt die Reihe »IPA-IAO Forschung und Praxis«, herausgegeben von H. J. Warnecke, H.-J. Bullinger, E. Westkämper und D. Spath. In dieser Reihe sind in den vergangenen Jahren über 500 Dissertationen erschienen. Die Herausgeber wünschen den Autoren, dass ihre Dissertationen aus den Bereichen Arbeitswissenschaft und Technologiemanagement in der breiten Fachwelt als wichtige und maßgebliche Beiträge wahrgenommen werden und so den Wissensstand auf ein neues Niveau heben.

Dieter Spath

Hans-Jörg Bullinger

Vorwort

Die vorliegende Arbeit entstand während meiner Tätigkeit als wissenschaftlicher Mitarbeiter am Fraunhofer-Institut für Arbeitswirtschaft und Organisation IAO in Stuttgart.

Herrn Prof. Dr.-Ing. Dr.-Ing. E.h. Dr. h. c. Dieter Spath, Vorstandvorsitzender der Wittenstein AG und Leiter des Instituts für Arbeitswissenschaft und Technologiemanagement IAT der Universität Stuttgart sowie ehemaliger Leiter des Fraunhofer-Instituts für Arbeitswirtschaft und Organisation IAO, danke ich für die freundliche Förderung meiner Arbeit und für die Übernahme des Hauptberichts.

Mein Dank gilt auch Frau Prof. Dr. rer. pol. Meike Tilebein, Leiterin des Instituts für Diversity Studies in den Ingenieurwissenschaften IDS der Universität Stuttgart sowie Leiterin des Zentrums für Management Research der Deutschen Institute für Textil- und Faserforschung DITF Denkendorf, für die Übernahme des Mitberichts.

Für die sehr gute Betreuung möchte ich mich ebenfalls ganz besonders bei Frau apl. Prof. Dr.-Ing. habil. Anette Weisbecker und Herrn Wolfgang Beinhauer bedanken, die meine Arbeit immer wohlwollend unterstützt haben und mir in mehreren Gesprächen mit wertvollen Hinweisen und konstruktiver Kritik zur Seite standen.

Darüber hinaus gebührt mein Dank allen Kolleginnen, Kollegen, Studentinnen und Studenten am Fraunhofer IAO und am IAT der Universität Stuttgart sowie den Partnern aus der Industrie, die zum Gelingen dieser Arbeit beigetragen haben.

Insbesondere möchte ich mich bei Frau Ingrid Beck für ihre Unterstützung bedanken.

Mein herzlicher Dank gilt auch meinen Eltern, die mich auf vielfältige Weise liebevoll unterstützt und ermutigt haben.

Stuttgart, im August 2016
Johannes Jüngst

Reifegradmodell zur digitalen Kundeninteraktion im Internet

Von der Fakultät Konstruktions-, Produktions- und Fahrzeugtechnik

der Universität Stuttgart

zur Erlangung der Würde eines Doktor-Ingenieurs (Dr.-Ing.) genehmigte

Abhandlung

Vorgelegt von

Dipl.-Medieninf. Johannes Jüngst

aus Hilden

Hauptberichter: Prof. Dr.-Ing. Dr.-Ing. E.h. Dr. h.c. Dieter Spath

Mitberichter: Prof. Dr. rer. pol. Meike Tilebein

Tag der mündlichen Prüfung: 30.05.2016

Institut für Arbeitswissenschaft und Technologiemanagement IAT

der Universität Stuttgart

2016

Inhaltsverzeichnis

Tabellenverzeichnis

Abbildungsverzeichnis

Abkürzungsverzeichnis

24/7	24 Stunden täglich, 7 Tage die Woche
AIDA	Attract, Interest, Desire, Action
AISAS	Attract, Interest, Search, Action, Share
AS	Application Sharing
B2B	Business-to-Business
B2C	Business-to-Consumer
BDSG	Bundesdatenschutzgesetz
BGG	Behindertengleichstellungsgesetz
BIU	Bedeutung von Interaktivität auf Unternehmenswebseiten (Abschnitt 2.6.4)
BMI	Bundesministerium des Innern
BR	Brasilien
BSI	Bundesamt für Sicherheit in der Informationstechnik
BVDW	Bundesverband Digitaler Wirtschaft
C2C	Customer to Customer
CIC	Customer Interaction Center
CMM	Capability Maturity Model
CMMI	Capability Maturity Model Integration
CMMI-ACQ	CMMI for Acquisition
CMMI-DEV	CMMI for Development
CMMI-SVC	CMMI for Services
CMS	Content Management System
CN	China
CRM	Customer Relationship Management
DACH	Deutschland, Austria (Österreich), Confoederatio Helvetica (Schweiz)
EDV	Elektronische Datenverarbeitung
engl.	englisch
EHK	Erwartungshaltung der heranwachsenden Kundengeneration (Abschnitt 4.2)
ERM	Ergebnisbetrachtung zum Reifegradmodell (Abschnitt 6.3)
etc.	et cetera
FAQ	Frequently Asked Questions
FG	Fähigkeitsgrad
FS	Fallstudien zur digitalen Kundeninteraktion aus Unternehmenssicht (Abschnitt 4.3)
FSM	Fallstudien: Motivation
FSE	Fallstudien: Erfolgsbedingungen
FSH	Fallstudien: Herausforderungen
FSG	Fallstudien: Grenzen
FSO	Fallstudien: Organisation
FST	Fallstudien: Weiterentwicklung und Trend
GCHQ	Government Communications Headquarter
ggf.	gegebenenfalls
GmbH	Gesellschaft mit beschränkter Haftung
GPS	Global Positioning System
HTML	Hypertext Markup Language
HVB	HypoVereinsbank

IAO	Fraunhofer-Institut für Arbeitswirtschaft und Organisation IAO
IEC	International Electrotechnical Commission
IVR	Interactive Voice Response
IMAP	Internet Message Access Protocol
insb.	insbesondere
ISO	International Organization for Standardization
IT	Informationstechnik
ITE	Iteration mit Experten aus der Wirtschaft (Abschnitt 5.11)
IUW	Internet und Web 2.0 (Abschnitt 2.3)
IuK	Informations- und Kommunikationstechnik
i.V.m.	in Verbindung mit
KI	Kundeninteraktion
KMU	kleine und mittlere Unternehmen
KPI	Key Performance Indicator
M2M	Machine to Machine
MIME	Multipurpose Internet Mail Extensions
MMS	Multimedia Message Service
NR	nicht relevant
NSA	National Security Agency
O	optional
OLAP	Online Analytical Processing
Online-PR	Online-Public Relations
ÖV	öffentlicher Verkehr
P	verpflichtend
PC	Personal Computer
POP3	Post Office Protocol Version 3
POS	Point of Sale
RG	Reifegrad
ROPO	Research Online, Purchase Offline
RSS	Really Simple Syndication
SDK	Studie digitale Kundeninteraktion aus Kundensicht (Abschnitt 4.1)
SEO	Search Engine Optimization
SMS	Short Message Service
SMTP	Simple Mail Transfer Protocol
sog.	sogenannt
SPICE	Software Process Improvement and Capability Determination
USA	United States of America
vgl.	vergleiche
vs.	versus
W3C	World Wide Web Consortium
WWW	World Wide Web
XML	Extensible Markup Language
z.B.	zum Beispiel
ZBU	Zentrale Bestandteile der Unternehmenswebseite (Abschnitt 2.6.2)

Kurzzusammenfassung

Deutsch:

Das Internet als wesentlicher Träger der Wissenserzeugung und -verteilung hat sich in der Beziehung zwischen Unternehmen und Kunden, aber auch der Kunden untereinander, zwischenzeitlich zur entscheidenden Plattform für Kommunikation und Zusammenarbeit entwickelt. Es eröffnet zugleich neue Möglichkeiten der Teilhabe, Emanzipation und Transparenz, die für alle Beteiligten ein großes Potential zur Stärkung der wechselseitigen Einflussnahme, Kooperation und Produktinnovation darstellen – aber auch die Unternehmen einem erhöhten Wettbewerbsdruck aussetzen.

Aktuelle Studien belegen andererseits, dass Unternehmenswebseiten zumeist noch immer als passives Kommunikationsinstrument zur Informationsvermittlung eingesetzt und Elemente zur aktiven Kommunikation, Interaktion und Vernetzung kaum genutzt werden. Das (Dialog-)Potential der digitalen Kundeninteraktion sowohl für die internen Prozesse, den Vertrieb, den Kundenservice als auch für die Innovationsfähigkeit des Unternehmens wird noch weitgehend unterschätzt und die damit verbundenen wettbewerblichen Chancen bleiben ungenutzt. Die Umsetzung von Maßnahmen zur digitalen Kundeninteraktion erfolgt bislang auch zumeist unsystematisch und wird zudem oft unkoordiniert von einzelnen Abteilungen bzw. Verantwortungsbereichen veranlasst. Eine alle relevanten Kriterien umfassende Unternehmensstrategie ist selten vorhanden.

Im Mittelpunkt des Forschungsvorhabens steht die Erarbeitung eines Reifegradmodells zur digitalen Kundeninteraktion als Differenzierungs- und Qualifizierungsinstrument zur Standortbestimmung und Strategieentwicklung von Unternehmen im Prozess der Digitalen Transformation. Ein solches Modell ermöglicht Unternehmen im Rahmen einer systematisierten Selbstbewertung ihres spezifischen Profils, die konkreten Schwachstellen in ihren Interaktionsprozessen zu ermitteln und Optimierungsmöglichkeiten abzuleiten. Der Fokus liegt auf der digitalen Kundenkontaktschnittstelle, über die Unternehmen zu ihren Produkten und Dienstleistungen im Internet auch Informationen und Beratung anbieten.

Das Modell wird auf der Basis von Fallstudien in Zusammenarbeit mit sieben Unternehmen iterativ entwickelt und ein detaillierter Kriterienkatalog zu allen relevanten Bewertungsbereichen wird erstellt. Grundlage und Referenz für das Reifegradmodell ist das

Capability Maturity Model Integration (CMMI). CMMI-Modelle helfen Unternehmen einen Überblick über bewährte Geschäftspraktiken zu bekommen, Stärken und Schwächen objektiv zu analysieren und daraus Verbesserungsmaßnahmen abzuleiten. Das Grundmodell hat sich bereits für eine systematische Aufbereitung von Best Practices zur Optimierung verschiedenster Geschäftsprozesse bewährt und dient in modifizierter und erweiterter Form der Arbeit als Vorlage, um die Anwendungs- und Evaluationsdomänen mit dem Fokus digitaler Kundeninterkation zu definieren.

Auf der Grundlage eines detaillierten Kriterien- und Indikatorenkatalogs werden die zentralen Einfluss- und Erfolgsfaktoren zur Beurteilung des Umsetzungsgrads und der Qualität der dialog- bzw. interaktionsorientierten Kundeninteraktion von Unternehmen im Internet in verschiedenen Entwicklungsstufen dargestellt. Das Modell kennt die fünf Reifegrade: »Information«, »Kommunikation«, »Interaktion«, »Integration« und »Innovation«. Das Zusammenspiel von Mensch, Technik und Organisation und die wechselseitigen Abhängigkeiten der technologischen, wirtschaftlichen und sozialen Prozesse untereinander bilden einen wesentlichen Faktor bei der Bewertung und Einstufung der digitalen Kundeninteraktion und weisen gerade in der Schnittmenge ihrer Wirkungsbereiche hohe Erfolgspotentiale auf. Zusätzlich werden die dialogorientierten Faktoren der digitalen Schnittstellen sowie die kommunikativen und interaktiven Aspekte des Internets berücksichtigt. In der umfassenden Auflistung und Beschreibung der Indikatoren, die jeweils zur Erfüllung eines bestimmten Fähigkeits- bzw. Reifegrades erforderlich sind, wird zwischen verpflichtenden und optionalen Merkmalen differenziert.

Abschließend erfolgt eine Überprüfung des Reifegradmodells im praktischen Einsatz am Beispiel von zwölf Unternehmen (»Hidden Champions«), die eine verstärkte digitale Kundeninteraktion anstreben. Konkrete Handlungsempfehlungen zur Korrektur, Ergänzung und Optimierung des Instrumentariums interner und externer Geschäftsprozesse werden erarbeitet.

Angesichts der Entwicklung immer neuer Technologien und Geschäftsmodelle und eines verstärkten internationalen Wettbewerbs im E-Business wird den Unternehmen mit dem Reifegradmodell ein Instrument angeboten, um einen Überblick über die vorhandenen Handlungsoptionen in der digitalen Kundeninteraktion zu bekommen, ihren jeweiligen Handlungsbedarf zu ermitteln und ggf. die notwendigen Schritte zur Stärkung ihrer Wettbewerbsstellung einzuleiten.

English:

The Internet, as the main vehicle for production and transmission of knowledge, has developed into a key communication and collaboration platform between companies and their customers as well as for customers themselves. It paves the way for participation, emancipation and transparency and offers all parties involved a great potential for strengthening the reciprocal influence, cooperation and innovation of products – but it also exposes companies to increased competitive pressure.

However, recent studies have shown that company websites are still mostly used as a passive communication tool, primarily for offering information. Features for active communication, interaction and networking can rarely be found. The (dialogue) potential of the digital customer interaction for internal processes, sales, customer support as well as the company's ability for innovation is widely underestimated. The connected competitive opportunities remain unused. Measures for digital customer interaction have so far been implemented unsystematically in most cases and arranged in an uncoordinated way by individual departments. A holistic company strategy that includes all relevant aspects is seldom available.

The main subject of this thesis is the formulation of a maturity model for digital customer interaction as a differentiation and qualification tool for defining the position of companies in the process of digital transformation and for developing their strategies. Such a model enables companies to determine specific weaknesses and possibilities for optimization within the scope of a systematic self-assessment of their profile. The focus is on the customer touch points, where companies offer information and advice about their products and services on the Internet.

The model is developed iteratively on the basis of case studies in collaboration with seven companies, and a detailed list of criteria with respect to all relevant evaluation areas is created. The Capability Maturity Model Integration (CMMI) is the basis and reference of the maturity model. CMMI-Models help companies to get an overview of good business practices, to analyze strengths and weaknesses objectively and to derive upgrade measures. The basic model has already proven its worth for a systematic preparation of best practice for the optimization of different business processes and serves in a modified and extended form as a template to define the domains of application and evaluation with the focus on digital customer interaction.

On the basis of a detailed list of criteria and indicators, the main factors for influence and success for the assessment of the level of implementation and quality of the dialogue oriented customer interaction of companies on the Internet is visualized in ascending maturity levels. The model differentiates between the five maturity levels »Information«, »Communication«, »Interaction«, »Integration«, and »Innovation«. The interplay between human, technique and organization and the interdependence of the technological, economic and social processes are an essential factor for the evaluation and classification of the digital customer interaction. These factors show high potentials for success, especially in the intersection of their efficiencies. Additionally, the dialogue oriented principles of the digital interface and the aspects of communication and interaction for the Internet are taken into account. The comprehensive list and description of indicators that are essential to comply with the terms of a certain ability or maturity level distinguishes between obligatory and optional characteristics.

Finally the maturity model is checked in daily operation with the help of twelve companies (»Hidden Champions«) that strive for an enhanced digital customer interaction. Specific recommendations for action for correction, addition and optimization of internal and external business processes are developed.

In view of the ongoing development of new technologies and business models and an increasing international competition in e-business, the maturity model can serve as an instrument for companies to gain a survey of available options in digital customer interaction, to examine their need for action and – if required – to take the necessary steps to strengthen their competitive position.

1   Einleitung

Wir leben in einer digitalen Gesellschaft – das Internet verändert sowohl den Alltag des Einzelnen als auch die Gesellschaft als Ganzes und hat sich mittlerweile als zentrales Informations-, Kommunikations- und Transaktionsmedium etabliert. Die Digitalisierung hat gerade in den letzten Jahren in allen Lebensbereichen deutlich zugenommen. Bereits 37 Prozent der täglichen Kommunikation in Deutschland erfolgt über digitale Medien (vgl. Esche und Hennig-Thurau 2014, S. 19). E-Commerce und E-Business prägen zunehmend unser Wirtschaftsgeschehen. Der Internetwirtschaft wird ein anhaltendes Wachstum über alle Marktsegmente hinweg prognostiziert. Auch in Deutschland bildet sie seit Jahren einen dynamischen Wirtschaftsbereich und generiert zwischenzeitlich ein Viertel des nationalen Wirtschaftswachstums (vgl. Koller, et al. 2013, S. 6).

Der Einsatz neuer Informations- und Kommunikationstechnologien (IuK) und der damit einhergehende Wandel des sozialen Verhaltens beeinflussen und verändern vor allem im Handels- und Dienstleistungsbereich die Anbieter-Kunden-Beziehung nachhaltig. Das Internet als wesentlicher Träger der Wissenserzeugung und -verteilung eröffnet zugleich neue Möglichkeiten der Teilhabe, Emanzipation und Transparenz, die für alle Beteiligten ein großes Potential zur Stärkung der wechselseitigen Einflussnahme, Kooperation und Produktinnovation darstellen – aber auch die Unternehmen einem erhöhten Wettbewerbsdruck aussetzen. Es hat sich in der Beziehung zum Kunden und auch der Kunden untereinander zur zentralen Plattform für Kommunikation und Zusammenarbeit entwickelt. Das Internet schafft Möglichkeiten grenzüberschreitender privater und öffentlicher Kommunikation und verändert damit fundamental die bisherigen traditionellen Gepflogenheiten, wie Waren und Dienstleistungen angeboten, wie sie gesucht, bewertet und gekauft werden (vgl. Wittmann, et al. 2014, Arnold, Schiffer und Pols 2013).

Die Unternehmen sind weltweit und branchenübergreifend von der zunehmenden Digitalisierung betroffen. Dies gilt sowohl für ihre nach außen gerichteten Geschäftsmodelle als auch für ihre betriebsinterne Organisation und Kommunikation, und sie müssen eine geeignete Strategie finden, um die neuen Potenziale zu nutzen. Das trifft insbesondere auch für mittelständische Unternehmen zu, die zwar überwiegend angeben, Digitalisierung als Megatrend wahrzunehmen, aber selten konkrete Vorstellungen von den notwendigen Veränderungsprozessen zur Digitalisierung im Unternehmen haben (vgl. Deloitte 2013, S. 8ff).

1.1 Ausgangssituation und Forschungsfragen

An den vielfältigen Kontaktpunkten zum Unternehmen sammelt der Kunde seine konkreten Erfahrungen und Erlebnisse mit dem Anbieter – dem Unternehmen, der Marke, seinen Produkten und Dienstleistungen und ggf. mit den Mitarbeitern. Schon früher gab es unterschiedliche Kanäle im Kundenkontakt, wie z.B. Point of Sales (POS) und Telefon, die von den Unternehmen bedient werden mussten. Diese klassischen bzw. traditionellen Kanäle waren überschaubar und in der Regel auch leicht zu bewältigen. Sowohl die Anzahl als auch die Vielfalt der Kundenkontaktkanäle für Unternehmen haben sich in den letzten Jahren aufgrund der dynamischen Entwicklung im IT-Bereich erheblich erhöht.

Mit dem Aufkommen der Social Media[1] und deren Plattformen wie beispielsweise Facebook und Twitter wird darüber hinaus nun auch ein öffentlicher Dialog im Netz ermöglicht, der von deutschen Unternehmen mittlerweile verstärkt genutzt wird (vgl. BVDW 2012). Primäres Ziel ist aber häufig noch die Steigerung des Bekanntheitsgrades und/oder die Imageverbesserung im Bereich der Marken- und Produktkommunikation, wie z.B. durch Markenwerbung, Unterhaltung, Livestyle, Transaktionen und Produktvideos. Das führt dazu, dass diese Kanäle z.T. mehr als Push- anstatt als Dialogmedien zum Einsatz kommen. Mögliche Wertschöpfungspotenziale im Customer Relationship Management (CRM), Personalwesen sowie in Innovations-, Vertriebs- und Serviceprozessen werden somit bislang kaum genutzt bzw. ausgeschöpft (vgl. Universität St. Gallen & Conrad Caine 2012, S. 50).

Großen Markenunternehmen bietet die öffentliche Kommunikation über Social Networks aufgrund ihres Bekanntheitsgrades und ihrer Markenattraktivität eine Vielzahl von attraktiven Kommunikations- und Interaktionsmöglichkeiten mit dem Kunden. Für kleine und mittlere Unternehmen (KMU) hingegen stellt sich dieser Kommunikationskanal aufgrund der Unternehmensgröße, der regelmäßig vorhandenen Budgetrestriktionen und auch der geringen Bekanntheit nicht immer als vorteilhaft und effizient nutzbar dar (vgl. Lasogga und Taxacher 2012).

---

[1] Social Media bezieht sich in diesem Zusammenhang auf digitale Medien und Technologien, die es Nutzern (hier überwiegend Kunden und Mitarbeitern) ermöglichen miteinander zu kommunizieren und zu interagieren. Der Austausch von nutzergenerierten Daten und die Vernetzung der Nutzer untereinander stehen dabei im Vordergrund (vgl. Gabler 2011, S. 565).

Ausgehend von traditionellen Unternehmenswebseiten landet man zudem meist wieder im Web 1.0 Zeitalter und bekommt als Nutzer bzw. potenzieller Kunde oft nur ein Kontaktformular oder eine Hotline-Nummer präsentiert, quasi als digitale Visitenkarte. Unternehmenswebseiten wurden in diesem Bereich schon immer überwiegend als Kanäle zur Informationsverbreitung verstanden. Daran hat sich auch bis heute in der Regel kaum etwas geändert. Dialogangebote spielten bzw. spielen in vielen Fällen nur eine geringe Rolle (vgl. Westermann 2004, Pleil, Meck, et al. 2009). Sommerfeldt, Kent und Taylor (vgl. Sommerfeldt, Kent und Taylor 2012) kommen 2012 zu dem Ergebnis, dass Webseiten hier bislang eher nur als passives Kommunikationsmittel genutzt werden und typischerweise dem interessierten Kunden lediglich Inhalt und Design anbieten. McCorkindale und Morgoch (vgl. McCorkindale und Morgoch 2013) machen darüber hinaus darauf aufmerksam, dass Webseiten hinsichtlich der mobilen Einsatzfähigkeit und der grundlegenden Dialog Prinzipien noch erhebliche Optimierungspotenziale aufweisen.

Nach einer Studie der Hochschule Fresenius und des Technikums Wien (vgl. Lasogga 2012) lassen besonders kleine und mittlere Unternehmen die Potenziale des Internets und ihrer eigenen Unternehmenswebseiten in der Regel ungenutzt. Auch eine Studie des Statistischen Bundesamts zur Nutzung von IuK-Technologien in Unternehmen von 2012 bestätigt dieses Ergebnis (vgl. Statistisches Bundesamt 2012). Vor allem eine zielgruppengerechte Aufbereitung der Inhalte sowie Automatisierungen durch Self-Services bis hin zu interaktiven Beratungs- und Kontaktangeboten werden meistens vernachlässigt, obwohl Werkzeuge und Vorgehensweisen dafür auf dem Markt schon längst angeboten werden (vgl. Riekhof, Buhleier und Mix 2014, S. 19).

Marketing und Public Relations alleine sind jedoch unter den aktuellen Wettbewerbs-bedingungen keineswegs mehr ausreichend für eine erfolgreiche Kundenkommunikation. Hauptsächlich in der Interaktion steckt nach wie vor ein großes von vielen Unternehmen noch immer ungenutztes und weitgehend unterschätztes Potenzial. Das gilt sowohl für den Vertrieb, die Beratung und den Kundenservice als auch für die Innovationsfähigkeit des Unternehmens. Freilinger, Lachenmaier und Parpart fanden in einer Studie 2010 heraus, dass trotz der erhöhten Konkurrenz durch Social Media gerade die Unternehmenswebseiten in der Phase der Informationsbeschaffung einen echten Mehrwert für den Kunden in der Unternehmenskommunikation bieten, den es zu heben und weiterzuentwickeln gelte, um somit durch das Unternehmen selbst den Aspekt der verlässlichen Interaktion und Transaktion zu stärken (vgl. Freilinger, Lachenmaier und Parpart 2010). Auch Pleil (vgl. Pleil 2012) reklamiert in diesem Zusammenhang noch weitgehend ungenutzte (Dialog-)Potenziale, die im Zuge der neuen und hohen Kundenerwartungen an Offenheit, Transparenz und Kommunikationsqualität in einer digitalisierten Gesellschaft von Unternehmen zu beachten und zu bedienen sind. Genauso betont Haumer die wichtige Rolle von Unternehmenswebseiten in der Zukunft: »*Die Corporate Website als digitale Visitenkarte hat dabei in jedem Fall ausgedient.*« (Haumer 2011)

Ein webgestütztes Kundenbeziehungsmanagement bildet eine einfache Möglichkeit, um mit Kunden effizient und nachhaltig in Kontakt zu bleiben. Bei der Auswahl einer geeigneten Lösung bzw. Methode ist jedoch eine spezifische Strategie zu wählen, die der jeweiligen Interessenlage der Unternehmen gerecht wird und die Komplexität der vielfältigen Interaktionsmöglichkeiten mit dem Kunden im Web 2.0 bedarfsorientiert reduziert. Die digitale Kundeninteraktion muss finanzierbar, zielführend und beherrschbar bleiben (vgl. Lasogga 2012, S. 26).

Vor diesem Hintergrund wird deutlich, dass nicht nur Information und Transaktion sondern auch eine gute Beratung und verstärkte Dialogfähigkeit zur Differenzierung im Onlinehandel im Internet immer wichtiger werden und einen wesentlichen Wettbewerbsfaktor darstellen. In der vorliegenden Arbeit ist zu untersuchen, wie und in welcher Vorgehensweise Online-Beratungskonzepte zu etablieren sind und sich optimieren lassen. Dies setzt die Klärung der Fragen voraus, welche Faktoren einen dialogorientierten und erfolgreichen Onlinehandel generell kennzeichnen und welchen besonderen Anforderungen die Dialog- und Benutzerführung an den digitalen Kontaktpunkten in einem zeitgemäßen Dienstleistungskontext unterliegen.

Unternehmenswebseiten werden sich unter den skizzierten Bedingungen eines sich zunehmend verschärfenden Wettbewerbs nicht länger auf Selbstdarstellung, Eigenlob und Werbung beschränken können. Vielmehr stellt sich die Frage, ob und inwieweit sie vielmehr auf eine erhöhte Transparenz auszurichten sind und einen echten, ggf. auch kritischen Dialog fördern sollten. Hier ist zu erörtern, wie sich eine dialogorientierte Gestaltung und Nutzung auf einer zentralen Unternehmenswebseite aktiv fördern und möglichst weitgehend automatisieren lässt. In diesem Zusammenhang ist auch zu klären: Wo liegen letztlich die Grenzen der vom Unternehmen ausgehenden Aktivitäten zur digitalen Kundeninteraktion zur Stärkung der Kundenbindung?

Der Einsatz geeigneter Technologien und die nutzerorientierte Gestaltung der einzelnen Schnittstellen, die dem Kunden Zugang zum Vertriebs- und Serviceangebot des Unternehmens eröffnen, könnten sich in diesem Zusammenhang als entscheidende Erfolgsfaktoren darstellen. Vor allem die Problematik des Zusammenspiels der unterschiedlichen Kundenkontaktkanäle, wie diese sich gegenseitig beeinflussen oder ergänzen und wie im Idealfall deren Wirkungsgrad verbessert werden kann, ist allerdings noch nicht geklärt (vgl. Hanisch, et al. 2015, S. 41) und wird Gegenstand dieser Untersuchung sein. In diesem Zusammenhang reklamiert auch Zollet, dass insbesondere die Auswirkungen der unterschiedlichen Formen und Grade von Interaktivität auf den Erfolg einer Webseite noch näher untersucht werden müssen. Das Gleiche gelte für die Definition von Interaktions-Entwurfsmustern (Interaction Patterns) auf Unternehmenswebseiten zur Gestaltung von Interaktion im Internet sowie hinsichtlich einer Analyse, wie eine optimale Interaktion erreicht bzw. durch das Unternehmen sowohl technisch als auch organisatorisch umgesetzt werden könne (vgl. Zollet 2014, S. 10). Ähnliches gilt für Prozesse und Organisationskultur im Cross-Channel-Commerce, d. h. wenn Unternehmen ihre Internetpräsenzen mit dem stationären Handel verzahnen (vgl. BITKOM 2015, S. 5).

Angesichts der stetigen Expansion der öffentlichen und privaten Kommunikation über Social Networks sind auch die Unterschiede bzw. Vor- und Nachteile einer verstärkten Dialogorientierung über die zentrale Unternehmenswebseite im Verhältnis zur Dialoggestaltung im Social Web zu untersuchen und zu bewerten. Wie stellen sich die unterschiedlichen Potenziale vor allem aus der Sicht kleiner und mittlerer Unternehmen dar? Unabhängig davon, dass man derzeit eine Onlinelandschaft vorfindet, in der nur wenige Anbieter zentrale Dienste und Services (z.B. Suchportale, Netzwerke, App-Stores, »Gefällt mir«-Bewertungen) – wie z.B. Facebook oder Google – anbieten, schafft die sich permanent verstärkende Marktstellung dieser globalen Netzwerke möglicherweise gegenüber Unternehmen und Kunden Abhängigkeiten, die durch eigene Dialogangebote auf der Unternehmenswebseite vermieden bzw. reduziert werden können.

Ein Aufbrechen bzw. eine Dezentralisierung der Informationshoheiten des Social Web könnte sich aus Sicht der Unternehmen als notwendig herausstellen, um in Zukunft dem Kunden gegenüber eine transparente Informationspolitik im Internet anbieten und Internetfreiheit gewährleisten zu können. Unternehmen könnte daher grundsätzlich zu empfehlen sein, ihre Kundenkommunikation und -transaktionen wieder zu sich zurück auf die eigene

Unternehmenswebseite zu ziehen, um dort auch den Nutzer wieder persönlich und direkt auf seiner »Kundenreise[1]« zum Produkt begleiten und betreuen zu können. Auch zunehmend verstreute Informationshoheiten könnten somit beim Unternehmen auf eigenen, dezentralen Portalplattformen gebündelt werden und die Daten der Nutzer könnten in Nutzerhand verbleiben. Die Aufgabe, relevante Informationen sicher und vertrauenswürdig zu verwenden, obläge damit in transparenter und überschaubarer Weise wieder eigenverantwortlich dem Anbieter. Hieraus könnte sich ein Wettbewerbsvorteil entwickeln, der auch einem erkennbar verstärkten Kundeninteresse entgegenkommt und – ohne den Umweg über globale Netzwerke – wieder größeres Vertrauen in Internetdienste schaffen kann.

Darüber hinaus wird im Rahmen dieser Arbeit auch zu klären sein, welche Auswirkungen die digitale Kundeninteraktion auf die Unternehmen im Innenverhältnis, auf deren interne Strukturen und Prozesse hat und welche spezifischen Anforderungen insbesondere an das Management, die Organisation und das Personal zu stellen sind.

Die Auswirkungen der Digitalisierung auf die jeweiligen Branchen werden von mehr als jedem zweiten deutschen Unternehmen als sehr deutlich oder sogar als disruptiv empfunden (vgl. Dufft und Flug 2014, S. 13). Die Durchdringung des gesamten Wirtschaftslebens durch digitale Technologien führt dazu, bisherige Geschäftsstrategien und Organisationsstrukturen grundlegend in Frage zu stellen und neu zu überdenken. Ein Großteil der deutschen Unternehmen wird dabei aber zumeist nicht von einer übergreifenden digitalen Strategie geleitet. Projekte werden allzu oft vereinzelt bzw. in nur ausgewählten Teilbereichen angegangen und ohne systematische Vorgehensweise durchgeführt (vgl. Dufft und Flug 2014, S. 15, Riekhof, Buhleier und Mix 2014, S. 13, Rossmann und Parpat 2013, S. 7f). Dies führt zu einem »Silodenken« insbesondere in den für die Unternehmensentwicklung wichtigen Fachbereichen IT und Marketing. Aber auch andere Unternehmensbereiche wie z.B. Vertrieb, Öffentlichkeitsarbeit oder Prozessmanagement sind durch die zunehmende Digitalisierung starken Veränderungen unterworfen, bleiben aber in den Überlegungen meist außen vor. Die zur digitalen Anpassung erforderlichen internen Ressourcen und Kompetenzen stehen nicht in allen Unternehmensbereichen in gleichem Maße zur Verfügung. Eine

---

[1] Die »Kundenreise« (»Customer Journey«) beschreibt den Weg, den ein Kunde geht, bzw. die Phasen, die ein Kunde durchläuft, bis er eine endgültige Kaufentscheidung trifft.

wesentliche Herausforderung stellt daher die Zusammenführung der zahlreichen digitalen Projekte und Handlungsfelder in den verschiedenen Geschäftsbereichen dar und letztendlich deren Einbindung in eine übergreifende Digitalisierungsstrategie (vgl. Dufft und Flug 2014, S. 33).

1.2 Zielsetzung und Nutzen der Arbeit

Vor dem Hintergrund der zunehmenden Vielfalt der Kundenkontaktpunkte und Interaktionsmöglichkeiten, der neuen Anforderungen der heranwachsenden Generation und der voranschreitenden Digitalisierung von Wirtschaft und Gesellschaft soll die Arbeit einen Beitrag dazu leisten, die digitale Kundeninteraktion von Unternehmen zu analysieren, zu bewerten und zu optimieren.

Im Mittelpunkt der Arbeit steht die Erarbeitung eines Reifegradmodells zur digitalen Kundeninteraktion als Differenzierungs- und Qualifizierungsinstrument zur Standortbestimmung und Strategieentwicklung von Unternehmen im Prozess der Digitalen Transformation[1]. Ein solches Modell ermöglicht Unternehmen im Rahmen einer systematisierten Selbstbewertung ihres spezifischen Profils, die konkreten Schwachstellen in ihren Interaktionsprozessen zu ermitteln und Optimierungsmöglichkeiten abzuleiten, um den veränderten Anforderungen der neuen und künftigen Kundengenerationen gerecht zu werden. Der Fokus liegt auf der digitalen Kundenkontaktschnittstelle, über die Unternehmen zu ihren Produkten und Dienstleistungen im Internet auch Informationen und Beratung anbieten.

Auf der Grundlage eines detaillierten Kriterien- und Indikatorenkatalogs sollen die zentralen Einfluss- und Erfolgsfaktoren zur Beurteilung des Umsetzungsgrads und der Qualität der dialog- bzw. interaktionsorientierten Kundeninteraktion von Unternehmen im Internet in verschiedenen Entwicklungsstufen dargestellt werden – von der Kommunikation über die Interaktion bis hin zur Integration. Dabei sind die internen Strukturen und Prozesse mit einzubeziehen und Abhängigkeiten zu analysieren. Zusätzlich sollen der Grad der Automatisierung zur Beantwortung von schriftlichen Kundenanfragen und die Funktionalität

---

[1] Der Begriff der Digitalen Transformation beschreibt die Nutzung von digitalen Technologien (Analytics, Mobilität, Social Media etc.), um die Leistungsfähigkeit und die Reichweite eines Unternehmens im digitalen Zeitalter zu verbessern (vgl. Westerman, Bonnet und McAfee 2014). Der Prozess der Transformation geht einher mit Veränderungen der Strategie, Struktur, Kultur und Prozesse eines Unternehmens.

von Self-Services mit betrachtet und von der aktiven, betreuenden Kommunikation z.B. über Chat oder Video abgegrenzt werden. Die Indikatoren für eine Bewertung sind hier im Wesentlichen Interaktivität, Automatisierung und Wissensmanagement.

Mit dem Reifegradmodell wird versucht, die Anforderungen der digitalen Kundennähe unter den Bedingungen eines globalisierten Wettbewerbs zu definieren. In diesem Zusammenhang sind zudem die Auswahl, der Einsatz und der Wirkungsgrad unterschiedlicher digitaler Medien, die Anforderungen an die internen Prozesse und Strukturen und die spezifischen Erwartungen der neuen Kundengeneration zu analysieren und zu bewerten. Auch zukünftige Entwicklungen und die Dynamik des Marktes sollen berücksichtigt und soweit möglich im Modell abgebildet werden.

Angesichts der Entwicklung immer neuer Technologien und Geschäftsmodelle und eines verstärkten internationalen Wettbewerbs soll mit dem Reifegradmodell den Unternehmen ein Instrument angeboten werden, ihren Status in der digitalen Kundeninteraktion im Marktgeschehen laufend zu überprüfen, ihren jeweiligen Handlungsbedarf zu ermitteln und ggf. die notwendigen Schritte zu Stärkung bzw. zum Ausbau ihrer Wettbewerbsstellung einzuleiten.

1.3 Fokus und Eingrenzung des Untersuchungsbereichs

Die vorliegende Arbeit befasst sich mit der »Interaktion« zwischen Anbieter und Kunden im Business-to-Customer (B2C) und Business-to-Business (B2B) Bereich mit Hilfe innovativer Kommunikations- und Interaktionsmethoden im Internet. Der Fokus liegt auf den jeweiligen Unternehmenswebseiten, die als zentraler Anlaufpunkt für Kunden im Internet dienen.

Die Betrachtung entspricht vor allem dem kommunikativen und kollaborativen Teil des Customer Relationship Management (CRM) und geht inhaltlich darüber hinaus (siehe Abschnitt 2.1.3). Dabei werden die einzelnen Schnittstellen zum Kunden, die sogenannten Kundenkontaktkanäle, und die jeweilige Interaktionsgestaltung mit innovativen Informations- und Telekommunikationstechnologien detailliert analysiert. Leußer, Hippner und Wilde (vgl. Leußer, Hippner und Wilde 2011, S. 44ff) haben hierzu schon einen ersten Ansatz zur Differenzierung der verschiedenen Schnittstellen aufgezeigt. Dieser soll im Rahmen der Arbeit aufgegriffen und modifiziert bzw. erweitert werden (siehe dazu Abschnitt 2.1.3).

Die Abläufe aus Sicht des Kunden in der Orientierungs- und Entscheidungsphase im Kaufprozess sind zentraler Teil der Untersuchung. Im Unterschied zur initialen Anregungs- und der abschließenden Nachkaufphase, für die sich z.T. schon Methoden etabliert haben (vgl. Lammenett 2014, S. 32ff), wie z.B. zum Suchmaschinenmarketing, Social Media Marketing oder Content Marketing, werden diese Phasen bislang nur unzureichend durch entsprechende internetbasierte Informations- und Kommunikationsangebote unterstützt.

Der Schwerpunkt der Untersuchung liegt auf deutschen Unternehmen mit beratungsintensiven und komplexen Produkten und Dienstleistungen, die im Internet angeboten und vertrieben werden, und erstreckt sich im Wesentlichen auf die Prozesse zur Beratung, zum Support und Service. Dabei stehen Versicherungen und Banken (als Berater und Vermittler), Handel, Service und Support, aber auch Technologieunternehmen und Wissensanbieter im Mittelpunkt und bilden branchenbezogen die Zielgruppe.

1.4 Vorgehensweise und Aufbau der Arbeit

Ausgehend von der Entwicklung und Bedeutung der digitalen Kundeninteraktion in Geschäftsprozessen werden im Rahmen von vier Fallstudien zu Unternehmen, die schon digitale Kundeninteraktionsmöglichkeiten anbieten, die zentralen Einfluss- und Erfolgsfaktoren der digitalen Kundeninteraktion erarbeitet und mit Hilfe von bereits bestehenden Studien verifiziert werden. Die Fallstudien werden anhand von leitfadengestützten Experteninterviews mit Personen erstellt, die für die jeweiligen Bereiche Kundenservice, Marketing oder IT im Unternehmen verantwortlich sind. Aus den Untersuchungsergebnissen und ihrer Auswertung unter Berücksichtigung der wissenschaftlichen Literatur gilt es – ausgerichtet auf die externen und auch internen Geschäftsprozesse – einen umfassenden Kriterien- und Indikatorenkatalog zu erstellen, der die Basis für die Ermittlung verschiedener Reifestufen und die Entwicklung des Reifegradmodells bildet. Konkrete Handlungsempfehlungen zur Korrektur, Ergänzung und Optimierung des Instrumentariums der digitalen Kundeninteraktion werden erarbeitet.

Grundlage und Referenz für das Reifegradmodell ist das Capability Maturity Model Integration (CMMI)[1] zur Bewertung der Reife von Softwareprozessen, das 2002 an der

---

[1] Webseite des CMMI Instituts: http://cmmiinstitute.com/

Carnegie Mellon University in Pittsburgh erarbeitet und in den darauf folgenden Jahren in unterschiedlichen Varianten weiterentwickelt wurde (siehe Abschnitt 2.7.1). CMMI-Modelle helfen Unternehmen einen Überblick über bewährte Geschäftspraktiken zu bekommen, Stärken und Schwächen objektiv zu analysieren und daraus Verbesserungsmaßnahmen abzuleiten. Das Grundmodell hat sich bereits für eine systematische Aufbereitung von Best Practices zur Optimierung verschiedenster Geschäftsprozesse bewährt und soll in modifizierter und erweiterter Form der Arbeit als Vorlage dienen, um die Anwendungs- und Evaluationsdomänen mit dem Fokus digitaler Kundeninteraktion zu definieren und zu bewerten.

Eine erste Überprüfung des Reifegradmodells geschieht in einer Iteration mit Experten aus der Wirtschaft. Anschließend werden das entwickelte Verfahren und die Indikatoren zur Reifegradbewertung in Zusammenarbeit mit Unternehmen, die eine verstärkte digitale Kundeninteraktion anstreben, im praktischen Einsatz evaluiert. Nach einer abschließenden Ergebnisbetrachtung wird weiterer Forschungsbedarf aufgezeigt und erfolgt ein Ausblick auf bereits erkennbare Entwicklungstendenzen.

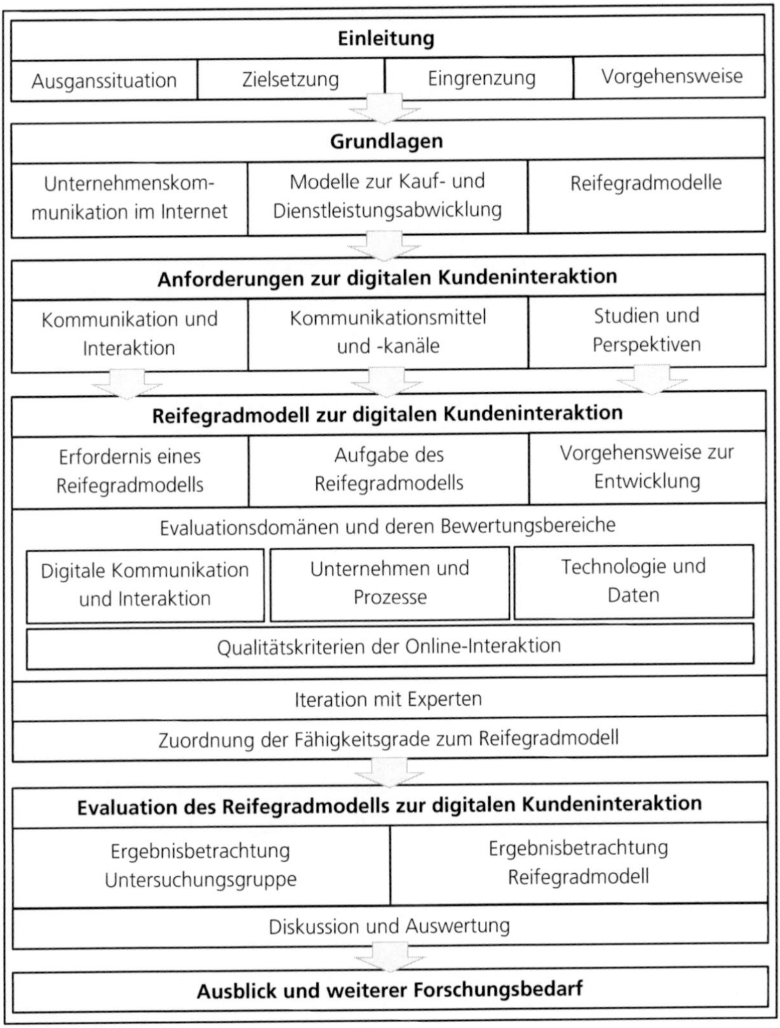

Einleitung			
Ausganssituation	Zielsetzung	Eingrenzung	Vorgehensweise

Grundlagen		
Unternehmenskommunikation im Internet	Modelle zur Kauf- und Dienstleistungsabwicklung	Reifegradmodelle

Anforderungen zur digitalen Kundeninteraktion

Kommunikation und Interaktion	Kommunikationsmittel und -kanäle	Studien und Perspektiven

Reifegradmodell zur digitalen Kundeninteraktion

Erfordernis eines Reifegradmodells	Aufgabe des Reifegradmodells	Vorgehensweise zur Entwicklung

Evaluationsdomänen und deren Bewertungsbereiche

Digitale Kommunikation und Interaktion	Unternehmen und Prozesse	Technologie und Daten

Qualitätskriterien der Online-Interaktion

Iteration mit Experten

Zuordnung der Fähigkeitsgrade zum Reifegradmodell

Evaluation des Reifegradmodells zur digitalen Kundeninteraktion

Ergebnisbetrachtung Untersuchungsgruppe	Ergebnisbetrachtung Reifegradmodell

Diskussion und Auswertung

Ausblick und weiterer Forschungsbedarf

Abbildung 1: Schaubild zum Aufbau der Arbeit

2 Kommunikation und Interaktion mit Kunden im Internet

2.1 Unternehmenskommunikation im Internet

Die Nutzung des Internets und der digitalen Medien sowohl im Rahmen der externen als auch der internen Unternehmenskommunikation gehört mittlerweile zum Standard der Unternehmen. Im Folgenden sollen im Hinblick auf die Themenstellung zunächst die Grundbegriffe der externen Unternehmenskommunikation und deren Einbettung in diese Arbeit erläutert werden. Dabei ist hinsichtlich der Zielrichtung bzw. Zweckbestimmung grundsätzlich zwischen drei verschiedenen Arten der Kommunikation zu unterscheiden.

2.1.1 Online-Public Relations (Online-PR) und Online-Marketing

Online-Public Relations umfasst nach Zerfaß und Pleil (vgl. Zerfaß und Pleil 2012, S. 47f) alle Kommunikationsaktivitäten im Internet und Social Web, die die Wahrnehmung von Produkten, Marken, Unternehmen, Ereignissen und Personen in einer nicht werblichen Form beeinflussen. Online-PR versucht dabei eine Art Öffentlichkeit im Internet herzustellen und umfasst vor allem einen Großteil der Pressearbeit des Unternehmens. Dabei kann Online-PR je nach Situation vom Unternehmen ausgehend monologisch, d. h. durch die Bereitstellung von Informationen, z.B. per Pressemitteilung, oder aber dialogorientiert bzw. interaktiv aufgebaut werden, d. h. im wechselseitigen Austausch mit den Bezugsgruppen, z.B. über Weblogs, Videosites, Social Networks oder Microblogging. Darüber hinaus können sich Unternehmen auch öffentlichkeitswirksam an der Kommunikation Dritter beteiligen. Je nach Ziel und Beziehung werden unterschiedliche Kommunikationsmodi – wie z.B. Abruf, Diskussion oder Vernetzung – und unterschiedliche Formen der kommunikativen Einflussnahme – wie z.B. Persuasion, Argumentation oder Information – genutzt. Im Gegensatz zum Marketing ist PR vor allem auf Multiplikatoren und Meinungsbildner ausgerichtet und bezieht sich in der Regel auf das Gesamtbild und die umfassende Kommunikation eines Unternehmens.

Online-Marketing und die dazugehörigen digitalen Maßnahmen zielen dagegen direkt darauf ab, Kunden zu werben, auf ein bestimmtes Produkt aufmerksam zu machen oder auf eine bestimmte Internetpräsenz zu lenken, um dort ein Geschäft bzw. eine Transaktion einzuleiten oder abzuschließen (vgl. Lammenett 2014, S. 26). Online-Marketing Maßnahmen können dabei einerseits im klassischen Sinne Bannerwerbung, Suchmaschinenmarketing, E-Mail-Marketing und -Werbung, Social Media Marketing oder Affiliate-Marketing umfassen, andererseits aber auch Maßnahmen, die nicht im Umfeld des Internets stattfinden, aber dennoch darauf abzielen, die Aufmerksamkeit der potenziellen Kunden auf eine Internetpräsenz zu lenken – wie z.B. Cross Media Marketing. Dementsprechend sind der Aufbau und die Gestaltung der Unternehmenswebseite ein zentraler Bestandteil des Online-Marketings.

2.1.2 Electronic-Business (E-Business) und Electronic-Commerce (E-Commerce)

E-Business bzw. Digital Business beschreibt den Einsatz von Informations- und Kommunikationstechnologien zur Unterstützung und Automatisierung von internen und externen Geschäftsprozessen von Unternehmen mit dem Ziel der Generierung eines elektronischen Mehrwerts (vgl. Strauß und Schoder 2002, S. 15, Salmen und Gröschel 2004, S. 6, Meier und Stormer 2012, S. 2). Kollmann (vgl. Kollmann 2001, S. 64ff) unterscheidet zur genaueren Definition des Begriffs schon 2001 zwischen einer theoretischen und einer praxisorientierten Perspektive und schreibt 2014:

»E-Business ist die Nutzung der Informationstechnologien für die Verbreitung (Informationsphase), Verhandlung (Kommunikationsphase) und Durchführung (Transaktionsphase) von Geschäftsprozessen zwischen ökonomischen Partnern über innovative Kommunikationsnetzwerke (theoretische Sichtweise).« (Kollmann 2014, S. 51)

»E-Business ist die Nutzung von innovativen Informationstechnologien, um über den virtuellen Kontakt etwas zu verkaufen, Informationen anzubieten bzw. auszutauschen, dem Kunden eine umfassende Betreuung zu bieten und einen individuellen Kontakt mit den Marktteilnehmern zu ermöglichen (praxisorientierte Sichtweise).« (Kollmann 2014, S. 51)

Information, Kommunikation und Transaktion über digitale Netzwerke sind mithin jeweils die grundlegenden Bausteine des E-Business und die Nutzung der modernen Informationstechnologien stellt den zentralen Wettbewerbsfaktor dar.

E-Commerce bezeichnet hingegen konkret den elektronischen Handel bzw. Handelsverkehr im Internet (vgl. Salmen und Gröschel 2004, S. 6, Laudon und Traver 2012, S. 49) und bildet damit lediglich einen Teilbereich des E-Business ab. Vergleichbar mit Online-Marketing umfasst E-Commerce die Maßnahmen und Aktivitäten zum Werben, Kaufen oder Verkaufen von Produkten und Dienstleistungen im Internet (vgl. Kollmann 2014, S. 17). Neben den Verkaufs- oder Kaufprozessen fallen aber z.T. auch Kontaktprozesse wie Kundensupport und Self-Services darunter.

2.1.3 Customer Relationship Management (CRM)

»Customer Relationship Management umfasst den Aufbau und die Festigung langfristig profitabler Kundenbeziehungen durch abgestimmte und kundenindividuelle Marketing-, Sales- und Servicekonzepte mit Hilfe von modernen Informations- und Kommunikationstechnologien.« (Leußer, Hippner und Wilde 2011, S. 18)

Der Begriff Customer Relationship Management bzw. Kundenbeziehungsmanagement steht damit für die Ausrichtung aller Geschäftsprozesse auf den Kunden und den systematischen Aufbau und die Gestaltung von Kundenbeziehungsprozessen, wie z.B. Kundenansprache, -bindung und deren Entwicklung mit Hilfe von IuK-Systemen. Grundlegend kann zwischen dem strategischen, analytischen und dem operativen CRM unterschieden werden. Neben dem strategischen CRM, das sich im Wesentlichen auf die Prozesse zur Definition der Zielsetzung einer CRM-Umsetzung im Unternehmen bezieht, steht das analytischen CRM für eine systematisierte Analyse von Kunden- und Transaktionsdaten und das operative CRM für die Umsetzung der gewonnenen Erkenntnisse der analytischen CRM-Prozesse sowie die unmittelbare Unterstützung kundenbezogener und operativer Geschäftsprozesse (vgl. Leußer, Hippner und Wilde 2011, S. 38ff). Dieser Ansatz wird ergänzt durch die Herausstellung der kommunikativen und kollaborativen Elemente des CRM, die gerade mit Blick auf die Themenstellung dieser Arbeit von besonderer Bedeutung sind. Das kommunikative CRM kann demnach als Teilbereich des operativen CRM gesehen werden und bezieht sich auf alle kommunikativen Prozesse über die Schnittstellen, wie insbesondere die Kundenkontaktpunkte des Unternehmens (vgl. Grabner-Kräuter und Schwarz-Musch 2009, S. 184). Das kollaborative CRM bezieht sich hingegen auf die Interaktion von Mitarbeitern, mit externen Partnern sowie Kunden mit der Zielsetzung, die Kundenorientierung entlang der Wertschöpfungskette zu optimieren (vgl. Schubert 2012). Es überschneidet sich dabei mit dem analytischen, operativen und kommunikativen CRM und erweitert einzelne Funktionalitäten um interaktive Prozesse (siehe Abbildung 2).

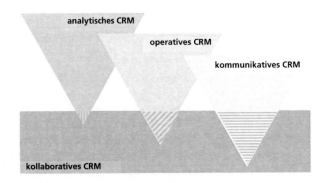

Abbildung 2: Einordnung des kollaborativen CRM in das Gesamtkonzept des Customer Relationship Managements in Anlehnung an Schubert (Schubert 2012)

Die im Fokus der Arbeit stehende »Interaktion« zwischen Anbieter und Kunden im B2C- und B2B-Bereich mit Hilfe innovativer Kommunikations- und Interaktionsmethoden entspricht damit vor allem dem kommunikativen und dem kollaborativen Bereich des CRM. Interaktivität ist einer der Faktoren, die eine Bindung von Kunden und Unternehmen im CRM initiieren und fördern (vgl. Lawler, Vandepeutte und Anderson 2006, S. 272).

Zur Verdeutlichung stellt Abbildung 3 die typischen Komponenten eines CRM-Systems dar, die dabei helfen, die analytischen und operativen Prozesse mithilfe der neuen Informations- und Kommunikationstechnologien umzusetzen. Das kommunikative CRM wird durch die »Customer Touch Points« und die »Interaktionskanäle« dargestellt und umfasst das Management aller Kommunikationskanäle zwischen Kunden und Unternehmen (über z.B. Face-to-Face, Telefonie, Internet, E-Mail, Direct Mailing, etc.), um eine bidirektionale Kommunikation zu ermöglichen.

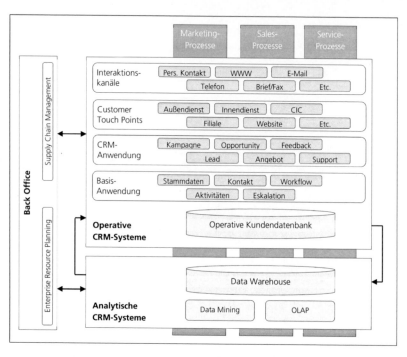

Abbildung 3: Komponenten eines CRM-Systems in Anlehnung an Leußer, Hippner und Wilde (Leußer, Hippner und Wilde 2011, S. 45)

2.2 Modelle zur Kauf- und Dienstleistungsabwicklung

Zur Identifikation der digitalen Interaktionspotenziale werden im Folgenden zunächst drei verschiedene Modelle zur Kauf- und Dienstleistungsabwicklung dargestellt, welche die Beziehung zwischen Kunden und Unternehmen und die damit verbundenen Entscheidungsprozesse in einzelne Phasen aufteilen.

Customer Buying Cycle

Einen Ansatzpunkt für die Analyse von IT-Potenzialen in der Kundenbeziehung liefert das Customer Buying Cycle Modell. Es basiert auf den Ausarbeitungen von Ives und Learmonth (vgl. Ives und Learmonth 1984), wurde von Mauch (vgl. Mauch 1990) konkretisiert und von Muther (vgl. Muther 2001, S. 14-19) um die Eigenschaften des Informationszeitalters erweitert. Der Customer Buying Cycle beschreibt alle möglichen Berührungspunkte zwischen Unternehmen und Kunden im Zusammenhang mit dem Erwerb, dem Besitz bzw. der Verwendung und der Entsorgung von Produkten und Dienstleistungen aus Sicht des Kunden.

Der klassische Customer Buying Cycle unterscheidet dabei die folgenden Phasen:

1. Anregungsphase: Aufmerksamkeit für neue Produkte und Dienstleistungen;
2. Evaluationsphase: Orientierung, Produktberatung/-auswahl, Einholung von Angeboten;
3. Kaufphase: gesamte Kaufabwicklung, Ort des Kaufs (Auftrag, Bezahlung und Lieferung);
4. Nachkauf-Phase: Nutzung, Betreuung, Hilfe, im Kontakt mit der Marke bleiben.

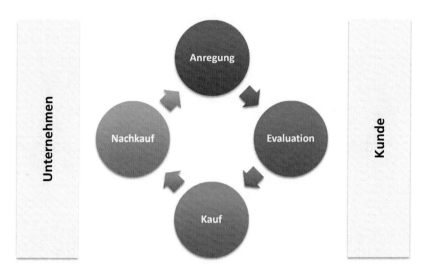

Abbildung 4: Darstellung des Customer Buying Cycles in Anlehnung an Muther (Muther 2001, S. 15)

Vom AIDA zum AISAS-Modell

AIDA ist ein Akronym für ein Webwirkungsprinzip und steht für *Attention* (Aufmerksamkeit), *Interest* (Interesse), *Desire* (Verlangen) und *Action* (Handlung). Das ursprüngliche Modell wird auf die Untersuchungen von St. Elmo Lewis Anfang des 20. Jahrhunderts zurückgeführt (vgl. Lewis 1903, S. 124). Das Modell bildet den traditionellen Kaufentscheidungsprozess ab und zeigt aus der Wahrnehmung des Kunden, welche Phasen er dabei durchläuft. Alle Phasen werden hier grundsätzlich als gleich wichtig angesehen.

Ausgehend vom AIDA Modell gab es in den letzten Jahrzehnten diverse Versuche, auch angesichts der aktuellen Marktveränderungen, den Kaufentscheidungsprozess stärker zu differenzieren und noch detaillierter darzustellen. Unter Berücksichtigung der Themenstellung dieser Arbeit ist insbesondere das von der Hochschule Pforzheim entwickelte AISAS Modell (vgl. Hochschule Pforzheim & full6Berlin 2012, S. 42-44) herauszustellen. Es berücksichtigt gezielt das neuzeitliche Einkaufsverhalten im Internet und ergänzt somit das Modell um die Bausteine *Search* (die Suche) und *Share* (das Teilen). *Search* bezeichnet die Phase, in welcher der Kunde unterschiedliche Anbieter bzw. Angebote im Internet sucht bzw. erkundet und *Share* beschreibt ergänzend die Phase, in der der Kunde den Kauf oder sein Verhalten später auch anderen mitteilt bzw. über seine Erfahrungen und Bewertungen berichtet.

Das AISAS Modell (bzw. auch das AIDA Modell) ist zwar auf Grund der starken Vereinfachung durchaus umstritten (vgl. Lürssen 2004, Koschnick 2005, Felser 2008, S. 28), verdeutlicht aber gut, dass sich Kaufprozesse im Internet in der heutigen Zeit stark vom traditionellen Kaufverhalten unterscheiden.

Abbildung 5: Darstellung des AISAS Modells unter Hervorhebung der mittleren Bausteine zur Eingrenzung der Arbeit

Marketing RaDaR

Das *Marketing RaDaR Modell* (vgl. Elliott 2013a) wurde von Nate Elliott veröffentlicht. Das Modell ist vergleichsweise neu, basiert aber auf den Ausarbeitungen von St. Elmo Lewis und zeigt zugleich Anlehnungen an den Customer Buying Cycle. Unter Berücksichtigung der aktuellen Entwicklungen im Internet gestaltet sich der Customer Life Cycle nach Elliott wie in Abbildung 6 dargestellt. Dabei wird zwischen *Discover* (dem Entdecken), *Explore* (der detaillierten Analyse), *Buy* (dem Kauf) und *Engage* (der Bindung zum Unternehmen) unterschieden. Zur Unterstützung der Kundenbeziehung und des Kaufentscheidungs-prozesses wird hier zusätzlich noch nach der Art der Kundenkontaktkanäle und -berührungspunkte unterschieden. *Reach Channels* (Erreichbarkeit) stellen die Kanäle dar, über die man mit dem Unternehmen in Kontakt kommt bzw. in die nähere Auswahl eintritt, wie z.B. mittels Werbung und Suchmaschinen; *Depth Channels* (Tiefe) liefern konkrete und detaillierte Informationen und bieten Beratung bei der Produktauswahl, wie z.B. die Unternehmenswebseite oder Filialen; *Relationship Channels* (Beziehung) beschreiben die Kanäle, die dem Unternehmen helfen, mit dem Kunden in Kontakt zu bleiben, wie z.B. Mailing-Listen oder Social Media.

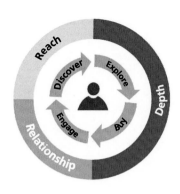

Abbildung 6: Darstellung des Customer Life Cycles nach Elliott (Elliott 2013b)

Abbildung 7 beschreibt den Aufbau des *Marketing RaDaR Modells* anhand der einzelnen Kundenkontaktkanäle und Berührungspunkte von innen nach außen bzw. von den *Depth Channels* über die *Relationship Channels* bis hin zu den *Reach Channels*. Das Modell soll dabei helfen, die Kundenkontaktkanäle und Berührungspunkte des Unternehmens gezielt auf den Kunden und die jeweiligen Kaufentscheidungsphasen auszurichten.

Die dargestellte Entwicklung der Modelle zur Kauf- und Dienstleistungsabwicklung vom klassischen Customer Buying Cycle hin zum Marketing RaDar-Modell vollzieht sich vor dem Hintergrund der markanten Veränderungen im Einkaufsverhalten der Kunden im Internet-zeitalter und verdeutlicht die neuen Anforderungen und Rahmenbedingungen, die durch den digitalen Wandel hervorgerufen werden.

Das Marketing RaDaR Model veranschaulicht darüber hinaus, welche Kanäle sich für eine intensivere Kommunikation mit dem Kunden in besonderer Weise lohnen bzw. wo der Kunde auch eine entsprechende Kommunikation und Interaktion erwartet. Neben dem stationären Geschäft bzw. der Filiale vor Ort ist das vor allem die unternehmenseigne Webseite inklusive der jeweiligen Community, über die der Kunde mit dem Unternehmen online interagiert. Die mobile Verfügbarkeit ist in diesem Zusammenhang von gleicher Bedeutung wie die Desktopvariante. Die reinen Kommunikationskanäle (wie z.B. E-Mail, Telefon), die Social Media und auch die eher Broadcasting-orientierten Kanäle (wie z.B. Suche, YouTube) übernehmen dabei nur die Aufgabe, den Kontakt zwischen Kunde und Unternehmen herzustellen und die Kundenbindung zu stärken.

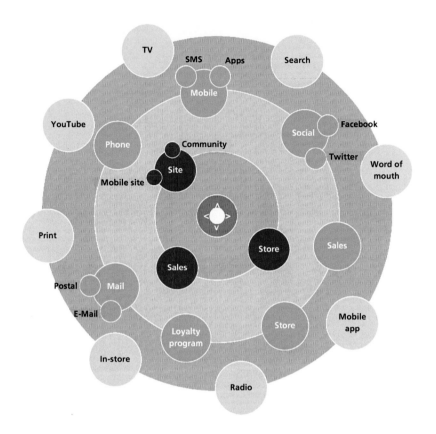

Abbildung 7: Darstellung der Kontaktkanäle und Berührungspunkte eines Unternehmens von innen nach außen bzw. der Depth Channels über die Relationship Channels bis hin zu den Reach Channels nach Elliott (Elliott 2013b)

In dieser Arbeit dienen die Modelle vor allem zur Differenzierung zwischen den verschiedenen Kundenkontaktkanälen und Kundenberührungspunkten, und sie helfen, die unterschiedlichen Stufen der Kundenbeziehung und deren Intensität in den einzelnen Abwicklungsphasen darzustellen. Sie bilden damit den Hintergrund für die beabsichtige Fokussierung des Reifegradmodells auf die Evaluations- und Kauf-Phase, in der gerade die Informations-, Kommunikations-, Interaktions- und Integrationsprozesse zur Beratung im Internet von herausgehobener Bedeutung sind.

2.3   Internet und Web 2.0

Das Internet steht im Englischen als Abkürzung für *Interconnected Networks*. Jeder Rechner kann sich mit jedem anderen Rechner verbinden und Daten austauschen. Der Begriff steht damit für einen weltweiten Verbund individueller Rechner über technisch normierte Internetprotokolle (z.B. Transmission Control Protocol/Internet Protocol (TCP/IP)). Das Internet und Webseiten von Unternehmen und Privatpersonen sind heute bereits allgegenwärtig und prägen das Kommunikationsverhalten der Menschen und das gesellschaftliche Leben auf allen Ebenen. Vom ehemaligen Internet als rein informationsorientierter Verteil- und Verkaufsplattform, hat sich das Netzwerk mit Herausbildung der Web 2.0 Paradigmen zu einer dialogorientierten Plattform in einer partizipativen Online-Welt weiterentwickelt. Über einfache technische Hilfsmittel wird die Partizipation von Vielen auf unterschiedlichen Webseiten ermöglicht. Das Internet ist zu dem zentralen Kommunikationsmedium in allen Lebensbereichen geworden.

Der Begriff Web 2.0 wurde erstmals bereits im Januar 1999 von Darcy DiNucci in einem Artikel wie folgt erwähnt und umschrieben.

> »*The Web we know now, which loads into a browser window in essentially static screenfuls, is only an embryo of the Web to come. The first glimmerings of Web 2.0 are beginning to appear, and we are just starting to see how that embryo might develop. [...] The Web will be understood not as screenfuls of text and graphics but as a transport mechanism, the ether through which interactivity happens. It will [...] appear on your computer screen, [...] on your TV set [...] your car dashboard [...] your cell phone [...] hand-held game machines [...] maybe even your microwave oven.*« (DiNucci 1999, S. 32)

Tim O'Reilly bezeichnet das Web 2.0 als eine »business revolution« und markiert den Trend hin zum Internet als zentrale Plattform für das zukünftige Handeln.

> »*Web 2.0 is the business revolution in the computer industry caused by the move to the Internet as a platform, and an attempt to understand the rules for success on that new platform. Chief among those rules is this: Build applications that harness network effects to get better the more people use them.*« (O'Reilly 2006)

Der Begriff Web 2.0 selbst bezeichnet keine neue Art von Technologien oder Anwendungen, sondern vielmehr eine in sozio-technischer Hinsicht veränderte Nutzung des Internets durch die Benutzer bzw. die Unternehmen und ihre Kunden. Zur genaueren Eingrenzung definiert Tim O'Reilly bereits 2005 sieben grundlegende Prinzipien, die das Web 2.0 charakterisieren.

Prinzipien des Web 2.0 nach O'Reilly aus 2005 (vgl. O'Reilly 2005):

1. The Web as Platform: Unabhängigkeit der Webanwendungen von den hard- und softwaretechnischen Gegebenheiten [IUW1][1];

2. Harnessing Collective Intelligence: Das Nutzen von kollektivem Wissen bzw. der kollektiven Intelligenz. Vertrauen in Anwender als Mitentwickler [IUW2];

3. Data is the next Intel Inside: Die Ansammlung von Informationen versus Funktionalität [IUW3];

4. End of the Software Release Cycle: Anwendungen sind Dienstleistungen; Abschaffung des Software-Lebenszyklus [IUW4];

5. Lightweight Programming Models: Leichtgewichtige User Interfaces, Entwicklungs- und Geschäftsmodelle [IUW5];

6. Software Above the Level of a Single Device: Die Nutzung von Anwendungen auf unterschiedlichen Geräten [IUW6];

7. Rich User Experience: Verbesserte Benutzerführung durch innovative Technologien [IUW7].

Aber wie die Literaturrecherche zeigt, befinden sich die beschriebenen Charakteristiken des Web 2.0 bzw. das Internet kontinuierlich in der Weiterentwicklung. Musser und O'Reilly, Lai und Turban, Governor, Hinchcliffe und Nickull und Ebersbach, Glaser und Heigl (vgl. Musser und O'Reilly 2007, S. 12, Lai und Turban 2008, S. 388f, Governor, Hinchcliffe und Nickull 2009, S. 113ff, Ebersbach, Glaser und Heigl 2011, S. 27ff) beschäftigten sich weiterführend

---

[1] Die Kennzeichnung von Kriterien und Argumenten in diesem und in den folgenden Kapiteln (insb. in den Kapiteln 2 bis 5) mit Großbuchstaben und Ziffern erfolgt zum Nachweis der wissenschaftlichen Herleitung der Anforderungen für die relevanten Themen- und Wissensgebiete in den einzelnen Bewertungsbereichen des (zu entwickelnden) Reifegradmodells (Abschnitte 5.6 bis 5.8). Die Kennzeichnung mit Großbuchstaben bezieht sich auf die verschiedenen Abschnitte der Arbeit (im Sinne einer Abkürzung der Überschrift) und differenziert bei gleicher Thematik auch zwischen verschiedenen Quellen bzw. Autoren. Die Ziffernfolge markiert dabei die Reihenfolge der Kriterien und Argumente in den jeweiligen Abschnitten.

mit den Prinzipien des Web 2.0 und haben diese in den folgenden Jahren ergänzt und angepasst, wobei teilweise auch Überschneidungen erkennbar sind.

Mit Musser und O'Reilly 2007 (vgl. Musser und O'Reilly 2007, S. 12) kommen die folgenden vier Charakteristiken dazu:

1. Innovation in Assembly: Das Web als Plattform für die Entwicklung und Kombination eigener und fremder Services mit offenen Schnittstellen [IUW8];
2. Perpetual Beta: Kontinuierliche Weiterentwicklung der Dienste als Software as a Service (SaaS) und Ende der konkreten Software Entwicklungszyklen [IUW9];
3. Leveraging the Long Tail: Angebot von Nischenprodukten und Diensten durch kosteneffiziente Strukturen und Verteilung im Internet [IUW10];
4. Cost Efficient Scalability: Einfach skalierbares und kosteneffizientes Wachstum von Diensten und Anwendungen [IUW11].

Governor, Hinchcliffe und Nickull (vgl. Governor, Hinchcliffe und Nickull 2009, S. 113ff) ergänzen 2009 zusätzlich noch die folgenden Charakteristiken, die aber z.T. schon vorhandene umfassen, jedoch auch noch erweitern:

1. Participation – Collaboration: Angebot von Möglichkeiten zur Beteiligung und Zusammenarbeit im Internet [IUW12];
2. Mashup: Aggregation und Kombination unterschiedlicher Services und externer Datenquellen [IUW13];
3. The Synchronized Web: Synchronisierte Datenübertragung für unterschiedliche Geräte und Nutzer [IUW14];
4. Collaborative Tagging: Einsatz von nutzerorientierter und -generierter Verschlagwortung. Vernetzung zwischen Anwendungen und Daten [IUW15];
5. Declarative Living and Tag Gardening: Codierung von unterschiedlichen Informationen in einer maschinell bearbeitbaren Syntax und die automatisierte Auswertung des kollektiven Wissens [IUW16];
6. Semantic Web Grounding: Semantische Auswertung von Interaktionsdaten und Erleichterung/Ermöglichung von selbstlernenden Systemen [IUW17];
7. Persistant Rights Management: Weiterreichendes Rechtemanagement (drucken, anzeigen, ändern etc.) für unterschiedliche digitale Daten und deren ständige Überwachung [IUW18];

8. Structured Information: Verstärkte Nutzung von Metadaten und Strukturierung von Datenformaten wie z.B. XML [IUW19].

Ebersbach, Glaser und Heigl ergänzen die Web 2.0 Charakteristik von O'Reilly nochmals um drei weitere elementare Prinzipien (vgl. Ebersbach, Glaser und Heigl 2011, S. 27ff):

1. Juristische Herausforderungen bezüglich Privatsphäre und Datenschutz [IUW20];
2. Neue Geschäftsmodelle als Herausforderung [IUW21];
3. Eigene Web 2.0-Ästhetik [IUW22].

Die charakteristischen Änderungen lassen sich mit den Begriffen Partizipation, kollektive Intelligenz und Transparenz zusammenfassen, die das Web 2.0 bedingen und erfordern. Durch die offene Architektur des Web 2.0 wird die Teilhabe an einer Webseite zur aktiven Teilnahme an den angebotenen Aktionsmöglichkeiten und damit z.T. auch das Interesse am Anbieter bzw. Unternehmen gefördert, sodass der Nutzer nicht mehr nur allein Konsument ist. Die Sammlung und Auswertung des kollektiven Wissens und somit auch die Nutzung der kollektiven Intelligenz aller Nutzer bzw. Kunden sind dabei sowohl für die Optimierung der Unternehmenstätigkeit als auch für die Entscheidungsfindung von Privatpersonen vorteilhaft. Das erfordert und fördert gleichzeitig den offenen und transparenten Dialog und die soziale Interaktion untereinander.

In einem Bericht zum »Web 2.0 Summit 2009« fassen O'Reilly und Battelle (vgl. O'Reilly und Battelle 2009) die letzten fünf Jahre der Web 2.0 Entwicklung zusammen und geben einen Ausblick auf die Zukunft des Internets. Sie begründen den Begriff Web^2 (im Quadrat) und gehen auf die verstärkte Nutzung von Massendaten, die von Sensoren in Echtzeit erfasst und analysiert werden, und die Echtzeitkommunikation und -interaktion ein. Die Charakteristiken werden vor diesem Hintergrund – wie folgt – aktualisiert:

1. Redefining Collective Intelligence: New Sensory Input: Nutzung und Auswertung von Sensordaten zusätzlich zur eigentlichen Kommunikation und Interaktion [IUW23];
2. Now the Web Learns: Explicit vs. Implicit Learning: Zusammenhänge in scheinbar heterogenen Daten erkennen und dazu ein Ökosystem aufbauen [IUW24];
3. Web Meets World: The »Information Shadow« and the »Internet of Things«: Verknüpfung von Realität und Internet über Sensoren und digitale Abbilder [IUW25];
4. The Rise of Real Time: A Collective Mind: Nutzung von Echtzeitkommunikation und Auswertung von Echtzeitdaten [IUW26].

2.4 Kommunikation, Interaktion und Integration

Unter Berücksichtigung der Grundlagen des Interaktionsbegriffs ist festzustellen, dass dieser in den verschiedenen Anwendungs- und Forschungsfeldern unterschiedlich interpretiert wird. In der Kommunikationswissenschaft wird die Interaktion beispielsweise sowohl als Teilmenge von Kommunikation (vgl. Jäckel 1995) als auch in umgekehrter Beziehung Kommunikation als Teilmenge von Interaktion (vgl. Bucher 2001) verwendet. In der Informatik hingegen wird der Begriff der Interaktion als eng verwandt mit dem Begriff der Kommunikation angesehen (vgl. Quiring und Schweiger 2006).

Die Begriffsdefinition in der Informatik beschreibt sehr häufig einseitige Kommunikations-prozesse zwischen Mensch und Computer. Der Computer wird dabei nicht als Übertragungsmedium, sondern als Partner in der Kommunikation interpretiert und steht eher für rückkopplungsarme Aktivitäten. Demgegenüber gibt es aber auch noch die computervermittelte Kommunikation, bei der Menschen den Rechner zum Austausch von Daten und Informationen nutzen und damit den Rechner instrumentalisieren. Bei der computervermittelten Interaktion entspricht das Interaktionskonzept viel eher dem der Kommunikationswissenschaft und Soziologie – d. h. dem wechselseitig aufeinander bezogenen Handeln von Personen.

In der wissenschaftlichen Literatur gibt es zwei Theorien, um Interaktivität im Zusammenhang mit Webseiten und dem Internet zu beschreiben und zu messen: zum einen die Telepräsenz-Theorie und zum anderen die Interaktivitätstheorie.

Nach der Telepräsenz-Theorie von Steuer gilt:

>*Interactivity is the extent to which users can participate in modifying the form and content of a mediated environment in real time.*« (Steuer 1992, 84)

Das heißt, Informationen werden nicht direkt ausgetauscht, sondern über eine vermittelnde Systemumgebung (Medium). Entsprechend beeinflussen insbesondere die Charakteristiken der Systemumgebung die Wahrnehmung von Interaktivität.

Die Interaktivitätstheorie von Rafaeli besagt hingegen:

»*Interactivity is a variable characteristic of communication settings. Formally stated, interactivity is an expression of the extent that in a given series of communication exchanges, any third (or later) transmission (or message) is related to the degree to which previous exchanges referred to even earlier transmissions.*«
(Rafaeli 1988, S. 111)

Die Interaktivitätstheorie beschreibt damit die Interaktivität als einen Austausch von Nachrichten untereinander. Herbei beeinflusst vor allem die Qualität der Kommunikation die empfundene Interaktivität.

Folglich gibt es zwei unterschiedliche Ansätze, um Interaktivität im Internet zu bewerten. Song und Zinkhan (vgl. Song und Zinkhan 2008) haben vor diesem Hintergrund diese beiden Ansätze miteinander kombiniert und 2008 eine neue Definition zur Beschreibung und Messung von Interaktivität im Internet entwickelt. Der Fokus liegt hier auf der Betrachtung der Interaktivität aus Sicht der Kunden bzw. des Nutzers der Webseite (vgl. Song und Zinkhan 2008, S. 109). Sowohl Art als auch Qualität der angebotenen Funktionen sind bei der Beschreibung von Interaktivität auf Webseiten zu berücksichtigen, um dadurch den Gesamtprozess in der Interaktion zwischen Unternehmen und Kunden abzubilden. Die unterschiedlichen Ansätze der Interaktion, d. h. sowohl die Interaktion mit der Technik als auch mit den Menschen hinter dem Computer über die Technik, werden dabei miteinander verbunden. Dieser Ansatz wird auch dieser Arbeit zugrunde gelegt.

Die noch darüber hinausgehende Integration von Kunden in Geschäftsprozesse des Unternehmens ist ein weiterer Faktor, der für den Erfolg der Interaktion und damit für die Arbeit und den Aufbau eines Reifegradmodells in der digitalen Kundeninteraktion von Bedeutung ist und der in Zukunft im Rahmen der Kundenbindung noch stärker zu beachten sein wird.

Kommunikation, Interaktion und auch die Integration sind auf den ersten Blick inhaltlich stark miteinander verwandte Begriffe. Bei näherer Betrachtung beschreiben sie jedoch ihren jeweiligen spezifischen Anwendungszweck sehr genau. Im Interesse einer Konkretisierung bzw. Schärfung des Begriffs der Interaktion im Kundenkontakt ist eine differenzierte Betrachtung der einzelnen Begriffe erforderlich. Dies geschieht in Anlehnung an die Systematisierung von Kersten, Zink und Kern (vgl. Kersten, Zink und Kern 2006, S. 346ff).

Bei differenzierter Betrachtung bezeichnet Kommunikation »[…] einen Prozess zwischen mindestens zwei TeilnehmerInnen […]. Eine Ausnahme hiervon ist die intrapersonale Kommunikation (beispielsweise in Form eines Monologs […]). Die beteiligten Personen treten in Beziehung, indem sie Zeichen und Symbole austauschen (entweder direkt, d. h. von Angesicht zu Angesicht, oder indirekt, d. h. medienvermittelt).« (Röhner und Schütz 2012, S. 4)

Interaktion ist hingegen die »[…] gegenseitige Beeinflussung von Individuen innerhalb von und zwischen Gruppen und die dadurch entstehenden Änderungen des Verhaltens oder der Einstellungen, Meinungen etc. […]« (Dorsch 1976, S. 282).

Integration wird definiert als die »*(Wieder-)Herstellung einer Einheit; Einbeziehung; Eingliederung in ein größeres Ganzes*« (Brockhaus 2005-06, Eintrag: Integration).

Genau betrachtet bilden die Begriffe – Kommunikation, Interaktion und Integration – inhaltlich Teilmengen der jeweils anderen und stehen in einer gewissen Rang- bzw. Reihenfolge. Die Kommunikation bildet dabei immer die Ausgangsbasis.

Unabhängig von den vorangehenden Ausführungen zur begrifflichen Differenzierung ist der Begriff der digitalen »Kundeninteraktion«, wie er in dieser Arbeit genutzt wird, zunächst im umfassenden bzw. übergreifenden Sinne zu verstehen und schließt auch die beiden anderen Begriffe ein. Er unterscheidet dabei jedoch zwischen drei unterschiedlichen Interaktivitätsgraden.

In seiner grundlegenden Form beschreibt er die einfache Kommunikation zur Übermittlung von relevanten Informationen zwischen Kunde und Unternehmen; in der erweiterten Form der Interaktion beinhaltet er den wechselseitigen Austausch von Informationen und die wechselseitige Einflussnahme zwischen Anbieter und Kunde oder aber der Kunden untereinander. In der dritten und damit höchsten Stufe erfolgt die Integration des Kunden und seiner Interessen in die Prozesse des Unternehmens, d. h. Kunden werden in Produktentwicklungs- und Innovationsprozesse integriert und haben auch Mitsprache- und Gestaltungsrechte. Die Integration von Kunden in internen Entwicklungsteams und damit eine erhöhte Diversität der Gruppe, kann die allgemeine Wissensbasis vergrößern, neue Ideen liefern und somit die Kreativität und Innovationsfähigkeit des Unternehmens bei der Produktentwicklung steigern (vgl. Kreidler und Tilebein 2011, S. 395f, Gillig, et al. 2008, S. 6f). Dialogorientierung bis hin zur Integration des Kunden in bislang interne Geschäftsprozesse bilden eine Schlüsselfunktion zur Aufdeckung von Kundeninteressen und -bedürfnissen sowie zur Generierung neuer Produktideen. Webbasierte Kundeninteraktion im fortgeschrittenen Sinne bietet mithin eine kosteneffiziente und einfache Ergänzung zur klassischen Marktforschung, Ideengenerierung und internen Produktentwicklung (vgl. Fiege 2012, S. 59ff).

Das Phänomen der Emergenz kann in diesem Zusammenhang als eine spezifische Eigenschaft der digitalen Kundeninteraktion in der Dynamik des digitalen Marktes betrachtet werden. Die vielfältige Kommunikation und Interaktion zwischen Kunden und Unternehmen z.b. über Kundenanforderungen und Produktinnovation (auf der untersten Ebene) bildet auf der Basis ihrer Wechselwirkungen eine Möglichkeit, neue und erfolgreichere Strukturen und Elemente zur Unternehmensentwicklung herausbilden zu können (vgl. Tilebein 2005, S. 2ff).

Die Beziehung zwischen Anbieter und Kunden ist bei optimaler Ausgestaltung geeignet, eine Win-Win-Konstellation zu schaffen, von der beide Parteien gleichermaßen profitieren. Angesichts der heutigen technischen Möglichkeiten und Kundenanforderungen kann jedenfalls die Kommunikation alleine für eine erfolgreiche Kundenbetreuung nicht mehr als ausreichend angesehen werden. Dialog und Interaktion werden zunehmend von den Kunden eingefordert und sollten daher – auch im wohlverstandenen Eigeninteresse – verstärkt durch die Unternehmen bzw. Anbieter unterstützt und gefördert werden.

2.5   Onlineberatung

Onlineberatung bzw. *Beratung im Internet* bildet den praktischen Anwendungsfall von Kommunikation, Interaktion und Integration in der Unternehmenskommunikation mit dem Kunden. Sie ist gerade im psychosozialen Bereich ein Thema und eine Methode, die schon seit fast zwei Jahrzehnten analysiert und diskutiert wird (vgl. Engelhardt und Storch 2013, S. 1).

Neben dem eigentlichen Begriff *Beratung im Internet* gibt es in der einschlägigen Literatur eine Vielzahl anderer Begrifflichkeiten, die sich in unterschiedlicher Form mit dem Themenfeld der Beratung im Internet sowohl unter psychosozialen, medizinischen als auch kommerziellen Aspekten befassen. Darunter sind beispielsweise Begriffe wie E-Beratung, virtuelle Beratung, digitaler Kundenservice, E-Counseling, E-Coaching, Onlineberatung, E-Care, E-Mental-Health oder Beratung in der virtuellen Welt. Im Folgenden wird für die kommerzielle Beratung und Anwendungsszenarien im Bereich B2C und B2B nur noch der Begriff *Onlineberatung* im engeren Sinne verwendet.

Onlineberatung in diesem Sinne umfasst

1. den reinen Informationsaustausch;
2. interaktive Programme und Visualisierungen;
3. asynchrone Kommunikation über z.B. E-Mail, Kommentare;
4. synchrone Kommunikation und Interaktion inkl. multimedialer Elemente und
5. die Kunden-zu-Kunden Kommunikation.

Die ersten zwei Beratungsformen beziehen sich eher auf eine passive Beratung durch die Bereitstellung von Informationen und Vergleichsmöglichkeiten. Die dritte und vierte Form bezieht sich dagegen auf eine einfache computervermittelte Kommunikation zwischen Unternehmen und Kunden zur individuellen Betreuung und Beratung. Die Kunden-zu-Kunden Kommunikation findet unter den Kunden selbst auf eigenen oder aber dritten Plattformen des Unternehmens statt. Dazu gehören auch alle nutzergenerierten Informationen, wie z.B. Rezensionen oder Bewertungen, die öffentlich zur Verfügung gestellt werden.

Die synchrone Kommunikation und Interaktion inkl. multimedialer Elemente bietet vor allem die Möglichkeit, einen virtuellen Verkaufsraum bzw. eine Onlinefiliale einzurichten, wo ein vergleichbarer Kundenservice zur analogen Welt gebündelt und angeboten werden kann. Technische Hilfsmittel, wie z.B. User Tracking auf Webseiten, Co-Browsing oder Videochats, ermöglichen, eine persönliche Beratung zur Verfügung zu stellen, die nahezu alle menschlichen Sinne einbeziehen kann. Sie helfen Unternehmen sowohl bei der Vermittlung von beratungsintensiven, komplexen Produkten und Dienstleistungen als auch bei online Vertragsabschlüssen, den Ansprüchen neuer Kundengenerationen besser gerecht zu werden. *»Dem Kunden eine persönliche Online-Beratung ohne Zeitverzögerung und lästigen Medienwechsel zu bieten, gehört in den kommenden Jahren zu den großen branchenübergreifenden Herausforderungen.«* (Hönle 2013, S. 24)

Im Onlinehandel werden die damit verbundenen Potenziale keineswegs konsequent genutzt. Die Unternehmen bieten zwar oft einen vernünftigen Kundenservice per Telefon, in Filialen oder aber im Außendienst; auf den jeweiligen Unternehmenswebseiten werden die Kunden jedoch meist noch sich selbst überlassen (vgl. Kloos und Walther 2014). Gerade auch der potenzielle Online-Kunde sucht jedoch persönliche Kommunikations- und Interaktionsformen, um sich in der Orientierungs- und Entscheidungsphase beraten zu lassen (vgl. BITKOM 2014a).

Der Trend zu verstärkter Kommunikation und Interaktion im Onlinehandel ist mittlerweile unverkennbar. Zunehmend werden sowohl passive Onlinehilfen, wie z.B. Fahrradgrößenkalkulatoren, Portorechner oder UV-Schutz-Ratgeber, im Internet als interaktive Self-Services angeboten als auch mithilfe von Kundenhotlines oder durch Expertenchats die Unternehmensprodukte aktiv vermarktet. Die Möglichkeiten zu einer aktiven Onlineberatung sind heutzutage dank der technologischen Weiterentwicklung um ein Vielfaches gestiegen. Die grundsätzliche Skepsis gegenüber der Onlineberatung, vor allem großer Markenunternehmen (vgl. Thiele 2013), die an deren Qualität zweifeln, ist allerdings geblieben. Fragen, die in diesem Zusammenhang noch offen geblieben sind, wie z.B. nach der konkreten Definition von Onlineberatung, ihren verschiedenen Formen und nach ihren spezifischen Eigenheiten im kommerziellen Kontext, sollen daher nachfolgend zunächst genauer beleuchtet werden.

2.6 Die Unternehmenswebseite als zentrale Plattform der digitalen Kundeninteraktion

2.6.1 Anwendungsszenarien

Schon in den Anfängen des Internets und mit der Entwicklung der ersten graphischen Browser wurden Unternehmenswebseiten vor allem als »die digitale Visitenkarte« betrachtet und auch als solche bezeichnet. Wie Jakob Nielson in einem Artikel 2013 beschreibt, sind »Corporate homepages [...] the most valuable real estate in the world. Millions of dollars are funneled through an area that's roughly one square foot in size – 0.1 m² – if we consider only the region above the fold.« (Nielson 2013) Die Webseite eines Unternehmens ist demnach nicht mehr nur das Aushängeschild im Internet, sondern vielmehr auch die Basis für die digitale Kommunikation und Interaktion mit Kunden, Geschäftspartnern und der Öffentlichkeit (vgl. Muther 2001, S. 1-4, Safko 2012, S. 85ff, Chakraborty, Lala und Warren Herbst 2002, S. 52f). Sie bildet den zentralen Anlaufpunkt für Kunden im Internet und stellt die Bündelung aller Informationen und Angebote dar.

Unternehmenswebseiten liegen nach Fitzsimmons und Fitzsimmons (vgl. Fitzsimmons und Fitzsimmons 2011, S. 100-101) vier zentrale Anwendungsszenarien zu Grunde:

- als primärer oder sekundärer Verkaufskanal;
- als Möglichkeit, den Kunden technischen Support anzubieten;
- als Hilfestellung bei der Verbesserung bestehender Kundendienstleistungen und

- zur Unterstützung von Kundenaufträgen, Verbreitung von Informationen und Vereinfachung von Mitglieder-/Kundenkommunikation.

Angesichts des technischen Fortschritts und der Ausweitung des E-Business in allen Bereichen besteht in der Literatur (vgl. insb. Zollet 2014, S. 5, Voorveld, Neijens und Smit 2009, S. 558f, Dholakia, et al. 2000, S. 6) und Praxis (siehe Abschnitt 4.3 zu den Fallstudien) Übereinstimmung, dass zwischenzeitlich darüber hinausgehend auch die folgenden Anwendungsszenarien für Unternehmenswebseiten immer mehr an Bedeutung gewinnen:

- Angebot der Möglichkeit zur selbstständigen Bearbeitung und abschließenden Erledigung digitaler Services; Einsatz interaktiver und durch den Nutzer kontrollierbarer Instrumente und Funktionalitäten;
- Aggregation und Bündelung von unterschiedlichen Kommunikations- und Interaktionskanälen;
- Aufbau einer Dialogplattform für Unternehmen und Kunden.

Insbesondere Self-Service[1] Angebote dürften auf vielen Unternehmenswebseiten mittlerweile eine zentrale Rolle in den einzelnen Phasen des Customer Buying Cycles (siehe Abschnitt 2.2) einnehmen und z.T. Bestell-, Konfigurations-, Änderungs-, Überwachungs- und Beratungsprozesse komplett abbilden. Vor allem in der Evaluationsphase und der Kaufphase, aber auch in der Nachkaufphase erweisen sich Self-Services als höchst hilfreiche und effektive Instrumente sowohl im Interesse des Kunden als auch des Unternehmens. Nach Muther (vgl. Muther 2001, S. 18) gibt es z.B. in der Evaluationsphase drei Hauptaufgaben von Self-Services:

- Anforderungsanalyse und Beratung;
- Produkt- und Preisinformationen;
- Konfiguration und Angebotsvorbereitung.

---

[1] Self-Services (Selbstbedienung) auf Webseiten ermöglichen dem Benutzer, selbstständig Informationen abzurufen, Produkte zu kaufen oder eine Dienstleistung in Anspruch zu nehmen bzw. auszuführen, ohne dabei mit einer Kontaktperson aus dem Unternehmen direkt zu interagieren. Die dahinterliegenden Prozesse sind standardisiert und automatisiert. Kennzeichnend dabei ist, dass nicht die Interaktion zwischen Kunde und Mitarbeiter, sondern zwischen Kunden und Unternehmen mit Hilfe von Technologie im Vordergrund steht (vgl. Penkert, et al. 2014, S. 10).

2.6.2 Zentrale Bestandteile der Unternehmenswebseite

Bei komplexeren Produkten oder auch Dienstleistungen werden mittlerweile Interaktions- und Kommunikationsmöglichkeiten zur Onlineberatung in der Evaluations- und Kaufphase vom Kunden geradezu erwartet (siehe hierzu auch Abschnitt 1.1). Wie im folgenden 3. Kapitel zu den Mitteln und Kanälen der digitalen Kundenkommunikation noch detailliert aufzuzeigen sein wird, gibt es eine Vielzahl von Kommunikations- und Interaktionskanälen, die sowohl auf der Unternehmenswebseite eingesetzt werden können als auch z.B. in Social Networks für sich selbst stehen. Nach Fink, Zeevi und Te'eni gehören dabei Konfiguratoren, Newsletter, Benachrichtigungen, Kontaktformulare, Mehrwertdienste wie z.B. Frequently Asked Questions (FAQ) und Auftragsverfolgungsdienste bereits seit 2008 zu den üblichen Funktionalitäten auf Unternehmenswebseiten (vgl. Fink, Zeevi und Te'eni 2008, S. 217), die zumeist automatisiert sind und ohne personelle Ressourcen bereitgestellt werden können (auch insoweit wird auf die im 4. Kapitel dargestellten Fallstudien verwiesen).

Ebenso werden Funktionalitäten, wie Echtzeitkommunikation über Chat, Video und Co-Browsing zwischenzeitlich schon häufig auf Webseiten eingesetzt – erfordern allerdings auch immer, im Unterschied zu den vorgenannten Kommunikationsmitteln, den Einsatz zusätzlicher personeller Ressourcen [ZBU1]. Die technologische Durchdringung der Unternehmenswebseiten ist mittlerweile so weit fortgeschritten, dass sogar Videoübertragungen jederzeit und ohne technische Voraussetzungen auf Webseiten möglich sind. Markus Hündgen schreibt 2013 in einem Beitrag im Magazin Wired: »*Video ermöglicht eine persönlichere Kommunikation, als es das geschriebene Wort jemals bieten kann. Und anders als beim geschriebenen Wort, benötigt Video keine Vorbildung, keinen Duden und keine Schönschrift. Video ist kein Abbild, sondern ein echter Einblick in unser Leben. Video ist gelebte Kulturtechnik.*« (Hündgen 2013) Die Videoübertragung ermöglicht somit im Internet eine intuitive digitale Kundeninteraktion im gesamten Customer Buying Cycle, kommt der realen Kommunikation und Interaktion schon sehr nahe und kann wesentlich dazu beitragen, sprachliche, regionale und auch soziale Grenzen zu überwinden. Darüber hinaus kann die Videoübertragung auch eine einfache Identitätsbestätigung bei Interaktionsprozessen gewährleisten. Multimediale Inhalte bis hin zu Slideshows und Flash-Animationen können bei optimalem Einsatz den Informationswert der Webseite erheblich verstärken und unter Umständen sogar einen Unterhaltungswert erreichen, der die Verweildauer des Kunden und die Bindungswirkung an das Unternehmen und die Marke erhöht [ZBU2].

Neben den Inhalten und Funktionalitäten dient eine Unternehmenswebseite auch der Bündelung aller Kanäle und weiteren Onlineaktivitäten, um ein intelligentes Multi-Channel-Management zu gewährleisten [ZBU3]. Die Integration von Social-Media-Diensten[1] gehört heute schon zu den Selbstverständlichkeiten auf Unternehmenswebseiten. Dies kann im fortgeschrittenen Stadium z.b. auch durch die Einrichtung eines eigenen Social Media Newsrooms optimiert werden, in dem alle Nachrichten und Aktivitäten der unterschiedlichen Plattformen und Präsenzen des Unternehmens zusammengefasst und übersichtlich präsentiert werden können (vgl. Solis 2011, S. 43ff) [ZBU4].

Entsprechendes gilt auch für die Social Media Sharebuttons, die bereits zu einem Pflichtelement auf Unternehmenswebseiten geworden sind, um die Vernetzung und Verbreitung von Inhalten aktiv durch Social Networks zu fördern [ZBU5]. Die Verwendung des »Gefällt mir«-Buttons, von Google+ Empfehlungen oder Twitter Kommentaren machen nicht nur den Kunden zu einem Unternehmens- und Markenbotschafter, sondern erweisen sich auch von Vorteil für die Suchmaschinenoptimierung (SEO), da sie die Vernetzung der Webseiten erhöhen und damit auch deren Ranking auf Suchergebnislisten verbessern. Hierbei müssen aber auch datenschutzrechtliche Aspekte berücksichtigt werden, da Angebote Dritter auf der Webseite integriert und evtl. unberechtigt Daten erhoben werden [ZBU6]. Durch spezielle Sicherheitsmechanismen lassen sich diese Datenerhebungen jedoch unterbinden bzw. explizit durch den Nutzer freischalten[2].

Abbildung 8 zeigt nochmals zusammenfassend die zentralen Inhalte und Funktionen der Unternehmenswebseite. Neben den traditionellen Informationen zum Unternehmen, zu Produkten und Dienstleistungen, zielgruppenspezifischen Angeboten und dem Zugang zu Kontaktinformationen, Kontaktmedien und Impressum, kommen vor dem Hintergrund der aktuellen Entwicklungen verstärkt Elemente dazu, um die Unternehmenswebseite Web 2.0 tauglich zu machen und Kommunikation und Interaktion zu fördern. Nicht nur interaktive Visualisierungen und Konfiguratoren, sondern vor allem auch Elemente zur

---

[1] Social-Media-Dienste sind Plugins, die ermöglichen, einfache Funktionalitäten von Sozialen Netzwerken, wie z.B. das Teilen oder die Empfehlung von Inhalten, direkt auf Webseiten zu integrieren und den Nutzern zur Verfügung zu stellen.
[2] jQuery Plug-In socialshareprivacy: Plug-In zur initialen Deaktivierung der Social-Media-Share Buttons. Nutzer müssen also zunächst das Element aktivieren und können erst danach Inhalte in Social Media teilen. Daten der Nutzer werden somit nur mit deren Zustimmung an die Betreiber der Netzwerk-Plattformen gesendet.
http://www.heise.de/extras/socialshareprivacy/

Echtzeitkommunikation und zum Dialog mit dem Unternehmen und auch anderen Kunden sind dabei von großer Bedeutung [ZBU7]. Das Gleiche gilt für transaktionale Prozesse und Geschäftsmodelle, die fallabschließend auf der Webseite angeboten und erledigt werden können – vom Stammdatenmanagement für Kunden über Auftragsüberwachung bis hin zum online Vertragsabschluss [ZBU8]. Im Vergleich zu unterschiedlichen Kontakt- und Informationskanälen, stellt die Unternehmenswebseite einen intuitiven Knoten- und Anlaufpunkt für Kunden im Internet dar und muss dementsprechend die zentrale Plattform für alle vom Unternehmen ausgehenden Onlineaktivitäten sein [ZBU9]. Die Bündelung aller Kanäle und der Aufbau eines Linknetzwerks zu allen verwandten und benachbarten Webseiten und Social Media Angeboten ist damit ebenfalls eine wesentliche Aufgabe der Unternehmenswebseite [ZBU10]. Ziel ist letztendlich die Bereitstellung einer eigenständigen Onlinefiliale, mit einem der realen Filiale vergleichbaren und umfangreichen Informations-, Beratungs- und (Self-)Service Angebot unter Beachtung der rechtlichen Rahmenbedingungen im Internet.

Unternehmenswebseite			
Informationen zum Unternehmen	Zielgruppenspezifische Angebote zu Produkten und Dienstleistungen	Interaktions- und Kommunikationsmöglichkeiten	Aggregation und Zusammenführung aller Kanäle
Kontaktinformationen und Möglichkeit zur Anfrage	Linknetzwerk und Komponenten zur Vernetzung	Online Geschäftsmodelle und transaktionale Funktionalität	Impressum und rechtliche Rahmenbedingungen

Abbildung 8: Zentrale Bestandteile einer Unternehmenswebseite

2.6.3 Unternehmenswebseite versus Social Media

Nach anfänglich verbreiteter Skepsis in der Wirtschaft ist zwischenzeitlich unstreitig, dass Social Media es Unternehmen nicht nur ermöglichen, sondern generell erleichtern in Kontakt mit ihren Kunden zu kommen und in einen Dialog einzutreten (vgl. Richter, Riemer und vom Brocke 2011, S. 98f). Die Vorteile der Einbeziehung der bereits bestehenden und vom Unternehmen unabhängigen Sozialen Plattformen bzw. Netzwerke hinsichtlich der Verbreitungsmöglichkeit von Informationen, Aktualität, Multimedialität, Zugänglichkeit und Benutzerfreundlichkeit liegen auf der Hand. Ihre Integration auf der Unternehmenswebseite und Nutzung als (in der Regel) globale Interaktions- und Marketingplattformen im weltweiten Kontakt und mit einem Millionenpublikum von Nutzern bieten Unternehmen einzigartige Chancen vor allem

- zur Präsentation von Unternehmen und Marke;
- zur Öffentlichkeitsarbeit und Imagepflege;
- im Rahmen von Marketingstrategien;
- zur Verkaufsförderung und zur Erschließung neuer Märkte und Käuferschichten sowie
- im Bereich des Kundenservices.

    (vgl. BITKOM 2012, S. 9ff, Bak 2012, S. 2, siehe dazu auch Universität St. Gallen & Conrad Caine 2012)

Auch die Möglichkeiten zur kontinuierlichen Marktbeobachtung und zur Einschätzung von Markttrends und Käuferverhalten gilt es hier zu erwähnen.

Unabhängig von Branche und Unternehmensgröße sind die Unternehmen zur Wahrung ihrer Zukunftsfähigkeit darauf angewiesen, die wirtschaftlichen Potenziale dieser Netzwerke für sich zu erschließen und sich den veränderten Nutzungsgewohnheiten und Interessen der potenziellen Kunden anzupassen.

Andererseits darf in diesem Zusammenhang aber auch die tendenzielle Konkurrenz zu den Aufgaben und Funktionalitäten der Unternehmenswebseite nicht aus dem Auge verloren werden. Eine umfassende und konsequente Einbeziehung der Social Media ist nicht nur zwangsläufig mit einem ganz erheblichen Kosten-, Zeit- und Personalaufwand verbunden, den sich gerade kleinere und mittlere Unternehmen in der Regel nur schwer leisten können (vgl. Lasogga und Taxacher 2012) , sondern ist unter Umständen auch geeignet, die eigenen Anstrengungen zur Vorhaltung einer attraktiven und effizienten Unternehmenswebseite als

59

zentralen Knoten- und Anlaufpunkt für Kunden zu konterkarieren. Neben der Kosten-Nutzen-Abwägung stellt sich zudem die Frage, ob und inwieweit Nutzer der Social Networks aufgrund ihrer Interessenslage überhaupt motiviert sind, mit Unternehmen ernsthaft zu kommunizieren, wenn deren Motivationsfaktoren – wie Henseler (vgl. Henseler 2011, S. 122f) sie beschreibt – sich weitgehend an Fun (Spaß), Fortune (Reichtum), Fulfillment (Erfüllung) und Fame (Ruhm) orientieren. *Fun* beschreibt dabei die Freude, sich mit einem Thema zu beschäftigen, *Fortune*, das finanzielle Interesse dafür entlohnt zu werden, *Fulfillment*, etwas Sinnvolles zu machen und *Fame*, eine persönliche Anerkennung dafür zu bekommen. Zum Teil degeneriert Unternehmenskommunikation im Social-Web[1] zur Fortsetzung einer sog. »Berieselungswerbung« mit anderen Mitteln (vgl. Sohn 2013). Eine Studie der Universität St. Gallen aus dem Jahr 2012 belegt, dass die Kommunikation der Unternehmen im Kontext von Social Media vielfach noch nicht auf Interaktion ausgelegt ist und sich ein echter, nachhaltiger Dialog nur in Einzelfällen etabliert (vgl. Universität St. Gallen & Conrad Caine 2012, S. 50f).

Grundsätzlich ist zu beachten, dass Unternehmenswebseiten – im Gegensatz zu Social Networks – dem Kunden in der Mehrzahl der Fälle den größeren informativen Mehrwert bieten und dem Unternehmen eine weitaus höhere Kontrolle über die dargestellten Inhalte ermöglichen. Unabhängig von der Gewährleistung der gesetzlichen Bestimmungen zu Datenschutz und Datensicherheit bestimmen mittlerweile auch Social Networks und Kommunikationstools (wie z.B. Facebook und Twitter) bereits selbst, was potenziellen Kunden wann angezeigt wird, ohne dass das Unternehmen einen Einfluss darauf hat. Aufgrund der Informationsflut in Social Networks filtern die Plattformen die Informationen nach eignen Kriterien und bestimmen damit das Bild bzw. das Wahrnehmungsspektrum des Kunden, eine sog. Filterbubble[2] entsteht. Die Unternehmen unterliegen also der Macht dieser Plattformen

---

[1] Social Web bezeichnet in diesem Kontext das Internet als Plattform für soziale Relationen und Interaktionen. Webseiten und Anwendungen werden so konzipiert, dass soziale Interaktion unterstützt und gefördert wird (vgl. Porter 2008, S. 5ff).
[2] Filterbubble bzw. Informationsblase ist ein Begriff, der durch den Internetaktivisten Eli Pariser 2011 (Pariser 2011) geprägt wurde. Er beschreibt die Einschränkung der Informationsvielfalt im Internet durch Algorithmen zur Personalisierung bzw. die Ausrichtung der Informationsdarstellung auf die individuellen Bedürfnisse und Interessen des Nutzers. Informationen, die für den Nutzer weniger von Relevanz sind, werden ausgeblendet und dementsprechend auch die Möglichkeit des Nutzers, sich umfassend zu informieren. Beispiele dafür sind die personalisierte Suche von Google, der personalisierte Timeline/News Stream von Facebook und mittlerweile auch Twitter.

und begeben sich in ein Abhängigkeitsverhältnis, das umso deutlicher wahrgenommen wird, sobald Social Network Fanpages[1] der Unternehmen eigenmächtig gesperrt oder aber gelöscht werden.

Vor diesem Hintergrund ist jedes Unternehmen gehalten zunächst festzustellen, ob und in welchem Ausmaß die Kundenzielgruppe auf den unterschiedlichen Plattformen vertreten ist, und jeweils unter Abwägung von Kosten und Nutzen und seiner spezifischen Interessenlage zu bewerten, inwieweit Social Media für das Unternehmen und seine Onlinepräsenzen geeignet ist.

2.6.4 Bedeutung von Interaktivität auf Unternehmenswebseiten

Wie Liu und Arnett (vgl. Liu und Arnett 2000, S. 24) bereits im Jahre 2000 dargelegt haben, können vor allem die Wirtschaft und die Unternehmen von der interaktiven Kultur des Internets Entscheidendes lernen. Unter Hinweis auf zahlreiche Studien weisen sie schon frühzeitig auf die Besonderheiten und die herausgehobene Bedeutung der zwei-Wege Online-Kommunikation zwischen Kunden und Unternehmen hin. Sowohl sie als auch Palmer belegen in empirischen Studien, dass interaktive Rückmeldungen zwischen Kunden und Unternehmen ein entscheidender Faktor für den Erfolg von Unternehmenswebseiten sind (vgl. Liu und Arnett 2000, S. 31, Palmer 2002, S. 163f).

Schon vor der Jahrtausendwende haben Ha und James (vgl. Ha und James 1998) aufgezeigt, dass die Wahrnehmung und Bindung zu einer Webseite maßgeblich vom Ausmaß der Kommunikation abhängig ist, die auf einer Webseite stattfindet. Dholakia et al. (vgl. Dholakia, et al. 2000, S. 6f) haben, u.a. aufbauend auf den Arbeiten von Ha und James, aus Nutzersicht sechs essentielle Komponenten für eine erfolgreiche Interaktivität identifiziert:

- User Control (Nutzerkontrolle): Die Möglichkeit, den Zeitpunkt, den Inhalt und die Reihenfolge der Kommunikation zu bestimmen. Der Nutzer erhält das Gefühl der Kontrolle [BIU1].
- Responsiveness (Reaktionsfreudigkeit): Der Grad der Beziehung einer Antwort zu einer oder mehreren vorangegangenen Nachrichten [BIU2].

---

[1] Social Network Fanpages sind Unternehmenswebseiten/-profile, die in Social Networks angelegt werden.

- Real Time Interactions (Echtzeitinteraktion): Die Geschwindigkeit, mit der eine Kommunikation stattfindet, insbesondere bezogen auf die Antwortzeiten [BIU3].
- Connectedness (Vernetzung): Die Vernetzung von themenrelevanten Seiten untereinander (Links zu verwandten Themen, Foren, Communities) [BIU4].
- Personalization/Customization (Personalisierung/Individualisierung): Der Grad zu dem Informationen an die individuellen Nutzerbedürfnisse angepasst sind bzw. angepasst werden können [BIU5].
- Playfulness (Verspieltheit): Der Unterhaltungswert einer Webseite [BIU6].

Um die besondere Bedeutung von Interaktivität in der computervermittelten Kommunikation zu beschreiben, haben Downes und McMillan (vgl. Downes und McMillan 2000, S. 173) darüber hinaus sechs Dimensionen herausgearbeitet. Sie unterscheiden dabei zwischen drei nachrichtenbasierten und drei teilnehmerbasierten Dimensionen, um das Konzept der Interaktivität im Internet besser verstehen und definieren zu können.

- Als nachrichtenbasierte Dimensionen, welche die Interaktion fördern, gelten:
  a. eine zwei-Wege Kommunikation, die allen Teilnehmern ermöglicht aktiv zu kommunizieren (direction) [BIU7];
  b. eine Flexibilität in der zeitlichen Planung von Kommunikation, die den zeitlichen Anforderungen der Teilnehmer entspricht (time) [BIU8] und
  c. eine Kommunikationsumgebung, die ein Gefühl für eine örtliche Wahrnehmung schafft (place) [BIU9].
- Als teilnehmerbasierte Dimensionen zur Förderung der Interaktion gelten, wenn:
  a. die Teilnehmer ein Gefühl der Kontrolle über die Kommunikationsumgebung haben (control) [BIU10];
  b. die Teilnehmer das Gefühl haben, dass auf ihr Anliegen eingegangen wird, (responsiveness) [BIU11] und
  c. die Teilnehmer das Gefühl haben, dass die Kommunikation dem Austausch von Informationen dient und nicht der einseitigen Beeinflussung einer Partei (perceived goals) [BIU12].

Die Resonanz bzw. der Erfolg von Unternehmenswebseiten wird nach Voorveld, Neijens und Smit (vgl. Voorveld, Neijens und Smit 2009, S. 558f) sowohl von personenbezogenen als auch webseitenbezogenen Faktoren beeinflusst. Wichtige personenbezogenen Faktoren sind der

Grad der Einbindung (involvement) [BIU13] von Webseite oder Marke, die wahrgenommene Interaktivität (interactivity) [BIU14] und der Grad der Vereinnahmung durch die Webseite (flow/arousal) [BIU15] aus der Sicht des Nutzers. Die personenbezogenen Faktoren werden aus der subjektiven Wahrnehmung des Nutzers definiert und bilden damit einen wesentlichen Teil seiner Qualitätsanforderungen bzw. -kriterien im Rahmen der Kommunikation und Interaktion mit dem Unternehmen ab (siehe hierzu auch unten Abschnitt 5.9). Die webseitenbezogenen Faktoren hingegen stellen die objektiven Einfluss- und Erfolgskriterien der Webseite dar, die der unmittelbaren Gestaltungs- und Verfügungsmacht des Unternehmens unterliegen. Bedeutende Faktoren sind hier die tatsächliche Interaktivität (interactivity) [BIU16] der Webseite, die Gebrauchstauglichkeit (usability) [BIU17], der Typ der Modalität (type of modality) [BIU18] der Webseite, bezogen auf Dynamik und Multimedialität, und der Grad der Übereinstimmung (degree of fit) [BIU19] zwischen Marke und Webseite.

Die Wahrnehmung des Unternehmens und der Marke wird demnach eher von den webseitenbezogenen Faktoren beeinflusst – und hier insbesondere von der Interaktivität (interactivity) und der Anzahl an Funktionen (number of functionalities), die auf einer Webseite angeboten werden. Ein hoher Grad an Interaktivität und ausgeprägte Gebrauchstauglichkeit führen dabei in der Regel zu einer positiven Wahrnehmung von Webseiten (vgl. Voorveld, Neijens und Smit 2009, S. 560f) [BIU20]. Unter allen Autoren besteht somit jedenfalls Übereinstimmung, dass die Interaktivität ein entscheidender Erfolgsfaktor für die Bewertung von Unternehmenswebseiten darstellt.

Zollet (vgl. Zollet 2014, S. 5) hat unter dem Aspekt der Intensität von Interaktion und des Anwendungszwecks von Unternehmenswebseiten eine Klassifizierung bzw. Systematisierung versucht und Webseiten in drei grundsätzlich unterschiedliche Typen aufgeteilt. Hinsichtlich der Intensität der Interaktion unterscheidet er dabei in aufsteigender Reihenfolge zwischen Verteilung, Rückmeldung und Dialog. Hinsichtlich des Anwendungszwecks unterscheidet er zwischen Information, Kommunikation (asynchron) und Beratung (synchron). Nach seiner Auffassung gibt es demnach Unternehmenswebseiten,

1. die der reinen Informationsvermittlung dienen,

2. die eine Vielzahl an Kontaktkanälen anbieten und

3. die die Onlineaktivitäten von Nutzern mit Interaktionsmöglichkeiten unterstützen.

In einer graphischen Darstellung im Koordinatensystem bildet er die Interaktionsintensität auf der y-Achse und den Anwendungszweck auf der x-Achse ab. Im Schnittbereich der x- und y-Werte des 1. Quadranten sind dementsprechend die drei unterschiedlichen Typen von Webseiten verortet (siehe Abbildung 9). Die Abbildung ermöglicht so eine Klassifizierung und bildet damit auch gleichzeitig eine Art Reifegradmodell der jeweiligen Unternehmenswebseite ab – von der reinen Informationsvermittlung im Anfangsstadium hin zu einer Dialogorientierung und einem interaktiven Angebot in den verschiedensten Kontaktkanälen.

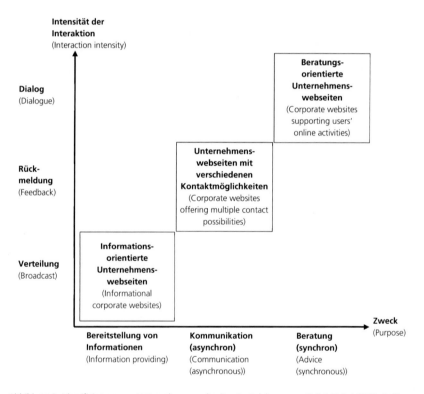

Abbildung 9: Klassifizierung von Unternehmenswebseiten in Anlehnung an Zollet (Zollet 2014, S. 5)

Die Interaktivität von Unternehmenswebseiten, sowohl technisch als auch prozessorientiert, spielt mithin eine zentrale Rolle, um einen aktiven Dialog zwischen dem Unternehmen und den Kunden aufzubauen und damit die Wahrnehmung von Webseite und Unternehmen positiv zu beeinflussen. Die häufigsten Formen von Interaktivität bzw. interaktiven Funktionen sind dabei im Kundenservice, in der Marktforschung, bei der Entscheidungsunterstützung, der Werbung und der Unterhaltung zu finden (vgl. Ghose und Dou 1998, S. 32). Dies gilt mittlerweile aber auch für das Kundenbeziehungsmanagement, das Innovationsmanagement und das Reputationsmanagement im Unternehmen. Die verstärkte Verwendung von interaktiven Funktionen und partizipativen Möglichkeiten auf Webseiten machen Interaktivität zu einem höchst wertvollen Instrument der Unternehmenskommunikation und des Marketings im Dialog mit dem Kunden.

Angesichts der exponentiell wachsenden Mengen an Mitteilungen und Daten fehlen in den Unternehmen allerdings noch immer entsprechende zentralisierte Prozesse und Lösungen, um die Interaktionsaktivitäten optimal zu gestalten. Neben neuen dialogorientierten Produkten und Services müssen vor allem aber auch die dahinterliegenden internen Prozesse, Strukturen und technischen Systeme angepasst werden [BIU21].

2.7 Reifegradmodelle

Reifegradmodelle im Bereich der Informationstechnologien setzen sich bei allgemeiner Betrachtung mit den Entwicklungsprozessen und -phasen von Organisationen und ihren Informationssystemen auseinander und bilden die Basis zu deren Qualitätsbeurteilung. Dabei werden in jeder Stufe die Abläufe und Arbeitsweisen von Unternehmen oder Systemen bewertet und Handlungsoptionen bzw. Verbesserungspotenziale aufgezeigt, um den jeweils nächsthöheren Reifegrad zu erreichen. Die Stufen bauen aufeinander auf und stehen in einer festgelegten Reihenfolge. Durch diese Reihenfolge wird sowohl förmlich als auch inhaltlich eine Vorgehensweise zur Optimierung der Prozesse aufgezeigt. Den Verantwortlichen soll damit einerseits eine Positionierung der eigenen Organisation bzw. Standortbestimmung hinsichtlich ihrer Fähigkeiten und die Qualität der eigenen Leistung ermöglicht werden und andererseits eine Hilfestellung für die Weiterentwicklung ihres Unternehmens oder aber ihres Systems an die Hand gegeben werden.

Die Hauptziele von Reifegradmodellen sind

- die Qualitätsbeurteilung von Organisationen mit ihren Prozessen und Informationssystemen,
- der Vergleich/das Benchmarking mit Konkurrenten und
- das Aufzeigen einer Vorgehensweise zur Qualitätsverbesserung.

Das Reifegradmodell besteht dabei hauptsächlich aus den folgenden Komponenten:

1. Anzahl der Reife- und Fähigkeitsgrade bzw. -stufen;
2. Differenzierung von **Prozess- bzw. Evaluationsgebieten** (Key Process Areas): Unterteilung der Organisation oder des Informationssystems in verschiedene Teilbereiche, die separat betrachtet und bewertet werden;
3. Bezeichnung und Charakterisierung der **Reife- und Fähigkeitsgrade** (Maturity Levels):
   Die einzelnen Evaluationsgebiete werden für eine differenzierte Betrachtung einzeln bewertet und behandeln nur einen Teilbereich. Die Aggregation aller Reifegrade aus den Evaluationsgebieten ergibt das Gesamtergebnis. Sie spiegeln das Gesamtprofil der untersuchten Organisation oder des Informationssystems wider und bilden die Grundlage für die zu empfehlende Vorgehensweise.

Reifegradmodelle setzen eine Dokumentation der Arbeitsweisen und Systeme sowie die Festlegung von Kennzahlen voraus, was zu mehr Bürokratie führt und damit die Anwendung der Modelle aufwändig und teuer macht (vgl. Jacobs 2008-2014). Dennoch können die Modelle den Unternehmen auf der Basis einer detaillierten Standortbestimmung einen wesentlichen Vorteil für eine wettbewerbs- und zukunftsorientierte Weiterentwicklung bieten.

Reifegradmodelle werden in vielen unterschiedlichen Anwendungsbereichen genutzt, wie z.B. für das E-Learning (vgl. Marshall 2007a) oder in den diversen Bereichen der IT Geschäftsbeziehungen (vgl. Hirschheim, Schwarz und Todd 2006). Die bestehenden Modelle können sich je nach Schwerpunkt in den Details ihrer Ausrichtung und ihres Aufbaus erheblich unterscheiden und grenzen sich damit voneinander ab. Die bekanntesten und auch bewährtesten Reifegradmodelle im Bereich der Softwareentwicklung sind CMMI (Capability Maturity Model Integration) und SPICE (Software Process Improvement and Capability Determination), sie dienen der Arbeit als Grundmodell und Ausgangsbasis.

2.7.1 Basismodelle der Reifegradbewertung

Capability Maturity Model Integration (CMMI)

Das CMMI Reifegradmodell wurde im Jahre 2002 an der Carnegie Mellon University/Pittsburgh erarbeitet[1] und in den darauf folgenden Jahren in unterschiedlichen Varianten weiterentwickelt. Es dient insbesondere zur Bewertung der Reife von Softwareprozessen.

Das CMMI selbst ist durch die Integration mehrerer Vorgängermodelle aus der Software- und Systementwicklung entstanden. Die ursprünglichen Capability Maturity Models (CMM) haben grundsätzlich die gleichen Inhalte und Ziele, unterschieden sich aber in Aufbau, Struktur und ihren Anwendungsgebieten (vgl. Kneuper 2007, S. 11f). Entsprechend wurden diese zum CMMI zusammengefasst.

Derzeit gibt es drei veröffentlichte CMMI-Modelle mit unterschiedlichen Anwendungsgebieten:

- Das »CMMI for Development« (CMMI-DEV) unterstützt die Verbesserung von Organisationen, die Software, Systeme oder Hardware entwickeln (vgl. CMMI Product Team 2010a).

- Das »CMMI for Acquisition« (CMMI-ACQ) unterstützt die Verbesserung von Organisationen, die Software, Systeme oder Hardware einkaufen, aber nicht selbst entwickeln (vgl. CMMI Product Team 2010b).

- Das »CMMI for Services« (CMMI-SVC) unterstützt die Verbesserung von Organisationen, die Dienstleistungen erbringen (vgl. CMMI Product Team 2010c).

Das CMMI verwendet zur Beschreibung eines evolutionären Weges für die Verbesserung der Prozesse von Unternehmen und Organisationen zur Entwicklung ihrer Produkte und Dienstleistungen zwei Arten von Graden, nämlich Fähigkeitsgrade und Reifegrade, und unterscheidet – damit korrespondierend – zwischen zwei verschiedenen Ansätzen zur Prozessverbesserung:

---

[1] Webseite des CMMI Instituts: http://cmmiinstitute.com/

Der eine Ansatz ermöglicht die schrittweise Verbesserung der Prozesse in Bezug auf einzelne Prozessgebiete oder eine Gruppe von Prozessgebieten, die das Unternehmen bzw. die Organisation zuvor ausgewählt hat. Die Darstellung (»continuous«) erfolgt in Fähigkeitsgraden (siehe Tabelle 1) und kategorisiert die einzelnen Prozessgebiete anhand ihres Einsatzgebietes.

CMMI-Fähigkeitsgrade (Capability Levels)	
definiert (defined)	Es ist ein Standardprozess definiert, der kontinuierlich verbessert wird.
geführt (managed)	Die Arbeit wird gelenkt.
durchgeführt (performed)	Die fachlichen Ziele werden erreicht.
unvollständig (incomplete)	Die fachlichen Ziele werden nicht erreicht.

Tabelle 1: Beschreibung der CMMI-Fähigkeitsgrade (vgl. CMMI Product Team 2011, S. 36-37)

Der andere Ansatz erlaubt es dem Unternehmen bzw. der Organisation, seine Prozesse durch eine schrittweise Auswahl von zusammenhängenden und aufeinander aufbauenden Gruppen von Prozessgebieten zu verbessern und damit auch die Gesamtorganisation zu optimieren. Die Darstellung (»staged«) erfolgt in Reifegraden. Die stufenförmige Darstellung differenziert zwischen fünf Reifegraden (siehe Abbildung 10 und Tabelle 2), denen bestimmte Prozessgebiete, die durch allgemeine und spezifische Ziele und Praktiken genauer definiert werden, zugeordnet sind. Die Reifeentwicklung folgt dabei strikt der Erreichung der einzelnen Reifestufen.

Die Darstellung in Fähigkeitsgraden beschreibt somit den Zustand der Prozesse auf einem einzelnen Prozessgebiet, die Darstellung in Reifegraden hingegen den Gesamtzustand der Prozesse einer Organisation. Für eine ganzheitliche Bewertung der Prozesse werden die Ergebnisse aller Prozessgebiete zusammengeführt. Dies ergibt dann das spezifische Reifegradprofil der jeweiligen Organisation (siehe hierzu grundlegend (CMMI Product Team 2010a, S. 21ff) sowie die autorisierte Übersetzung (CMMI Product Team 2011, S. 33ff); vgl. auch (Hertneck und Kneuper 2011, S. 13ff)).

Im CMMI 1.3 Modell gibt es insgesamt fünf Reifegrade, die sich wie folgt darstellen:

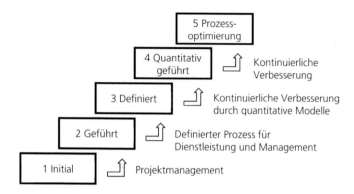

Abbildung 10: Die Reifegrade von CMMI in Anlehnung an Hertneck und Kneuper (Hertneck und Kneuper 2011, S. 18)

CMMI-Reifegrade (Maturity Levels)	
Prozessoptimierung (optimizing)	Die Arbeit und Arbeitsweise werden mit Hilfe einer statistischen Prozesskontrolle kontinuierlich verbessert.
quantitativ geführt (quantitatively managed)	Es wird eine statistische Prozesskontrolle durchgeführt. Die quantitativen Ziele basieren auf Bedürfnissen der Kunden, der Endanwender, der Organisation und der Prozessbeteiligten.
definiert (defined)	Die Projekte werden nach einem angepassten Standardprozess durchgeführt und es gibt eine organisationsweite kontinuierliche Prozessverbesserung.
geführt (managed)	Die Projekte werden geführt. Ein ähnliches Projekt kann erfolgreich wiederholt werden.
initial (initial)	Keine Anforderungen. Diesen Reifegrad hat jede Organisation.

Tabelle 2: Beschreibung der CMMI-Reifegrade (vgl. CMMI Product Team 2011, S. 38-41)

Software Process Improvement and Capability Determination (SPICE)

Das SPICE oder auch ISO/IEC 15504-5[1] Reifegrademodell ist internationaler Standard der International Organization for Standardization (ISO) zur Bewertung von Unternehmensprozessen, insbesondere mit dem Schwerpunkt der Softwareentwicklung. Die ersten Versionen wurden 1995 und 1998 veröffentlicht und 2006 als internationaler Standard gesetzt. Die ISO/IEC 15504 wurde mittlerweile durch die ISO/IEC 33001:2015 »Information technology – Process assessment – Concepts and terminology« revidiert.

Das Modell unterscheidet sechs Fähigkeits- oder Reifegradstufen (siehe Abbildung 11). Die jeweiligen Stufen sind durch einzelne Prozessattribute definiert, die eine systematische Bewertung ermöglichen. Dabei wird jeweils nicht nur die Existenz, sondern auch die adäquate Durchführung der Aktivität mit Hilfe der folgenden Skala bewertet:

- »nicht erfüllt«: 0 % - 15 %
- »teilweise erfüllt«: >15 % - 50 %
- »im Wesentlichen erfüllt«: >50 % - 85 %
- »vollständig erfüllt«: >85 % - 100 %

Für eine ganzheitliche Bewertung werden alle Prozess- und Reifegraddimensionen zusammengeführt, die dann das spezifische Reifegradprofil des jeweiligen Prozesses ergibt.

---

[1] Die ISO/IEC 15504 »Information technology - Process assessment« besteht aus zehn Teilen, welche die Norm (internationaler Standard) und die Ergänzungen (technische Spezifikation) umfassen. In der ISO/IEC 15504-5:2012 wird das Prozess-Assessment-Modell detailliert beschrieben. International Organization for Standardization: http://www.iso.org/iso/home/store/catalogue_tc/catalogue_detail.htm?csnumber=60555

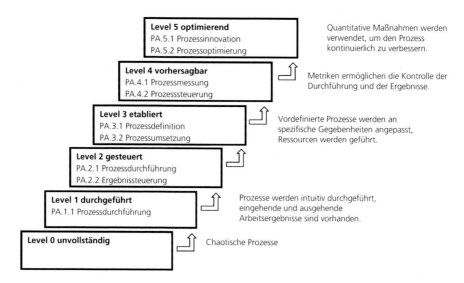

Abbildung 11: Die Reifegrade von SPICE in Anlehnung an Wentzel et al. (Wentzel, et al. 2010, S. 20)

Relevanz für das Reifegradmodell zur digitalen Kundeninteraktion

CMMI und SPICE sind inhaltlich miteinander vergleichbar und auch sehr ähnlich strukturiert. Beide definieren Reifegradprofile, mit deren Hilfe Unternehmen in bestimmten Anwendungsbereichen analysiert und eingestuft werden. Das Ergebnis eines Assessments ist dabei immer der Gesamtwert für die jeweilige Organisation, in dem Fall normalerweise ein nominaler Wert. Das Gleiche gilt für die Fähigkeitsgrade, die sich auf einzelne Prozesse oder Prozessgebiete beziehen. Hier zeigt sich jedoch ein markanter Unterschied, da SPICE der Bewertung eine konkrete prozentuale Skala zugrunde legt und diese nicht nominal betrachtet wie das CMMI. Die nominale Betrachtung erlaubt – unabhängig von prozentualen Quoten – eine inhaltlich differenzierte Bewertung in Abhängigkeit vom jeweiligen Unternehmen und damit eine flexiblere Auslegung des Modells auf unterschiedliche Branchen und Unternehmensarten. Zudem werden bürokratische Aufwände minimiert, sodass das Modell einfacher und auch zielorientierter insbesondere zur Selbstbewertung in der Entwicklung der digitalen Kundeninteraktion als Referenzmodell eingesetzt werden kann.

Als Grundlage und Referenz für die formale Reifegraddefinition und Modellstruktur wird in der weiteren inhaltlichen Ausarbeitung des Reifegradmodells zur digitalen Kundeninteraktion daher im Wesentlichen das CMMI – Capability Maturity Model Integration herangezogen.

CMMI-Modelle sind geeignet, Unternehmen einen Überblick über bewährte Praktiken zu verschaffen, Stärken und Schwächen eines Unternehmens objektiv zu analysieren und daraus Verbesserungsmaßnahmen abzuleiten (vgl. Kneuper 2007, S. 2f).

Beim CMMI handelt sich um ein strikt lineares Stufenmodell. Die stufenförmige Darstellungsform des Grundmodells mit seiner Differenzierung zwischen fünf Reifegraden hat sich zudem bereits für eine systematische Aufbereitung von Best Practices zur Positionierung und Optimierung eines Unternehmens bzw. einer Organisation im IT-Bereich bewährt und soll daher in der folgenden Ausarbeitung als formale Vorlage zur inhaltlichen Konkretisierung und Definition der Anwendungs- und Evaluationsdomänen für den Bereich digitaler Kundeninteraktion dienen.

2.7.2 Vergleichbare Modelle zur Bewertung von Webseiten und digitaler Interaktion

Ausgehend vom vorangestellten Untersuchungsergebnis erfolgt die Erarbeitung des Reifegradmodells zur digitalen Kundeninteraktion auch unter Berücksichtigung von Modellen, die sich bereits mit einem ähnlichen bzw. verwandten Themenbereich beschäftigt haben. In der wissenschaftlichen Literatur gibt es u.a. diverse Bewertungs- und Reifegradmodelle zu den Themen Webseiten und Web 2.0 (vgl. Rhoads 2008, Back und Haager 2011, Nueesch, Puschmann und Alt 2012, Bode und Aert 2012), E-Business und E-Commerce (vgl. Kurbel 2001, Rao, Metts und Monge 2003, Gonçalves, Santos und Morais 2010, Hoffs 2011, T-Systems Multimedia Solutions GmbH 2013), Social Media (vgl. Corcoran und Overby 2011) oder aber Web Usability (vgl. Bullinger, Heidmann und Ziegler 2002). Vor allem die Modelle für E-Business und E-Commerce oder Social Media sind für die Entwicklung eines Reifegradmodells zur digitalen Kundeninteraktion interessant und beachtlich – dies allerdings weniger in ihrer inhaltlichen Ausrichtung, da sie jeweils vor allem die Manager- und Marketingperspektive in den Mittelpunkt ihrer Betrachtung stellen, als vielmehr in methodischer Hinsicht.

Besonders die folgenden Modelle bieten einen guten Überblick über die aktuellen Entwicklungen im Bereich der Reifegradentwicklung von Webseiten sowie der digitalen Schnittstelle von Unternehmen und werden daher hier gesondert aufgelistet und in ihren Grundzügen dargestellt.

E-Commerce Stage Model

Ein Modell, das Faktoren digitaler Kommunikation und Interaktion auf Webseiten und in Unternehmen beschreibt, bildet das E-Commerce Stage Model von Rao, Metts und Monge aus dem Jahre 2003 (vgl. Rao, Metts und Monge 2003). Das Modell ist kein typisches Reifegradmodell, sondern beschreibt im Wesentlichen lediglich unterschiedliche Entwicklungsphasen, vor allem bezogen auf den Bereich E-Commerce.

Wie die Abbildung zeigt, werden dabei folgende Phasen entsprechend definiert:

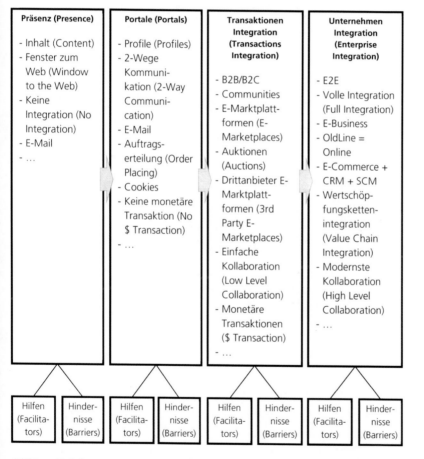

Präsenz (Presence)	Portale (Portals)	Transaktionen Integration (Transactions Integration)	Unternehmen Integration (Enterprise Integration)
- Inhalt (Content) - Fenster zum Web (Window to the Web) - Keine Integration (No Integration) - E-Mail - …	- Profile (Profiles) - 2-Wege Kommuni-kation (2-Way Communi-cation) - E-Mail - Auftrags-erteilung (Order Placing) - Cookies - Keine monetäre Transaktion (No $ Transaction) - …	- B2B/B2C - Communities - E-Marktplatt-formen (E-Marketplaces) - Auktionen (Auctions) - Drittanbieter E-Marktplatt-formen (3rd Party E-Marketplaces) - Einfache Kollaboration (Low Level Collaboration) - Monetäre Transaktionen ($ Transaction) - …	- E2E - Volle Integration (Full Integration) - E-Business - OldLine = Online - E-Commerce + CRM + SCM - Wertschöp-fungsketten-integration (Value Chain Integration) - Modernste Kollaboration (High Level Collaboration) - …
Hilfen (Facilita-tors)	Hinder-nisse (Barriers)	Hilfen (Facilita-tors)	Hinder-nisse (Barriers)	Hilfen (Facilita-tors)	Hinder-nisse (Barriers)	Hilfen (Facilita-tors)	Hinder-nisse (Barriers)

Abbildung 12: E-Commerce Stage Models in Anlehnung an Rao, Metts und Monge (Rao, Metts und Monge 2003, S. 15) übersetzt

In jeder Entwicklungsstufe stehen die sog. Hilfen (*Facilitators*) – Faktoren, die sich positiv auf die Entwicklung auswirken – und sog. Hindernisse (*Barriers*) – Faktoren, die sich negativ auswirken – im Mittelpunkt der Betrachtung.

Web Sites Maturity Cycles

Vera Rhoads hat auf dem Information Architects Summit 2008 ein Modell zu Bestimmung der Web Maturity vorgestellt (vgl. Rhoads 2008), das auf der Reifegrad-Theorie des CMM-Modells basiert. Die relevanten Evaluationsfaktoren und -bereiche wurden im Rahmen einer praxisorientierten Studie analysiert und definiert.

Die folgenden Evaluationsbereiche sind nach Rhoads (vgl. Rhoads 2008) von maßgeblicher Bedeutung:

1. Budget und finanzielle Faktoren (Budget and Financial Factors)
2. Soziale und politische Faktoren (Social and Political Factors)
3. Technische Akzeptanz (Technical Acceptance)
4. Innovationsgrade (Innovation Levels)
5. Gebrauchstauglichkeit (Usability)
6. Prioritätenzuordnung (Priority Allocation)
7. Industriepositionierung (Industry Positioning)

Die Reifegrade definieren sich nach Rhoads wie folgt (vgl. Rhoads 2008):

Level 1 - Presence and Establishment of Information delivery: Etablierung einer ersten Online Präsenz zur Verbreitung von Informationen;

Level 2 - Information Processing: Verarbeitung von Informationen;

Level 3 - Knowledge Creation: Generierung von neuem Wissen;

Level 4 - Business Value clearly identified and derived: Der Geschäftswert ist klar identifiziert und abgeleitet;

Level 5 - True Excellence through an Integrated, Personalized and Collaborative environment: Echte Spitzenleistung durch ein integriertes, personalisiertes und kollaboratives Umfeld.

Die Instrumente und Kriterien, um einen höheren Reifegrad zu erreichen, werden in Tabelle 3 dargestellt. Die einzelnen Entwicklungsstufen sind dabei konkret und messbar ausgestaltet. Mit zunehmender Entwicklungsstufe erhöhen sich auch die Komplexität und der in die gewählte Lösung zu investierende Zeitaufwand.

Level 1	- Keine Anforderungen (No Requirements)
Level 2	- Inhalte – Text und Bilder (Content – Text and Graphics) - Produkte (Products) - Kontaktinformationen, Anfahrt (Contact Info, Directions) - Rückkopplungs-Mechanismen, E-Mail (Feedback Mechanisms, E-Mail) - Werbung (Promotions and Advertising) - Unterschiedliche Tickets (Various Tickets)
Level 3	- Definierte Taxonomie (Defined Taxonomy) - Suchmaschinen Technologie (Search Engine Technology) - Online Kataloge (Online Catalogues) - Online Fulfillment (Online Fulfillment) - Trainingsprogramm (Training Program) - Definierte Strategie für Nutzungsstatistiken (Defined Usage Statistics Strategy)
Level 4	- Strategie zur Inhaltsverwaltung, Implementierung eines Inhaltsverwaltungssystems (Content Management Strategy, Content Management System Implementation) - Caching- und Verteilungsmanagement (Caching Distribution Management) - Verarbeitung von Kreditkartendaten (Credit Card Processing) - Sicherheit (passwortgeschützte Bereiche innerhalb einer Webseite) (Ability to secure (Password Protect Areas within the Site)) - Eine Strategie für Kundenbeziehungsmanagement (a CRM Strategy)
Level 5	- Fähigkeiten zur Bereitstellung eines Portals (Portal Capabilities) - Fähigkeiten zur Personalisierung (Personalization Capabilities) - Verwendung von unterschiedlichen Arten von Inhalten – Videos in mehreren Sprachen und Formaten (Deployment of Multiple Types of Content – Videos Included in Multiple Languages and Formats)

Tabelle 3: Beschreibung der Instrumente und Kriterien zur Erreichung der Reifegrade (Darstellung und Übersetzung in Anlehnung an Rhoads (Rhoads 2008))

Web 2.0-ness Maturity Model

Das Web 2.0-ness Modell wurde von Andrea Back und Christopher Haager in 2011 (vgl. Back und Haager 2011) erstellt und basiert im Wesentlichen auf den Web 2.0 Prinzipien von O'Reilly aus 2005 (siehe Abschnitt 2.3). Es konzentriert sich auf die Evaluation der Gestaltung von Produktwebseiten, schließt jedoch die Themen Technik und Organisation vollständig aus. Das Modell dient zur externen Bewertung von Webseiten und wird im Ergebnis insbesondere zur Beurteilung von Produktwebseiten der Pharmabranche angewendet.

Es definiert die folgenden sechs Evaluationsgebiete, die mit jeweils vier Fähigkeitsgraden von 0 bis 3 bewertet werden können:

1. Beteiligung (Participation)
2. Plattform Integration: Mashups (Platform Integration: Mashups)
3. Plattform Integration: Geräte (Platform Integration: Devices)
4. Wissen (Knowledge)
5. Funktionsreiche Benutzeroberflächen: Gebrauchstauglichkeit (Rich User Interfaces: Usability)
6. Funktionsreiche Benutzeroberflächen: Multimedialität (Rich User Interfaces: Multimedia)

Die Fähigkeitsgrade werden jeweils einzeln für die Evaluationsgebiete definiert. Für die drei Reifegrade, zu deren Ermittlung die Unternehmen eine bestimmte Punktezahl in den einzelnen Evaluationsdomänen erreichen müssen, werden dabei die Begriffe »Innovators«, »Adopters« und »Laggards« verwendet. Die Beschränkung auf lediglich drei Reifegrade erfolgt mit der Begründung, die Komplexität des Modells möglichst niedrig zu halten.

Rahmenwerk zur Bewertung der Web 2.0 Umsetzung in kundennahen Prozessen

Aufbauend auf dem im vorangehenden Abschnitt beschriebenen Reifegradmodell haben Rebecca Nueesch, Thomas Puschmann und Rainer Alt 2012 (vgl. Nueesch, Puschmann und Alt 2012) ein Rahmenwerk zur Bewertung der Web 2.0 Reife in kundennahen Prozessen im Internet definiert. Dieses Modell nimmt Abstand von der Produktzentriertheit und integriert zusätzlich noch weitere kundenorientierte Prozesse, wie z.B. Social Media.

Es differenziert zwischen den folgenden elf Evaluationsgebieten:

1. Harnessing Collective Intelligence: Nutzen von kollektivem Wissen bzw. kollektiver Intelligenz; Vertrauen in Anwender als Mitentwickler;
2. Data is the Next Intel Inside: Ansammlung von Informationen versus Funktionalität;
3. Innovation in Assembly: Das Web als Plattform für die Entwicklung und Kombination eigener und fremder Services mit offenen Schnittstellen;

4. Rich User Experience: Verbesserte Benutzerführung durch innovative Technologien;
5. Perpetual Beta: Kontinuierliche Weiterentwicklung der Dienste als Software as a Service (SaaS) und Ende der konkreten Software Entwicklungszyklen;
6. Software Above the Level of a Single Device: Nutzung von Anwendungen auf unterschiedlichen Geräten;
7. Leveraging the Long Tail: Angebot von Nischenprodukten und Diensten durch kosteneffiziente Strukturen und Verteilung im Internet;
8. Lightweight Models and Cost Effective Scalability: Leichtgewichtige User Interfaces, Entwicklungs- und Geschäftsmodelle und einfach skalierbares und kosteneffizientes Wachstum von Diensten und Anwendungen;
9. Software as a Service: Bezug von Software als Dienstleistung;
10. Collaborative Tagging: Einsatz von nutzerorientierter und -generierter Verschlagwortung. Vernetzung zwischen Anwendungen und Daten;
11. Participation – Collaboration: Angebot von Möglichkeiten zur Beteiligung und Zusammenarbeit im Internet.

Die Evaluationsdomänen werden mit jeweils vier Fähigkeitsgraden von 0 bis 3 (»*keine*«, »*geringe*«, »*durchschnittliche*« und »*vollständige*« Umsetzung der Web 2.0 Prinzipien) individuell bewertet, die hier bewusst allgemein gehalten werden. Die gesamthafte Auswertung erfolgt nach Nueesch, Puschmann und Alt (vgl. Nueesch, Puschmann und Alt 2012) in drei Reifegradstufen, d. h. »*Inactives*«, »*Collectors*« und »*Creators*«.

Online Maturity Model

Sebastian Bode und Stun Van Aert haben 2012 ein Online Maturity Model (vgl. Bode und Aert 2012) in den Niederlanden für eFocus entwickelt. Das Modell basiert ebenfalls auf der Reifegrad-Theorie des CMM-Modells, berücksichtigt allerdings zusätzlich die Theorie des Design Thinking und der agilen Arbeitsprozesse.

Im Modell werden die folgenden Evaluationsbereiche und Dimensionen (übersetzt von Bode und Aert 2012) unterschieden:

*   Erfahrung (Experience)
    *   o Online Kanal
    *   o Kunden Fokus

- Effekt (Effect)
  - Resultat
- Wegbereiter (Enablers)
  - Organisation
  - Technik

Beim »*Online Kanal*« werden die folgenden Domänen evaluiert:

- Website: Gestaltung und Funktionalität der Webseite;
- Search: Auffindbarkeit der Inhalte;
- E-Mail: Gestaltung der E-Mail Kommunikation;
- Social: Integration in Social Media;
- Display: Darstellung der Webseite;
- Mobile: Mobile Verfügbarkeit der Webseite.

Die Reifegrade werden nach Bode und Van Aert wie folgt definiert (übersetzt von Bode und Aert 2012):

- **Initial:** Konzentriert sich auf Kurzzeitwert;
- **Repeatable:** Konzentriert sich auf Aktivitäten auf Basis von bewährten organisatorischen Zielen;
- **Defined:** Konzentriert sich auf die Etablierung von Verantwortlichkeiten und Prozessen innerhalb der Organisation;
- **Managed:** Konzentriert sich auf die Integration von Online Business Prozessen;
- **Optimized:** Konzentriert sich auf 1-zu-1 Kundenbeziehung.

2.7.3 Abgrenzung und Fokussierung des Reifegradmodells zur digitalen Kundeninteraktion

Die Modelle zur Umsetzung der Web 2.0 Prinzipien auf Webseiten (vgl. Musser und O'Reilly 2007, Back und Haager 2011, Nueesch, Puschmann und Alt 2012) fokussieren sehr stark die Webseite als digitale Schnittstelle. Genau diese Modelle bilden daher auch in der weiteren Entwicklung die inhaltliche Grundlage für das zu entwickelnde Reifegradmodell zur digitalen Kundeninteraktion. Marketing und PR Aspekte sind hier zwar auch berücksichtigt, spielen aber eher eine untergeordnete Rolle. Die Integration und Ausgestaltung der Web 2.0 Prinzipien und die Berücksichtigung aktueller Entwicklungen und Trends im Web 2.0 bzw.

Web[2] (siehe dazu Abschnitt 2.3) bilden damit entscheidende Merkmale zur Abgrenzung der einzelnen vergleichbaren Reifegradmodelle.

Vor allem bei Nueesch, Puschmann und Alt (vgl. Nueesch, Puschmann und Alt 2012, S. 240ff) werden darüber hinaus alle dialogorientierten Faktoren der digitalen Schnittstellen sowie die kommunikativen und interaktiven Aspekte des Internets besonders betont und stehen im Mittelpunkt der Untersuchung. Zudem werden die kundenorientierten Prozesse über Webseiten hervorgehoben (vgl. Nueesch, Puschmann und Alt 2012, S. 243) und bilden somit ein Differenzierungsmerkmal, das im zu erarbeitenden Modell besondere Beachtung verdient und auszuarbeiten ist.

Das Gleiche gilt für alle Fähigkeiten und Prozesse im Unternehmen, die im direkten Zusammenhang zur digitalen Schnittstelle stehen. Gerade diese spielen für die Bewertung der digitalen Kundeninteraktion aus Sicht des Unternehmens eine zentrale Rolle. Sowohl im Rahmen der technischen als auch organisatorischen Umsetzung betont Zollet in diesem Zusammenhang die Bedeutung der Definition von Interaktions-Entwurfsmustern (Interaction Patterns) auf Unternehmenswebseiten, um eine optimale Interaktion mit Nutzern erreichen zu können (vgl. Zollet 2014, S. 10).

Legende: ● trifft voll zu ◐ trifft teilweise zu ○ trifft nicht zu	Vergleichbare Modelle						Reifegrad-modell zur digitalen Kunden-interaktion
	(Musser und O'Reilly 2007)	(Rhoads 2008)	(Back und Haager 2011)	(Nueesch, Puschmann und Alt 2012)	(Bode und Aert 2012)	E-Business und E-Commerce Modelle [1]	
Art	Assessment	RG-Modell	RG-Modell	RG-Modell	RG-Modell	Typologie, RG-Modelle	RG-Modell
Anlehnung an CMMI (vgl. Kneuper 2007, S. 2f, Back und Haager 2011, S. 326)		●				◐	●
Web 2.0 Design-Prinzipien und -Patterns (Entwurfsmuster) (vgl. Musser und O'Reilly 2007, Back und Haager 2011, Nueesch, Puschmann und Alt 2012)	●		●	●			

[1] (Kurbel 2001, Rao, Metts und Monge 2003, Gonçalves, Santos und Morais 2010, Hoffs 2011, T-Systems Multimedia Solutions GmbH 2013)

Einbeziehung aktueller Entwicklungen im Bereich Web 2.0, Web² etc. (vgl. Nueesch, Puschmann und Alt 2012, S. 240ff)				◐			●
Kundenorientierte Design-Patterns (Entwurfsmuster) (vgl. Nueesch, Puschmann und Alt 2012, S. 243, Zollet 2014, S. 10)			●				●
Fokus auf digitaler Schnittstelle (Webseite, Community etc.) (vgl. Musser und O'Reilly 2007, Back und Haager 2011, Nueesch, Puschmann und Alt 2012)	●	●	●	●	●	◐	●
Einbeziehung kommunikativer und interaktiver Aspekte (vgl. Nueesch, Puschmann und Alt 2012, S. 243)				◐	◐	◐	●
Einbeziehung organisatorischer Aspekte (vgl. Zollet 2014, S. 10, Ulich 1997)		◐			◐	●	●
Einbeziehung technologischer Aspekte (vgl. Zollet 2014, S. 10, Ulich 1997)						◐	●
Fokus auf E-Commerce und E-Business (siehe hierzu auch Abschnitt 2.1.2 und (vgl. Strauß 2013, S. 20f, Jahn und Pfeiffer 2014, S. 91))						●	◐
Praxisorientierte Handlungsempfehlungen (siehe hierzu auch Aufgaben des RG Modells (Abschnitt 2.7 und Abschnitt 5.2))	●	●	●			◐	●

Tabelle 4: Tabellarische Auflistung, Analyse und Abgrenzung der vergleichbaren Modelle zu dem zu entwickelnden Reifegradmodell zur digitalen Kundeninteraktion; die Reifegradmodelle zum Bereich E-Commerce und E-Business werden in der Darstellung zusammengefasst.

E-Business bzw. Digital Business beschreibt den Einsatz von Informations- und Kommunikationstechnologien zur Unterstützung und Automatisierung von internen und externen Geschäftsprozessen von Unternehmen und E-Commerce deren integrierte Ausführung im elektronischen Handelsverkehr im Internet (siehe dazu auch Abschnitt 2.1.2). Beide Bereiche bilden damit neben den kommunikativen und interaktiven Aspekten der digitalen Kundeninteraktion den organisatorischen und prozessualen Rahmen im digitalen Wandel. Die Instrumente und Abläufe werden bisher im Wesentlichen von den reinen

E-Business und E-Commerce Reifegradmodellen (FN1 auf S. 61) erfasst, bilden aber selten das Zusammenspiel und die konkrete Ausgestaltung der digitalen Schnittstellen ab. Der Grundstein für den späteren Erfolg im E-Business wird bereits bei der Erarbeitung einer entsprechenden Strategie gelegt. Unternehmen, die eine Strategie in Bezug auf E-Business, Mobile Business oder Social Media erarbeitet haben, sind oft fast viermal so erfolgreich wie die anderen Unternehmen (vgl. Strauß 2013, S. 20f). Digitalisierung der kundenorientierten Fähigkeiten und Prozesse bedeutet in dem Fall mehr als nur innovative Kommunikation und Interaktion. Wichtig sind dabei vor allem die strategische (Neu-)Ausrichtung von Geschäftsmodellen, die konsequente Nutzung von Wachstumschancen und die Notwendigkeit zum kulturellen Wandel (vgl. Jahn und Pfeiffer 2014, S. 91). Somit erweist sich auch der Fokus auf E-Business und E-Commerce und damit gleichermaßen die Berücksichtigung von Management-, Organisations- und Marketing-Aspekten als sehr ergiebig und interessant für eine Abgrenzung der Reifegradmodelle.

Das Zusammenspiel von Mensch, Technik und Organisation, wie es zudem von Ulich (vgl. Ulich 1997) schon früher beschrieben wurde, und damit die wechselseitigen Abhängigkeiten der technologischen, wirtschaftlichen und sozialen Prozesse untereinander bilden einen wesentlichen Faktor bei der Bewertung und Einstufung der digitalen Kundeninteraktion und weisen gerade in der Schnittmenge der Wirkungsbereiche hohe Erfolgspotentiale auf.

Da sich bei der Einschätzung der Interaktionspotenziale eines Unternehmens bzw. einer Organisation eine Differenzierung zwischen der Darstellung in Fähigkeitsgraden für die einzelnen relevanten Prozessgebiete und der Darstellung in Reifegraden für die gesamthafte Bewertung grundsätzlich als sinnvoll und geboten darstellt, bietet es sich an, das angestrebte Reifegradmodell in Anlehnung an das CMMI-Modell (siehe dazu Abschnitt 2.7.1) zu entwickeln. Dabei spielt ebenfalls eine maßgebliche Rolle, dass es sich zwischenzeitlich in der Reifegradbewertung von Unternehmensprozessen bereits mehrfach als Basismodell grundsätzlich bewährt hat (vgl. Kneuper 2007, S. 2f). Auch Back und Haager haben das CMMI-Modell bei ihrer Entwicklung einbezogen, aber aufgrund der Komplexität und Neuheit des Forschungsfeldes zu ihrer Zeit nur in einer stark vereinfachten Form umgesetzt und die weitere inhaltliche Ausgestaltung der zukünftigen Weiterentwicklung ihres Modells überlassen (vgl. Back und Haager 2011, S. 326). Aufgrund der Aufgaben und Anwendungsszenarien eines Reifegradmodells (siehe dazu Abschnitt 2.7 und Abschnitt 5.2) bildet neben der Selbstbewertung hauptsächlich die Ableitung von praktischen

Handlungsempfehlungen und Optimierungsmöglichkeiten einen entscheiden Faktor für die Anwendbarkeit der Modelle.

Das zu entwickelnde Reifegradmodell lässt sich somit von den bereits vorhandenen Modellen stichwortartig durch folgende wesentliche Kriterien abgrenzen:

- Praxis- und Anwendungsorientierung auf die digitale Schnittstelle;
- Berücksichtigung der wechselseitigen Abhängigkeiten von Organisationsstruktur, Prozessen, Technologien und Daten bei der Gestaltung der digitalen Schnittstelle;
- Anlehnung an das bewährte CMMI-Modell;
- Fokussierung auf die direkte Interaktion zwischen Unternehmen und Kunden;
- Weitere Untersuchung der Web 2.0 Interaktionsmechanismen;
- Berücksichtigung aktueller Entwicklungen und Trends im Web 2.0 bzw. Web^2;
- Bereitstellung eines Instruments zur Selbstbewertung bzw. Expertenberatung von Unternehmen bzgl. der Optimierung der digitalen Kundeninteraktion über das Internet.

Im folgenden Kapitel werden die verschiedenen Mittel der Kommunikation, Interaktion und Integration detailliert aufgelistet und in ihrer Anwendung erläutert. Mit Hilfe von Strukturdeterminanten werden die webbasierten Kommunikationsmittel und -kanäle charakterisiert und klassifiziert, um eine Gesamtschau aller relevanten digitalen Kommunikations- und Interaktionsprozesse für Unternehmen gegenüber seinen Kunden zu ermöglichen.

3 Mittel und Kanäle der digitalen Kommunikation und Interaktion

3.1 Kundenkontaktkanäle und deren Wandel

Kundenkontaktpunkte bzw. *Customer Touch Points* werden die Schnittstellen zum Anbieter genannt, an denen der Kunde unmittelbar mit diesem in Kontakt tritt, Erfahrungen sammelt und einen Eindruck von diesem erhält (vgl. Wirtz 2013, S. 82ff). Kontaktpunkte können Broschüren, Flyer, Zeitungsartikel, Messen, persönliche Ansprachen, Telefonate u.v.m. sein.

Der Begriff *Kommunikationskanal*, wie er in der Kommunikationswissenschaft genutzt wird, beschreibt das Medium, über das der Sender den Kommunikationsinhalt dem Rezipienten vermittelt (vgl. Pürer 2001, S. 4). Es wird ein Kanal bzw. eine Verbindung zwischen zwei unterschiedlichen Parteien aufgebaut. Das *Kommunikationsmittel ist die »[...] reale, sinnlich wahrnehmbare Erscheinungsform der Kommunikationsbotschaft. Sie ersetzt die ursprünglich von Mensch zu Mensch verlaufende Kommunikation und macht sie reproduzierbar.«* (Bruhn 2015, S. 7)

Unter einem Kundenkontaktkanal wird demzufolge die Schnittstelle verstanden, die dem Kunden den Zugang zum Informations-, Vertriebs-, Service- oder Community-Angebot eines Unternehmens sicherstellt und darüber hinaus einen Dialog bzw. eine wechselseitige Interaktion zwischen Anbieter und Kunden ermöglicht. Diese können grundsätzlich in die traditionellen bzw. klassischen und modernen bzw. webbasierten Kontaktkanäle unterteilt werden (vgl. Jüngst 2011, S. 6ff).

Klassische Kundenkontaktkanäle

Kommunikations-mittel und -kanäle	Beschreibung
Angesicht zu Angesicht (Face-to-Face)	Face-to-Face Kommunikation beschreibt den unmittelbaren persönlichen Austausch von Informationen zwischen zwei Personen, die dabei körperlich anwesend sind. Sie stellt damit die ursprüngliche Art von Kommunikation dar.
Telefon/ Kontaktcenter	Das Telefon ermöglicht die Kommunikation mit Hilfe von elektrischen Signalen über eine Distanz, einerseits via Festnetz normalerweise orts- bzw. anschlussgebunden, andererseits mit Mobiltelefon auch ortsungebunden.
Post bzw. Brief	Eine traditionell auf Papier festgehaltene Nachricht in unterschiedlichen Formaten wird von einem Boten überbracht.
Fax	Das Fax ermöglicht den Austausch von Papierdokumenten über eine Telefonverbindung. Die Dokumente werden dazu auf der Senderseite eingescannt, digitalisiert und auf der Empfängerseite ausgedruckt bzw. können auch als E-Mail digital empfangen werden.
SMS / MMS	SMS (Short Message Service) bezeichnet die Möglichkeit, Kurznachrichten über eine Telefonverbindung zwischen Mobiltelefonen auszutauschen. Ein besonderes Merkmal ist dabei, dass die Nachrichten auf 160 Zeichen begrenzt sind. Bilder können über MMS (Multimedia Message Service) verschickt werden.
IVR	IVR (Interactive Voice Response) bezeichnet ein Sprachdialogsystem mit dem Personen teil- oder vollautomatisierte natürlichsprachliche Dialoge führen können (z.B. über Telefon).

Tabelle 5: Auflistung und Kurzbeschreibung von klassischen Kommunikationskanälen

Von den Kontaktmedien Mobiltelefon und SMS zunächst einmal abgesehen, prägten diese traditionellen Kontaktkanäle in den letzten Jahrzehnten das Kommunikationsverhalten in den modernen Industriegesellschaften ganz wesentlich. Auch wenn mit der massenhaften Verbreitung des Mobiltelefons zwischenzeitlich die ortsungebundene Telefonie und der verstärkte Austausch von Kurznachrichten per SMS aufgrund der engen Anbindung an das Medium Telefon bereits den klassischen Kanälen zugeordnet werden[1], so sind doch die schon

---

[1] Gelegentlich werden mittlerweile auch die E-Mail und sogar die Kommunikation über die Unternehmenswebseiten im Internet den traditionellen Kanälen zugerechnet (siehe z.B. Studie »Mediennutzungsverhalten im Kundenservice 2012« von NICE Systems (NICE Systems GmbH 2012, S. 6)). Ob dies bereits aufgrund einer rein quantitativen Betrachtung der Nutzungsverhältnisse berechtigt ist, kann jedoch hier dahingestellt bleiben. Im Interesse einer klaren Abgrenzung und der Aufgabenstellung dieser Arbeit sollen nicht über eine Begriffsdefinition (klassisch/webbasiert) die Unterschiede herausgearbeitet werden, sondern werden den traditionellen Medien die webbasierten bzw. digitalen Kommunikationsformen gegenüber gestellt.

seit Jahren feststellbaren Veränderungen im privaten und kommerziellen Kommunikationsverhalten unverkennbar.

Mit dem Siegeszug des Internets in allen gesellschaftlichen Bereichen hat spätestens seit der
Jahrtausendwende ein beständiger Wandel weg von den traditionellen
Kommunikationskanälen und hin zu den modernen innovativen Kommunikationskanälen
stattgefunden (vgl. Bruhn und Heinemann 2013). Die modernen webbasierten Kontaktkanäle
werden gerade auch im wirtschaftlichen Sektor immer häufiger genutzt, haben im
Kundenkontakt bereits 2011 einen höheren Anteil als die klassischen Kommunikationsformen
Post und Telefon[1] erreicht und die Tendenz ist weiter steigend (vgl. Aspect Software, Inc.
2011). Dies gilt generell, aber vor allem für das Kommunikationsverhalten der jüngeren und
nachwachsenden Generation. Einer weltweiten und branchenübergreifenden Studie aus dem
Jahre 2013 zufolge, bevorzugen bereits rund 67 Prozent der Kunden im Kontakt mit
Unternehmen eher einen digitalen als einen persönlichen Kontaktkanal (vgl. Detecon
International GmbH 2014, S. 6 FN1).

Der Wandel hin zu webbasierten bzw. digitalen Kommunikationskanälen wird gegenwärtig
noch wesentlich begünstigt durch die Nutzungsszenarien mobiler Kommunikation. So wie
Mobiltelefone innerhalb weniger Jahre das Kommunikationsverhalten der Menschen
maßgeblich veränderte, so wird insbesondere die bereits jetzt absehbare Nutzung mobiler
Endgeräte in der Form von Smartphones, Pads etc. durch breite Bevölkerungsschichten die
Tendenz zum Einsatz der modernen Kommunikationsformen noch erheblich verstärken (vgl.
Heinemann 2013, S. 5). Eine sinnvolle Klassifizierung der einzelnen Kanäle für einen
effektiven Einsatz durch die Unternehmen im Rahmen der Kundeninteraktion gewinnt damit
zunehmend an Relevanz (vgl. Möhlenbruch, Dölling und Ritschel 2008, S. 223).

---

[1] Auf eine tendenziell rückläufige Entwicklung der Telefonnutzung in der Zukunft angesichts von SMS und der
modernen webbasierten Kommunikationsformen weist hin: »Online-Kommunikation: Warum das
Telefongespräch verschwindet« von Jacques Attali (vgl. Attali 2010).

Webbasierte bzw. digitale Kundenkontaktkanäle

Neue bzw. innovative Kundenkontaktkanäle beschreiben die Weiterentwicklung der bestehenden Kundenkontaktkanäle mit Hilfe von fortschrittlichen Informations- und Kommunikationstechnologien. Besonders im Internet und dem Social Media Umfeld sind zahlreiche neue, dialogorientierte Kanäle, wie Kundenportale, Chats, E-Services, Foren, Social Networks, Bewertungen, Kommentare, mobile Applikationen, Webinare, virtuelle Messen, Ad-hoc-Videokommunikation etc. entstanden.

Diese webbasierten Kommunikationskanäle und die dazugehörigen Kommunikationsmittel stehen im Mittelpunkt dieser Arbeit zur digitalen Kundeninteraktion und sind daher im folgenden Abschnitt im Einzelnen darzustellen und zu erörtern.

3.2 Webbasierte Kommunikationsmittel und -kanäle

Vor dem Hintergrund der permanent fortschreitenden Entwicklung bei den Informations- und Kommunikationstechnologien und eines damit einhergehenden ständigen Wandels der elektronischen Kommunikationsformen kann die nachfolgende Auflistung einschließlich Kurzbeschreibung nur eine Momentaufnahme sein und keinen abschließenden Charakter haben. Hierbei wird sich insoweit auf die aktuell verfügbaren und gängigen digitalen Kommunikationsformen im Kontakt mit dem Kunden beschränkt, ohne einen Anspruch auf Vollständigkeit zu erheben.

Kommunikations-mittel und -kanäle	Beschreibung
Unternehmens-webseite	Als Unternehmenswebseite wird die Gesamtheit aller HTML-Seiten bezeichnet, die ein Unternehmen im World Wide Web (www) zur Verfügung stellt. Die Webseite ist eine Bezeichnung für den kompletten Auftritt im Internet, der das Unternehmen mit seinen Informations-, Kommunikations- und Interaktionsmöglichkeiten repräsentiert, und bildet damit in der Regel den ersten und wichtigsten Anlaufpunkt für interessierte Kunden.
Formular	Formulare sind strukturierte Dokumente auf Webseiten, die über freie Felder für Eintragungen verfügen. Sie sind Komponenten von Dialogsystemen und werden vor allem für Bestellungen, Anfragen oder Erhebungen genutzt.

Frequently Asked Questions (FAQ)	FAQs sind die (aus Nutzersicht) häufig gestellten Fragen zu bestimmten Themen einer Webseite. Die Fragen können vom Anbieter selbst, einer entsprechenden Community oder aber einem automatisierten System ausgewertet und beantwortet werden. FAQs sind monologartig aufbereitet.
Unternehmens-portal	Ein Portal (auch Internetportal oder Webportal genannt) ist eine Applikation eines Unternehmens, welche – basierend auf Webtechnologien – einen zentralen Zugriff auf personalisierte Inhalte und bedarfsgerechte Funktionen für eine bestimmte Zielgruppe zur Verfügung stellt.
E-Mail (Electronic Mail)	Die E-Mail ist das elektronische Pedant zum Brief und mit der am weitesten verbreitete Dienst im Internet, der zum Versenden von Textnachrichten und digitalen Daten an einen oder mehrere bestimmte Empfänger genutzt wird.
Sichere E-Mail	Die »Sichere E-Mail« ist ein Dienst auf einer elektronischen Kommunikationsplattform, der einen sicheren, vertraulichen und nachweisbaren Geschäftsverkehr per E-Mail für jedermann im Internet ermöglicht und Datenintegrität gewährleistet. Bekanntes Beispiel dafür ist die sogenannte DE-Mail.
Newsletter	Newsletter sind gerichtet an eine Vielzahl von Adressaten und haben die Aufgabe, eine Übersicht über aktuelle Nachrichten zu bieten und die Inhalte auf das Wesentliche zu verknappen. Der Versand erfolgt zumeist periodisch an eine bestimmte Zielgruppe.
Feed	Die Feed Technologie (z.B. RSS, E-Paper) bietet dem Nutzer die Möglichkeit, sich regelmäßig über neue Informationen einer Webseite automatisiert informieren zu lassen. Die Inhalte (und deren Änderungen) werden in einer standardisierten und maschinenlesbaren Form dargestellt.
Online Diskussionsforum (öffentlich)	Ein Online Forum (auch Internet-, Web- oder Diskussionsforum genannt) stellt ein System auf einer Webseite dar, das seinen Teilnehmern ermöglicht, asynchron (nicht in Echtzeit) miteinander virtuell zu kommunizieren bzw. Gedanken, Meinungen und Erfahrungen auszutauschen.
Chat	Ein Chat (von engl. to chat = plaudern) bietet im Internet die Möglichkeit zur synchronen, textbasierten Kommunikation zwischen beliebig vielen lokal getrennten Benutzern. Die Konversation findet dabei jeweils in einem Chatraum, begrenzt auf eine bestimmt Nutzergruppe statt.
Video-Chat	Der Video-Chat ermöglicht eine Audio- und Videoübertragung, meist inkl. schriftlicher Kommunikation in Echtzeit zwischen zwei oder mehr lokal getrennten Benutzern.
Video-Konferenz	Eine Video-Konferenz ermöglicht einer oder mehreren ortsunabhängigen anderen Gruppe(n), in Echtzeit visuell und sprachlich miteinander zu kommunizieren. Darüber hinaus bieten die meisten Videokonferenz-Systeme die Möglichkeit, Dokumente und andere elektronische Medien zu übertragen.

Co-Browsing (Bildschirm-übertragung)	Co-Browsing (auch Screen-Sharing oder Desktop-Sharing genannt) bietet die Möglichkeit der Übertragung des eigenen Bildschirms (Ausführung eines Programms etc.) auf einen anderen Computer, sodass eine Steuerung ortsunabhängig erfolgen kann.
Web-based Training/Seminar (WBT)	Beim Web-based Training werden Lerninhalte über das Internet orts- und z.T. zeitunabhängig verteilt und dargestellt. Je nach Art kann das WBT statisch, d. h. auf Abruf, oder auch live inkl. der jeweiligen Kommunikationsmöglichketen angeboten werden.
Kommentierung und Bewertung	Kommentare und Bewertungen im Internet sind eine Form des User-Generated-Contents[1] und ermöglichen, dem Nutzer auf Webseiten eine Rückmeldung zum Produkt, zum Inhalt oder zu entsprechenden Funktionalität zu geben. Das Ganze kann in einer vorgegebenen Form oder aber einem freien Textfeld stattfinden.
Blog (Video-Blog und Podcast)	Ein Blog (Abkürzung für Web Log) ist ein elektronisches Tagebuch im Internet. Er ist eine typische Anwendung des Web 2.0 und kann mittels eines RSS-Reader abonniert werden. Blogs sind meistens auf bestimmte Themen fokussiert und mit anderen themenverwandten Blogs eng vernetzt. Podcast und Video-Blog (Vblog) bilden die multimedialen Varianten im reinen Audio bzw. Video-Format.
Microblog	Microblogging ist eine spezielle Form des Bloggens. Hier werden sehr kurze »SMS-artige« Kleinst-Beiträge (z.B. bei Twitter 140 Zeichen) veröffentlicht und in kürzester Zeit zumeist an eine Vielzahl von Personen verbreitet. Bilder, Audio- und Video-Beiträge sind auch möglich.
Wiki	Ein Wiki (auch WikiWiki oder WikiWeb) ist ein offenes Autorensystem für Webseiten. Die veröffentlichen Inhalte können nicht nur von den Benutzern gelesen, sondern auch online im Webbrowser direkt ergänzt oder geändert werden.
Social Network	Social Networks sind im Zuge des Web 2.0 entstandene virtuelle Gemeinschaften auf speziellen Kommunikationsplattformen. In erster Linie geht es darum, Beziehungen über das Internet zu pflegen, gleichgesinnte Nutzer kennenzulernen und Informationen in einer Gemeinschaft auszutauschen.
Newsstream/ Timeline	Ein Newsstream oder eine Timeline ist eine chronologische Auflistung von Aktivitäten und Beiträgen (z.B. Nachrichten, Tweets, Aktualisierungen) auf einer Webseite oder einer Kommunikationsplattform.

---

[1] Als User-Generated-Content werden vom Nutzer bewusst generierte Medieninhalte (Text, Bild, Audio oder Video) bezeichnet, die über das Internet öffentlich zugänglich gemacht werden. Der Inhalt ist in der Regel nicht professionell erstellt und auch nicht auf gewerbliche Zwecke ausgerichtet (vgl. Bauer 2010, S. 3ff).

Online-Community	Eine Online-Community ist eine virtuelle Gemeinschaft von Internet-Nutzern. Die Mitglieder einer Community haben in der Regel gemeinsame Interessen. Die Basis ist dabei meist eine Wissensplattform, an der alle mitarbeiten und ihr Wissen, ihre Meinungen und Erfahrungen untereinander austauschen können.
Media-Sharing Plattform	Media-Sharing Plattformen sind Webseiten, mit deren Hilfe Mediadaten wie z.B. Videos, Audio oder Bilder über das Internet geteilt und konsumiert (gestreamt) werden können. Dabei handelt es sich meist um ein C2C Konzept, bei dem die Konsumenten auch gleichzeitig als Produzenten fungieren können.
Smart Objects	Bei Smart Objects handelt es sich um intelligente Objekte, die Informationen über Sensoren erfassen, speichern und mit anderen Objekten, Systemen oder Menschen interagieren können.
Internet (Self-) Service	Internet (Self-)Service ist ein webbasierter und automatisierter Service, der dem Nutzer ermöglicht, Aktionen, z.B. Bezug von Dienstleistungen, Informationen oder Produkten, selbstgesteuert und eigenverantwortlich vorzunehmen. Dadurch kann ein 24/7 (24 Stunden täglich, 7 Tage die Woche) Service und unmittelbarer Zugang zu personalisierten Informationen und Funktionen gewährleistet werden.
Virtuelle Messen	Eine virtuelle Messe ist die digitale Version einer realen Messe, die durch entsprechende digitale Inhalte und Funktionen ergänzt und erweitert wird. Genauer betrachtet ist es eine Mischung aus den im Vorfeld beschriebenen Kommunikationskanälen Online-Community und Web-based Training/Seminar, durch die eine orts- und auch zeitunabhängige Kommunikation und Interaktion zwischen den Nutzern ermöglicht wird.
App (Application)	Der Begriff App (Application) beschreibt eine Anwendungssoftware, die sowohl auf einem Computer als auch auf mobilen Endgeräten ablaufen kann. Die App bietet bestimmte Funktionen, wie z.B. Textbearbeitung, Tabellenkalkulationen, Bestellprozesse, die ein Nutzer in Anspruch nehmen kann. Eine Unternehmens-App bietet dem Kunden idealtypisch einen Mehrwert wie z.B. Informationen über das angebotene Produkt bzw. die Dienstleistung oder zusätzlich einen Self-Service.

Tabelle 6: Auflistung und Kurzbeschreibung von webbasierten Kommunikationsmitteln und -kanälen

Zur Klassifizierung aller dargestellten Kommunikationsmittel und -kanäle anhand der Strukturdeterminanten (Zeit, Form der Kommunikation, Form der Information, Präsenz etc.) wird auf Anhang A verwiesen.

4   Studien und Perspektiven zur digitalen Kundeninteraktion

4.1   Digitale Kundeninteraktion aus Kundensicht

4.1.1   Methodik und Stichprobe

Insgesamt wurden rund 2000 Teilnehmer aus vier unterschiedlichen Regionen/Ländern – Deutschland, Österreich und Schweiz (DACH) sowie Brasilien, China und USA – zu den Themen »Nutzungsverhalten in Bezug auf Kontaktkanäle«, »Erwartungen an und Vertrauen in Kontaktkanälen«, »Self-Service« und »Kundenkommunikation« in einer Studie zur digitalen Kundeninteraktion befragt (vgl. Beinhauer, et al. 2014).

Die Teilnehmenden wurden der Alters- und Geschlechterstruktur des jeweiligen Landes entsprechend ausgewählt. Die Panelgröße betrug jeweils mindestens 500 Personen (in DACH 502). Die Erhebung wurde zwischen Dezember 2013 und Januar 2014 über einen Online-Fragebogen durchgeführt, der in die jeweilige Landessprache übersetzt war. Im Folgenden werden die wesentlichen Ergebnisse der Studie zusammengefasst, soweit sie für die Themenstellung dieser Arbeit von Bedeutung sind. Hinsichtlich einer detaillierten Betrachtung wird auf die Statistiken, Abbildungen und zusätzlichen Erläuterungen im Anhang B verwiesen. Ab Ziffer 3 ist die Ergebnisbetrachtung auf die Länder DACH beschränkt.

4.1.2   Zusammenfassung der wesentlichen Ergebnisse

1. Die tägliche Internetnutzung am PC/Laptop ist mit 95 bis 99 % aller befragten Teilnehmer durchgängig hoch – und zwar über alle Altersgrenzen hinweg. Bei der mobilen Nutzung mit Smartphones stellt sich das Ergebnis sowohl zwischen den Altersgruppen als auch unter den beteiligten Ländern deutlich differenzierter dar. Beispielsweise erfolgt in China eine tägliche Nutzung von 92 %, in DACH nur von 53 % der Befragten. (siehe Anhang B, Abbildung 19) [SDK1]

2. In allen teilnehmenden Ländern nutzt eine weit überwiegende Anzahl der Befragten die Social Networks (China und Brasilien sind hier Spitzenreiter). Während in China »Qzone« und »Weibo« dominieren, steht in den westlichen Industriestaaten und Brasilien eindeutig »Facebook« im Vordergrund. 24 % der befragten Teilnehmer in DACH geben an, kein Social Network zu nutzen. (siehe Anhang B, Abbildung 20) [SDK2]

3. Die Wertschätzung gegenüber Kontakt-, Informations- und Funktionsangeboten im Internet konzentriert sich in allen Ländern weitgehend auf die Angebote der unternehmenseigenen Webseite. Sie ist durchgängig in allen Ländern der wichtigste Anlaufpunkt für die weit überwiegende Anzahl der Befragten. (siehe Anhang B, Abbildung 21) [SDK3]

4. Die Bereitschaft zur Nutzung von Informationsangeboten im Internet zu Produkten/ Dienstleistungen, die in ihrer Darstellung auf PC/Laptop zugeschnitten sind, ist sehr hoch und übertrifft bereits durchgängig die Bereitschaft zur Nutzung von entsprechenden Serviceangeboten im Geschäft. Andere Informationsangebote, wie per Telefon, über Smartphone oder am Automaten werden nur wenig genutzt (Ausnahme: Fahrschein-Informationen am Automat). (siehe Anhang B, Abbildung 22) [SDK4]

5. Der Kauf von Produkten/Dienstleistungen erfolgt weiterhin üblicherweise und überwiegend beim stationären Handel (Filiale/Geschäft) und übertrifft in den abgefragten Angelegenheiten (Fahrschein, Haushaltsgerät, Mobilfunkvertrag, Bank- und Versicherungsdienstleistung) die Nutzung der Angebote über den Kontaktkanal PC/Laptop. In Teilbereichen (Buchung Urlaubsreise, Kauf einer Eintrittskarte) werden allerdings schon überwiegend die Kaufangebote im Internet über PC/Laptop angenommen und online abgewickelt. Andere Kaufangebote per Telefon, über Smartphone oder von Automaten werden nur selten angenommen (Ausnahme: Fahrkartenautomat). (siehe Anhang B, Abbildung 23) [SDK5]

6. Die Reklamation von Produkten/Dienstleistungen erfolgt üblicherweise überwiegend noch über die Filiale bzw. das Geschäft und übertrifft fast durchgängig die Online-Reklamation über PC/Laptop (Ausnahme: Urlaubsreise). Die Reklamation über Callcenter bzw. Telefonservice gewinnt aber zunehmend an Bedeutung. Andere Kontaktkanäle treten in den Hintergrund. (siehe Anhang B, Abbildung 24) [SDK6]

7. Beim Abgleich von Erwartungshaltung und tatsächlicher Erfahrung bei der Nutzung der verschiedenen Kontaktkanäle zeigt sich, dass die Erwartungen überwiegend die konkreten Erfahrungen übertreffen. Beim PC/Laptop sind insbesondere die Erwartungen an Freundlichkeit, Verbindlichkeit und den vertrauensvollen Umgang mit Daten erheblich höher als sie tatsächlich erfahren werden. (siehe Anhang B, Abbildung 25) [SDK7]

8. Beim Vergleich der verschiedenen Kontaktkanäle hinsichtlich der ihnen zugeordneten Eigenschaften, wie z.b. wenig Werbung, Spaß bei Nutzung, personalisierte Nutzung, Sicherheit, Erreichbarkeit, Übersichtlichkeit, Schnelligkeit, schneidet der PC/Laptop überwiegend gut ab und nimmt meist eine Spitzenposition ein. Hinsichtlich der Werbungsintensität, Sicherheit und Anonymität gibt es allerdings auch noch Verbesserungspotenzial. (siehe Anhang B, Abbildung 26) [SDK8]

9. Unabhängig vom genutzten Kundenkontaktkanal wird vom Kunden im Kontakt mit dem Unternehmen vor allem der verantwortungsvolle Umgang mit persönlichen Daten priorisiert bzw. als wichtigstes Kriterium benannt. Mit Abstand folgen nach: qualitativ hochwertige Beratung, freundlicher und schneller Service sowie kostenlose Beratung. Die Möglichkeit zur Kontaktaufnahme über das Social Web, zur Personalisierung und ein 24h-Service werden als eher unwichtig und vernachlässigbar eingeschätzt. (siehe Anhang B, Abbildung 27) [SDK9]

10. Auf die Frage, wie die Unternehmen ihre Kundeninteraktion verbessern können, wird die webbasierte Selbstverwaltung der persönlichen Kundendaten mit Hilfe von Self-Services priorisiert. Erst mit erheblichem Abstand folgen in absteigender Reihenfolge nach: weniger Werbung, bessere Erreichbarkeit am Telefon, erleichterte Abbestellung von Werbung und Newslettern, verstärkte digitale Kommunikation über E-Mail und eine übersichtlichere Darstellung von Produkten und Dienstleistungen. (siehe Anhang B, Abbildung 28) [SDK10]

11. Die abschließende Frage nach der persönlichen Einschätzung von verschiedenen Zukunftsszenarien wird in der Regel eher negativ beantwortet. Nur eine knappe Mehrheit äußert sich mit Zufriedenheit gegenüber den beiden Szenarien, dass in Zukunft die elektronische Post den Brief ersetzt und dass die Bedienung von technischen Geräten und Automaten über Sprachinteraktion erfolgen wird. Das Szenario, dass es in Zukunft keinen persönlichen Service beim klassischen stationären Handel mehr geben wird, löst weit überwiegend große Unzufriedenheit aus. Eine deutliche Unzufriedenheit wird auch gegenüber einer verstärkten Kommunikation mit Unternehmen über Chats und Video zum Ausdruck gebracht. (siehe Anhang B, Abbildung 29) [SDK11]

4.2 Erwartungshaltung der heranwachsenden Kundengeneration

Innovative Medientechnologien erlauben dem Kunden eine aktive Beteiligung und Gestaltungsmacht, wie sie herkömmliche Technologien nicht bieten (vgl. Spengler und Wirth 2009, S. 50) [EHK1]. Insbesondere Social Media verschaffen dem Kunden eine neue kommunikative Macht, da Meinungsäußerungen innerhalb des Netzwerks angesichts umfassender Öffentlichkeit und freier Zugänglichkeit potenziell ein sehr viel größeres Gewicht haben, als dies unter den traditionellen Kommunikationsbedingungen jemals vorstellbar war (vgl. Vissing 2011) [EHK2]. Das Internetumfeld bezieht sich jetzt auch nicht mehr nur auf die lokalen Rechner, sondern schließt die mobile Verfügbarkeit und Kommunikation der Kunden mit Hilfe von Smartphones, Tablets etc. mit ein. Service- bzw. Contact-Center erledigen die Tätigkeiten der ehemaligen Call-Center, beantworten E-Mails und Briefe und übernehmen die Überwachung von und die Reaktion auf Social Media Aktivitäten im Internet.

Gegenwärtig wächst zudem eine neue Kundengeneration heran, die mit dem Internet sozialisiert wurde. Es scheint, dass Datenschutz, Angst vor Datenmissbrauch und auch Urheberrechte für diese Generation zunehmend an Bedeutung verlieren. Hinzu kommt ein – jedenfalls gegenwärtig – tendenziell sinkendes Interesse an einem konsequenten Schutz der eigenen Privatsphäre. Möglicherweise etabliert sich nach jüngsten Beobachtungen ein anderes Verständnis von Privatheit bei der neuen Kundengeneration (vgl. Thompson 2008, Busemann und Gscheidle 2012) [EHK3]. Diese Tendenzen gehen andererseits mit neuen Erwartungen einher: Bequemlichkeit, permanente Verfügbarkeit, Interaktivität, unkomplizierte Produkte und Prozesse sowie möglichst umfassende Transparenz [EHK4]. Die sogenannten »Nonliner[1]« stehen als Kundenzielgruppe immer weniger im Mittelpunkt des Unternehmensinteresses. Vielmehr bilden nun die »Born Digitals« bzw. »Digital Natives« und »Digital Migrants« die beständig wachsende Mehrheit der neuen Kundengeneration, auf die sich die Unternehmen in ihrem Wettbewerbsverhalten einstellen müssen.

Der »D21-Digital-Index 2014« unterscheidet »Digital weniger Erreichte« und »Digital Souveräne« als klar voneinander abgrenzbare Nutzertypen auf Basis der vier Dimensionen Zugang, Kompetenz, Offenheit und Nutzungsvielfalt (vgl. Initiative D21 e.V & TNS Infratest

---

[1] Der Begriff »Nonliner« wurde durch den (N)ONLINER Atlas der Initiative D21 (http://www.initiatived21.de) geprägt und beschreibt eine Personengruppe, die sehr wenig mit dem Internet zu tun hat, und deren Mitglieder als digitale Außenseiter bezeichnet werden.

2014, S. 15ff). Der »Digital weniger Erreichte« erfasst auch den »Nonliner« und wird als »Außenstehender Skeptiker«, »Häuslicher Gelegenheitsnutzer« oder »Vorsichtiger Pragmatiker« charakterisiert. Er weist im Wesentlichen die folgenden Merkmale auf: eher weiblich, im Schnitt 39-66 Jahre alt, niedrige bis mittlere formale Bildung, besitzt einfache Handys, ist nur oberflächlich mit neuen Technologien vertraut, nimmt überdurchschnittlich häufig Sicherheitsrisiken wahr und nutzt das Internet hauptsächlich zur Recherche. Der »Digital Souveräne« wird demgegenüber als »Reflektierter Profi«, »Passionierter Onliner« oder »Smarter Mobilist« charakterisiert. Seine Merkmale werden wie folgt beschrieben: eher männlich, im Schnitt 32-40 Jahre alt, hohe formale Bildung, hohes monatliches Einkommen, proaktive und kritische Auseinandersetzung mit dem Internet, hohe Social Media Nutzung, Internet spielt eine wichtige Rolle im Leben und Interesse an Internet- und Technologiethemen. Die zwei Nutzertypen sind nach dem Index von 2014 in der deutschen Bevölkerung im Verhältnis von 63% (»Digital weniger Erreichte«) zu 37% (»Digital Souveräne«) vertreten.

In einer Untersuchung zum Thema Social Banking 2.0 aus soziologischer Perspektive (vgl. Irlmer und Jüngst 2013) wurden in 2012 aufgrund von Experteninterviews zu den Auswirkungen digitaler Kundeninteraktion auf das Bank-Kunde-Verhältnis vor allem drei markante Veränderungen im Rollenverständnis des Kunden gegenüber dem Finanzdienstleister festgestellt: Erstens verfügt der Kunde aufgrund der ihm zur Verfügung stehenden Web-Transparenz über eine wesentlich verbesserte Art der Informationsgewinnung [EHK5]. Die sogenannten Push-Informationen, bei denen Kreditinstitute beziehungsweise Finanzdienstleister Informationsofferten bereitstellen, werden zunehmend obsolet. Der Kunde verlangt nach Pull-Informationen, d. h. bewusst werden nur Inhalte ausgewählt, die ihm einen Mehrwert bringen (vgl. Kollmann 2014, S. 36ff). Angebote werden stärker hinterfragt und die Interaktionsrichtung wird sich dahingehend verändern, dass der Kunde zur Bank geht, wenn er von deren Angeboten und Leistungen überzeugt ist (vgl. Göhring 2007, S. 4). Er nutzt objektive Informationslieferanten wie Expertenmeinungen oder Ratgeber, aber auch das subjektive Wissen anderer Kunden wie zum Beispiel Erfahrungsberichte aus Online-Communities.

Zweitens zeigt der Kunde ein verstärktes Kommunikationsverhalten, indem er die Möglichkeiten zur Veröffentlichung seiner eigenen Meinung und auch seiner Erfahrungen nutzt und diese mit anderen Nutzern austauscht [EHK6]. Und drittens zeichnet er sich durch ein betont emanzipiertes Verhalten aus. Daraus resultieren steigende Erwartungen an die Finanzdienstleister und deren Produkte [EHK7].

Abbildung 13 fasst in einem Schaubild die drei wesentlichen Elemente des veränderten sozialen Verhaltens des Kunden im Internet zusammen.

Nutzung von Web Transparenz

- Suchen von objektiven Informationen (Expertenwissen, Vergleichs- plattformen, Ratgeber etc.)
- und subjektiven Informationen anderer Kunden (Erfahrungs- berichte, Feedback, Beschwerden, Ratschläge etc.)

Schaffung von Transparenz

- Austausch unter Kunden aufgrund gemeinsamer Vertrauensbasis (unter Peers) und Suchen/Einfordern von wechselseitiger Unterstützung
- Veröffentlichung von Meinung/ Feedback

Kunde:
Mitarbeiter
Meinungs-
macher
Kunde

INFORMIERT · KOMMUNIZIERT · EMANZIPIERT

Ausformung der Transparenz in konkrete Verhaltensweisen:

- Sinkende Kundenloyalität aufgrund der Vielfalt an Wahlmöglichkeiten
- Steigende Erwartung an Bank und Produkt
- Forderung nach Partizipation/Integration in Entscheidungs- und Leistungserstellungsprozessen

Abbildung 13: Darstellung der neuen Rollen des Kunden im Bank-Kunde-Verhältnis in Anlehnung an Irmler und Jüngst (Irlmer und Jüngst 2013)

Es zeigt sich zudem, dass vor allem fehlendes Vertrauen sowie Sicherheitsbedenken der Kunden wichtige Hemmnisse für eine erfolgreiche digitale Kundeninteraktion im Bankenbereich sind [EHK8]. Genauso gibt es aber auch noch Verbesserungsbedarf bei der

Technik und den meist zu komplizierten Abläufen bei der Nutzung der Online-Dienste, wie eine Studie des BVDW 2011 feststellt (vgl. Lopez und Jarmulewski 2011, S. 8-22) [EHK9].

Der Wandel des Kunden vom passiven Konsumenten hin zum aktiven Prosumenten[1] wird mit der zunehmenden Verbreitung des Web 2.0 und seiner partizipativen und sozialen Konzepte immer deutlicher. Neben der verstärkten Emanzipation der Kunden sind vor allem auch Freude am Gedankenaustausch und Spaß an der Beteiligung und Integration in Wertschöpfungsketten wesentliche Motive für die Machtverschiebung (vgl. Scherf, et al. 2008, S. 8ff) [EHK10]. Diese Veränderung des Rollenverständnisses beim Kunden stellen Unternehmen vor neue Herausforderungen bei der Anpassung ihres Kommunikationsverhaltens und ihrer Geschäftsmodelle, eröffnen aber auch interessante Möglichkeiten für kundenorientierte Innovationen und die Weiterentwicklung des Unternehmens [EHK11].

4.3 Fallstudien zur digitalen Kundeninteraktion aus Unternehmenssicht

Im Dialog mit Unternehmen aus dem Handels- und Dienstleistungssektor, die bereits moderne Kundeninteraktionsmöglichkeiten einsetzten, wurden im Zeitraum von August bis Oktober 2013 die zentralen Einfluss- und Erfolgsfaktoren der digitalen Kundeninteraktion in leitfadengestützten Experteninterviews mit Verantwortlichen aus Kundenservice, Marketing und IT erarbeitet. Die Daten und Ergebnisse wurden in Abstimmung mit den Unternehmen anonymisiert und vertraulich behandelt.

Die folgenden Unternehmen wurden dabei befragt und gaben Auskunft über ihre aktuellen Kommunikations- und Interaktionsmöglichkeiten im Internet:

- **Infineon Technologies AG**

  Infineon Technologies ist ein auf Halbleiter- und Systemlösungen spezialisiertes Technologieunternehmen mit Schwerpunkt auf den Themen Energieeffizienz, Mobilität und Sicherheit. Das Unternehmen bietet umfassende Informations-, Kommunikations- und Interaktionsmöglichkeiten auf seiner Webseite inkl. einer

---

[1] Der Begriff »Prosument« wurde durch Alvin Toffler 1980 in dem Buch »Die dritte Welle« (»The Third Wave«) (vgl. Toffler 1980) geprägt und setzt sich aus den Worten Konsument und Produzent zusammen. Der Begriff beschreibt Personen, die sowohl Verbraucher als auch Hersteller der von ihnen genutzten Produkte und Inhalte sind.

eigenen Community, um eine optimale Beratung der Kunden über hochkomplexe Produkte, Applikationen und Technologien zu gewährleisten.

- **Haufe-Lexware Services GmbH & Co. KG**

  Die Haufe Gruppe zählt in Deutschland zu den führenden innovativen Medien- und Softwarehäusern in den Bereichen Recht, Wirtschaft und Steuern sowie Informationsverarbeitung. Das Unternehmen macht seinen vielfältigen Zielgruppen sowohl das Produkt- als auch das Dienstleistungsangebot fast ausschließlich über das Internet zugänglich und agiert erkennbar auf einer fundierten Internet-Strategie.

- **HypoVereinsbank – Member of UniCredit Bank AG**

  Die HypoVereinsbank (HVB) gehört zur UniCredit Bank AG und ist damit Teil einer der großen Bankengruppen in Europa. Sie bietet ihren Kunden ein umfassendes Multi-Channel Kontaktangebot mit komfortablen und attraktiven Möglichkeiten, sich aktuell und umfassend zu informieren, jederzeit Bankgeschäfte zu erledigen, bequem Aufträge zu erteilen oder einfach in Kontakt mit der Bank zu treten. Darunter ist auch eine Onlinefiliale mit entsprechendem Kommunikations- und Interaktionsangebot.

- **HUK24 AG**

  Die HUK24 AG ist eine Online-Direktversicherung und gehört zur HUK-Coburg Versicherungsgruppe. Ein besonderes Merkmal der Gesellschaft und auch ihres Geschäftsmodells ist, dass sie ausschließlich online auftritt und auch keine telefonische Beratung anbietet. Entsprechend sind ihre Produkte aufgebaut und auf die jeweilige Zielgruppe zugeschnitten.

Im Rahmen der einzelnen Fallstudien wurden die Aspekte

Block 1: Hintergrund zur unternehmensspezifischen Kundeninteraktion,
Block 2: Motivation,
Block 3: Erfolgsbedingungen,
Block 4: Herausforderungen und Grenzen,
Block 5: organisatorische Veränderungen und
Block 6: Weiterentwicklungspotenziale

der aktuellen Kommunikationslösungen im Bereich der digitalen Kundeninteraktion erfasst und analysiert. Der im Anhang C beigefügte Interviewleitfaden bildete die Grundlage zur Erörterung der aktuellen Lösungen und deren Einschätzung aus Sicht des Unternehmens.

4.3.1 Zur Methodik

Aufbau und Durchführung der Fallstudien sind angelehnt an die Vorgehensweise und das Fallstudienraster von eXperience (vgl. Fachhochschule Nordwestschweiz, Hochschule für Wirtschaft & Institut für Wirtschaftsinformatik 2012) angelehnt.

Die Fallstudie wurde als Methodik gewählt, da diese für die hier relevanten explorativen, deskriptiven und erklärenden Zwecke gut geeignet ist und gleichzeitig einen vertiefenden Einblick in unterschiedliche Unternehmensbereiche ermöglicht (vgl. Yin 2003, S. 3). Dabei wurde insbesondere auf die einschlägige Praxiserfahrung, die auch im spezifischen Kontext Gültigkeit hat, Wert gelegt. Die Verwendbarkeit und Allgemeingültigkeit der ermittelten Aussagen/Ergebnisse in Bezug auf die Fragestellungen dieser Arbeit werden aufgezeigt.

Soweit die Ergebnisse der Fallstudien für die Entwicklung des Reifegradmodells von Bedeutung sind, stellen sich die wesentlichen Aussagen zu den einzelnen Themenbereichen zusammengefasst – ohne Priorisierung – wie folgt dar:

4.3.2 Motivation

Unter dem Thema Motivation des Fallstudienrasters wurde ermittelt, welche Faktoren dazu beigetragen haben, den digitalen Kommunikations- und Interaktionsbereich neben den klassischen Kontaktpunkten auf- bzw. auszubauen. Die Anforderungen und Erwartungen der nächsten Kundengenerationen und des aktuellen Kundenverhaltens wurden aus Sicht des Unternehmens abgefragt.

Alle Unternehmen konnten die veränderten Kundenerwartungen und ein neuartiges Kundenverhalten vor allem bei der jüngeren Generation und bei technikaffinen Menschen aus eigener Erfahrung bestätigen. Allgemeines Ziel war es, sich diesem Verhalten anzupassen bzw. diese Gruppe von Kunden mit entsprechenden Angeboten zukünftig besser bedienen zu können, um das Marktpotenzial der »Onliner«[1] konsequent zu nutzen und abzuschöpfen.

Das Internet ist für die befragten Unternehmen immer mehr das zentrale Informations-, Kommunikations- und Transaktionsmedium. Soweit schon kleinere digitale Kommunikations-

---

[1] Der »Onliner« ist das Pedant zum sogenannten »Nonliner« und beschreibt Personen, die souverän mit der Digitalität umgehen und für die das Internet eine wichtige Rolle im Leben spielt. Die Begriffe wurden durch den (N)ONLINER Atlas der Initiative D21 (http://www.initiatived21.de) geprägt.

und Interaktionslösungen vorhanden waren, gilt es weiterhin, diese auszubauen und zu optimieren. Die zunehmende Bedeutung und die Potenziale werden von den Unternehmen klar erkannt. Eins der Unternehmen geht zwischenzeitlich sogar dazu über, dem Kunden ein umfassendes Multi-Channel-Angebot zu präsentieren, damit dieser in Zukunft selbst und eigenverantwortlich entscheiden kann, welchen Zugang er zum Unternehmensangebot wählt.

Hauptmotivation und auch meist genannt, waren jedoch Wirtschaftlichkeitserwägungen bzw. die zu erwartende Kostenreduzierung, die durch ein ausgereiftes digitales Kommunikations- und Interaktionsangebot möglich sind. Die Standardisierung von Produkten und die Automatisierung von Prozessen sind dabei Grundvoraussetzung für den Aufbau eines solchen Angebots.

Bedenken gab es beim Aufbau eines eigenständigen Onlineangebots vor allem bzgl. des sog. ROPO-Effekts [1] – »Research Online, Purchase Offline« bzw. »Research Offline, Purchase Online« –, der die Wechselwirkung zwischen Online- und Offline-Kanälen beschreibt, und dessen Auswirkungen zu Anfang noch nicht konkret abgeschätzt werden konnten. Die zukünftige Entwicklung und das Verhältnis zwischen Online- und Offline Angebot von Unternehmen sind übereinstimmend weiter aufmerksam zu beobachten.

Erhöhte Transparenz ist ein weiteres Thema, das von einigen Unternehmensvertretern genannt wurde und als zusätzliche Motivation für das Angebot und die Optimierung von modernen Kommunikations- und Interaktionsangeboten dient. Jedoch stellte sich heraus, dass dieses Thema stark vom jeweiligen Unternehmenszweck abhängig ist bzw. nicht von jedem Unternehmen in gleichem Maße gewährleistet werden kann. (siehe Abschnitt 4.3.4)

Bei der Beschreibung der eigenen Lösungen und auch der dazugehörigen Motivation hat sich gezeigt, dass Social Media Kanäle aktuell zwar berücksichtigt sind, aber im Wesentlichen nur für Online-PR (siehe Abschnitt 2.1.1) Zwecke und zur Informationsverteilung, nicht aber direkt für den Kundendialog genutzt werden. Erste Anzeichen einer in Zukunft verstärkten Nutzung für Supportzwecke sind jedoch bereits deutlich zu erkennen.

---

[1] Weitere Informationen zum ROPO-Effekt und den Wechselwirkungen zwischen Online- und Offlinekanälen sind in dem Artikel »Offline beraten, online kaufen: Online-Handel profitiert vom umgekehrten ROPO-Effekt« von Olaf Groß nachzulesen. (vgl. Groß 2013)

Hauptmotivation im Überblick:

- Internet als zentrales Informations-, Kommunikations- und Transaktionsmedium [FSM1]
- Ausbau und Optimierung von Self-Services [FSM2]
- Erfüllung der Kundenerwartungen neuer Generationen unter Berücksichtigung von deren verändertem Kommunikationsverhalten [FSM3]
- Abschöpfung des Marktpotenzials der »Onliner« [FSM4]
- Aufbau eines Multi-Channel Angebots: Der Kunde sollte den Zugang zum Unternehmensangebot selbst wählen können [FSM5]
- Kostenreduzierung [FSM6]
- Standardisierung und Automatisierung von Produkten und Prozessen [FSM7]
- Erhöhung der Unternehmenstransparenz [FSM8]

4.3.3 Erfolgsbedingungen

Die zentralen Faktoren für den Erfolg einer Kommunikations- und Interaktionslösung im Internet sind nach Aussage der Unternehmen sehr vielfältig und betreffen sowohl die eigentliche Webanwendung einschließlich der technischen und rechtlichen Anforderungen der Dialog- und Benutzerführung als auch die Organisation, die dahinter steht.

Wichtig bei einer kundenorientierten Weblösung ist die räumliche, zeitliche wie auch personelle Unabhängigkeit der Self-Services, damit diese möglichst unbeschränkt und je nach Belieben der Kunden jederzeit und an jedem Ort zur Verfügung stehen können. Einvernehmlich gilt sowohl für Self-Services als auch Kundenantworten: Je besser die Prozesse automatisiert werden können, desto kosteneffizienter können diese eingesetzt werden.

Die Einfachheit der Anwendung und des eigentlichen Zugriffs ist die Grundvoraussetzung für eine solche Lösung. Usability und User Experience sind nicht nur in der eigentlichen Software-Entwicklung von Bedeutung, sondern noch viel mehr bei der Entwicklung von Webanwendungen, die Kunden bei der selbstständigen Abwicklung von Unternehmensprozessen unterstützen sollen. Nur so kann Akzeptanz und Freude bei der Nutzung geschaffen werden. Mitunter wird dabei die Usability-Optimierung als vorrangig vor der eigentlichen Suchmaschinen-Optimierung gesehen.

Neben dem Einsatz von nutzerzentrierten Methoden der Softwareentwicklung ist die ständige Evaluation der Kundennutzung und -erwartung von zentraler Bedeutung. Dazu gehört z.B. auch die verantwortungsvolle Nutzung von User Profiling und Tracking[1] – nicht nur für Marketingzwecke, sondern auch zur Optimierung der Interaktionsprozesse.

Gleichermaßen ist zusätzlich zur Evaluation der Nutzung und der Benutzerfreundlichkeit die wirtschaftliche Betrachtung nicht außer Acht zu lassen. Nur Prozesse, die sowohl aus Sicht der Benutzer als auch aus Sicht des Unternehmens effektiv digital abbildbar sind, sind auch in Zukunft zu unterstützen. Angebote, die digital nicht rentabel sind, sind abzuschalten und aus dem Portfolio der Onlinedienstleistungen zu entfernen. Das gilt insbesondere für Prozesse die 1-zu-1 online abgebildet wurden und damit nicht die Vorteile der Digitalität umfassend nutzen können. Onlineangebote sind zudem laufend an die sich z.T. schnell ändernden Kundenanforderungen und das entsprechende Onlineumfeld anzupassen.

Dementsprechend ist ein weiterer zentraler Erfolgsfaktor für effiziente digitale Kommunikations- und Interaktionsangebote die Flexibilität und Anpassungsfähigkeit des Unternehmens. Die eigene Organisation und vor allem die Leitungsebene selbst muss vom Nutzen der Onlineangebote überzeugt und möglichst weitgehend direkt in die digitalen Prozesse mit eingebunden sein. Zudem gilt es, die internen Abläufe und Prozesse für den Nutzer transparenter zu gestalten.

Betrachtet man die Sicherheitsaspekte in Onlinemedien, so hat, in Zeiten von NSA, GCHQ und Snowden[2], die Bedeutung von Datenschutz und Vertrauen im Internet auch aus Sicht der Unternehmen stark zugenommen. Zum einen gilt es, vertrauensbildende Maßnahmen hinsichtlich des Datenschutzes und technischer Sicherheit stärker aktiv zu bewerben – wie z.B. Passwortschutz, Verschlüsselung oder Zertifikate – zum anderen sind eigene Datenschutzbestimmungen konsequent einzuhalten. Einvernehmlich werden das Prinzip der Anonymität im Internet und der aus § 3a Bundesdatenschutzgesetz (BDSG) abgeleitete Grundsatz der Datenvermeidung und Datensparsamkeit in den Vordergrund gestellt, d. h. nur

---

[1] User Profiling und Tracking beschreiben das Anlegen von Benutzerprofilen und das Überwachen bzw. Protokollieren der Aktivitäten der Benutzer auf der Webseite.
[2] 39 Prozent der Deutschen haben Angst vor Digitalisierung. NSA-Skandal erschüttert Vertrauen der Bürger und Bürgerinnen. Ergebnisauswertung der Allensbacher Studie »Die Zukunft der digitalen Gesellschaft« von 2014. (vgl. Institut für Demoskopie Allensbach 2014)

die Erfassung der notwendigsten Daten, sind im Kundeninteresse überzeugend zu gewährleisten.

Die Basis für ein gutes und attraktives dialogorientiertes Webangebot sind Schnelligkeit, Qualität und Verlässlichkeit von Informationen und Antworten. Letztlich ist der Mehrwert des jeweiligen Kunden für die Nutzung entscheidend. Das gilt sowohl für die Information an sich, als auch die Information über die einzelnen Prozessschritte.

Zentrale Erfolgsbedingungen im Überblick:

- Räumliche, zeitliche und personelle Unabhängigkeit bei Online-Lösungen [FSE1]
- Mischung aus unterschiedlichen Kontaktkanälen [FSE2]
- Einfachheit der Anwendung und des Zugriffs [FSE3]
- Permanente Evaluierung von Kundennutzung und -erwartungen [FSE4]
- Laufende Anpassung an sich ändernde Kundenanforderungen [FSE5]
- Wirtschaftlichkeitsbetrachtung von Webanwendungen [FSE6]
- Flexibilität und Wandlungsfähigkeit von Unternehmen [FSE7]
- Transparenz von Prozessen [FSE8]
- Sicherheit, Vertrauen und Datenschutz in der digitalen Interaktion [FSE9]
- Anonymität und Datensparsamkeit [FSE10]
- Usability und User Experience [FSE11]
- Schnelligkeit, Qualität und Verlässlichkeit von Antworten [FSE12]

4.3.4 Herausforderungen und Grenzen

Als weitere Bestandteile des Fallstudienrasters wurden die unternehmensspezifischen Herausforderungen und erfahrenen Beschränkungen bzw. Grenzen der digitalen Kundeninteraktion abgefragt. Dabei wurden u.a. auch kritische und sensible Aspekte der aktuellen unternehmerischen als auch gesellschaftlichen Entwicklungen angesprochen und erörtert.

Herausforderungen

Von den Unternehmensvertretern wird die verstärkte Forderung nach mehr Transparenz und Öffentlichkeit als eine große Herausforderung für die Zukunft begriffen. Nicht jede Organisation und jeder Prozess ist allerdings für eine umfassende Transparenz geeignet und nicht für jede Organisationsstruktur oder auch jeden internen Prozess kann eine vollkommene

Transparenz gewährleistet werden. Zwischen Chancen und Risiken muss hierbei gut abgewogen werden, insbesondere darüber, welchen Einblick man dem Kunden in das Unternehmen gewähren kann bzw. inwieweit der Kunde z.T. sogar direkt in Prozesse integriert werden kann, ohne die eigene Wettbewerbsfähigkeit zu gefährden – aber auch welche Transparenz und Offenheit zur Gewährleistung der Wettbewerbschancen geboten bzw. unumgänglich ist.

Sowohl das Verhalten der Unternehmen als auch deren Produkte werden im Internet verstärkt einer kritischen Öffentlichkeit ausgesetzt, was dazu führt, dass »richtiges« Kommunizieren, d. h. eine definierte Online-Strategie des Unternehmens, immer wichtiger wird. Öffentliche Bewertungen und Empfehlungen müssen beispielsweise von Unternehmen regelmäßig beobachtet und angemessen beantwortet/bearbeitet werden (z.B. mit Hilfe von Social-Media-Monitoring-Tools).

Das Verhalten der Nutzer ist dabei keineswegs immer exakt vorherseh- und berechenbar, was bedeutet, dass die Unternehmen genau dieses Verhalten wie auch die Kommunikation verstärkt in ihren Fokus nehmen müssen. Die Kommunikationsmacht wechselt hierbei mittlerweile weg vom Unternehmen und geht über zum Kunden, der z.B. im Rahmen von Social Networks sehr einfach Öffentlichkeit herstellen kann. Gleichzeitig führt dies aber auch für die Unternehmen dazu, dass das Risiko, neue und unterschiedliche Kommunikations- und Interaktionskanäle zu nutzen, höher eingeschätzt wird als die damit verbundenen Chancen.

Eine weitere Herausforderung sind innovative und flexible Geschäftsmodelle, die neue Kommunikationswege und Technologien mit einbeziehen. Der Druck entsprechende Szenarien zu entwickeln und damit neue Kunden zu gewinnen ist derzeit hoch. Ein Beispiel dafür ist die verstärkte Nutzung von Maschine-zu-Maschine Kommunikation, die insbesondere für Versicherungen interessant sein kann. Ein anderer Punkt ist die aktuelle Konkurrenz von Online- und Filialgeschäft, deren Sinnhaftigkeit in den Unternehmen immer stärker diskutiert wird. Hier geht es darum, in Zukunft einen Kompromiss zu finden, bei dem beide Geschäftszweige nebeneinander existieren können, und gleichzeitig in neuen Geschäftsmodellen derart miteinander verknüpft werden, dass sowohl alte als auch potenzielle Neukunden dies als attraktiv und bereichernd wahrnehmen.

Daneben entstehen mehr und mehr Onlineanwendungen, die es ab einem bestimmten Punkt notwendig machen, beispielsweise eine zentrale und unternehmensübergreifende Nutzerdatenverwaltung aufzubauen. Die Nutzung einzelner Onlineanwendungen von unterschiedlichen Unternehmen soll für den Kunden einfacher gemacht werden und ihn gleichzeitig in die Lage versetzen, das Internet als Großes und Ganzen zu betrachten. Dazu gehört auch die Standardisierung und die Einrichtung von sicheren Schnittstellen, an denen die Unternehmen aufgefordert sind, sich jeweils z.B. hinsichtlich der Nutzung von zentralen Datenquellen abzustimmen.

Entsprechendes gilt auch hinsichtlich der zunehmenden Informationsvielfalt. Hier besteht in Zukunft die Herausforderung, dem Kunden die passenden Angebote zu unterbreiten, um noch besser zwischen wichtigen und weniger wichtigen Informationen unterscheiden zu können. Dies wird gleichermaßen auch im Interesse des Kunden geltend gemacht, der sich oft hilflos einer Informationsflut ausgeliefert sieht.

Eine weitere anstehende Aufgabe, die von den Unternehmen benannt wurde, ist die noch stärkere Automatisierung und digitalen Abbildung von betrieblichen Abläufen und Prozessen, sowie die hierzu notwendige Entwicklung intelligenter Logiken. Ziel ist die Schaffung von End-to-End Prozessen, die abteilungsübergreifend von der Kundenanfrage bis zur Kundenantwort eine ganzheitliche Betrachtung ermöglichen und als solche auch technisch abgebildet werden können.

Ein seit Jahren bestehendes und unverändert aktuelles Problem besteht zudem darin, Webseiten und Inhalte für den Kunden möglichst schnell und einfach auffindbar zu machen. Das gilt zum einen für die Suchmaschinenoptimierung der Webseite, zum anderen hinsichtlich der Abhängigkeit von den großen Akteuren im Internet und deren Anforderungen.

Herausforderungen im Überblick:

- Verstärkte Forderung nach Transparenz und Öffentlichkeit von Unternehmen und deren Verhalten im Internet [FSH1]
- Verhalten der Nutzer im Netz ist oft nicht exakt vorhersehbar und berechenbar [FSH2]
- Kommunikationsmacht geht hin zum Kunden [FSH3]
- Schaffung innovativer flexibler Geschäftsmodelle [FSH4]
- Zentrale Nutzerdatenverwaltung, Standardisierung und sichere Schnittstellen [FSH5]

- Unterscheidung zwischen wichtigen und weniger wichtigen Informationen und Angeboten [FSH6]
- Automatisierung hin zu End-to-End Prozessen und intelligenter Logik [FSH7]
- Anpassung an wechselnde Bedingungen von Suchmaschinen und zentralen Akteuren [FSH8]

Grenzen

Als Grenzen sind nach Aussage der Unternehmensvertreter aktuell vor allem die Schwierigkeiten bei der technischen Systemintegration und dem Datenaustausch beim Zusammenspiel von unterschiedlichen Systemen (CRM-Tool, Call-Center-Lösung, CMS etc.) zu nennen. Die Integration der diversen Systeme zu einem Gesamtsystem stellt sich meist als sehr teuer und damit als unrentabel dar, sodass Systeme letztendlich oft getrennt bleiben. Dies hat allerdings zur Folge: Je mehr Kanäle zur Interaktion und Kommunikation angeboten werden, desto schwieriger wird auch die Betreuung für das Unternehmen, da gerade eine Integration im Backend für eine effiziente Bearbeitung erforderlich ist. Die Wirtschaftlichkeit ist unstreitig ein Faktor, der auch bei den Online-Prozessen und -Kanälen zunehmend beachtet werden muss. Andererseits gilt es hier Prioritäten zu setzen und sich zu entscheiden.

Ein anderes Thema ist die Interaktionsintensität der Kunden. Auch diese stößt an Grenzen, sodass nach Meinung der Unternehmensvertreter meist gar nicht alle zur Verfügung gestellten Kanäle genutzt werden. Vor allem Eigenprozesse des Kunden für Webseiten und Services (z.B. Registrierung, Nutzerdatenverwaltung, Passwortverwaltung) bleiben oft ungenutzt und auch die Möglichkeiten zur Individualisierung und Personalisierung im Internet werden zumeist noch kaum in Anspruch genommen. Das gilt auch für die aus Sicht der Unternehmensvertreter vergleichsweise eher wenig effizienten und rentablen Anwendungsszenarien von Social Media Plattformen.

Mit zunehmender Komplexität der Produkte und Dienstleistungen steigt auch die Komplexität der Interaktionsprozesse, die gleichzeitig einen erhöhten Zeitaufwand und größere Datenmengen beim Kunden erfordern. Wichtig ist hierbei, die Belastbarkeit der Kunden bei der Kommunikation und bei den Self-Service Angeboten nicht über Gebühr zu strapazieren. Entsprechendes wird auch hinsichtlich der Übermittlung nicht angeforderter Informationen und Angebote geltend gemacht.

Als Grenze bzw. wesentliches Kriterium für die Einführung eines neuen Onlinedienstes oder -services bzw. für dessen Betrieb wurden von allen Unternehmen regelmäßig Wirtschaftlichkeitserwägungen angeführt. Aufwand und Ertrag müssen in einem angemessenen Verhältnis zueinander stehen. Das gilt auch für die Gewährleistung von bspw. 24/7 Servicezeiten oder aber einen durchgängigen 1-zu-1 Kontakt. Bei einem Großteil der Angebote wird dies weder als sinnvoll noch als rentabel eingeschätzt und sollte daher letztendlich auch auf das erforderliche und im jeweiligen Fall gebotene Maß beschränkt bleiben.

In diesem Zusammenhang sind auch die potentiellen Risiken im Internet und die Gefährdungen durch internationale Cyberkriminalität zu erwähnen. Der Schutz der Verbraucher und der Unternehmen muss aber weiterhin gewährleistet werden. Eine stetige Weiterentwicklung der Sicherheitsvorkehrungen ist daher zwingend. Dabei ist auch zu beachten, dass zwischenzeitlich alle internen und externen Geschäftsvorgänge über Technik und Vernetzung laufen. Die Ausfallsicherheit und Verfügbarkeit der Systeme und Plattformen hat somit hohe Priorität. Sind die Systeme nicht erreichbar, sind die Unternehmen vom Markt abgetrennt.

Grenzen im Überblick:

- Technische Systemintegration und Datenaustausch sind schwierig und teuer [FSG1]
- Je mehr Kanäle, desto schwieriger wird eine effektive Interaktion [FSG2]
- Wirtschaftlichkeit von Online-Prozessen muss gewährleistet sein [FSG3]
- Erhöhte Gefährdung durch Cyberkriminalität [FSG4]
- Abhängigkeit von Technik: Ausfallsicherheit und Verfügbarkeit von Systemen [FSG5]
- Komplexität von Interaktionsprozessen steigt mit der zunehmenden Komplexität der Produkte und Dienstleistungen [FSG6]
- Bei zunehmender Datenmenge und Intensität der Interaktion: Kundenbelastbarkeit nicht überstrapazieren [FSG7]
- Aufwand und Ertrag sind in jedem Einzelfall abzuwägen [FSG8]
- Gewährleistung von 24/7 Servicezeiten nur soweit geboten [FSG9]

4.3.5 Organisatorische Auswirkungen

Bei der Befragung nach den organisatorischen und personellen Auswirkungen und Veränderungen der vorhandenen digitalen Kommunikations- und Interaktionslösung zeigt sich, dass eine Anpassung der internen Prozesse eine wesentliche Voraussetzung für die effiziente Nutzung der Digitalität ist. Dabei wird durchgängig auch eine verstärkte Einbeziehung des Top-Managements und der gesamten Organisation als notwendig erachtet, die in den betrachteten Fällen auch vorhanden ist. Ziel ist eine möglichst umfassende Digitalisierung der internen Arbeitsprozesse.

Jedoch zeigen sich bei der organisatorischen Verankerung auch einige Unterschiede. Teilweise sind die Interaktivitäten noch auf unterschiedliche Verantwortungsbereiche verteilt und dezentral organisiert. Oft werden diese aber auch schon zentral koordiniert bzw. bei einem der Unternehmen wurde sogar bereits eine eigenständige Organisationseinheit gebildet, die die neuen Kanäle zentral betreut.

Das eingesetzte Personal spielt dabei eine wichtige Rolle. Insbesondere die fachliche Kompetenz im Umgang mit den neuen Kanälen hat einen wichtigen Stellenwert. Bei zwei der befragten Unternehmen werden die Ingenieure und Experten der Fachabteilungen – soweit möglich – direkt in die Online-Prozesse integriert. Der Bedarf an qualifizierten Mitarbeitern für die Betreuung der neuen Kanäle ist aktuell groß. Dementsprechend wird eine Verankerung der Qualifikation im Bereich Produktmarketing und zur Beantwortung von Kundenanfragen in der Aufgaben- und Tätigkeitsbeschreibung von Mitarbeitern als förderlich erachtet.

Gleichzeitig sind klare Richtlinien, Handlungsanweisungen und Schulungen für den Umgang mit den neuen Medien zu definieren. Das gilt natürlich auch für die Prozesse in der Anfragenbearbeitung und Webseitenpflege. Die Erfahrung zeigt jedoch, dass z.B. im Rahmen von Social Media Guidelines nicht alle anfallenden Lebenssachverhalte geregelt werden können. Mitarbeiter müssen deshalb im Kundenkontakt auch in der Lage sein flexibel zu reagieren, vor allem im Beschwerdemanagement, das die Onlineaktivitäten kontinuierlich überwachen sollte. Bei einem der Unternehmen entfällt etwa 1/3 der Arbeitszeit der Supportmitarbeiter auf Schulungen und Erfahrungsaustausch.

Konkrete Methoden zur Integration des Nutzers in Produktentwicklungs- und Innovationsprozesse haben sich zwar noch nicht etabliert, aber zumindest teilweise werden bereits eigene Formate entwickelt, um die Informationen, die aus den Nutzungs- und Verhaltensdaten gewonnen werden, in diese einfließen zu lassen.

Organisatorische Auswirkungen zusammengefasst:

- Verstärkte Einbeziehung des Top-Managements und der eigenen Organisation [FSO1]
- Anpassung der internen Prozesse an Voraussetzungen der Digitalität [FSO2]
- Zentrale Koordination von einzelnen Verantwortungsbereichen bzw. eigenständige zentrale Organisationseinheit für neue Kommunikationskanäle [FSO3]
- Klare Richtlinien und Schulungen für den Umgang mit neuen Medien [FSO4]
- Direkte Integration der Ingenieure/Experten von Fachabteilungen in Online-Prozesse [FSO5]
- Hohe Qualitätsanforderungen an Mitarbeiter/-innen für die Betreuung der neuen Kanäle [FSO6]
- Klare Prozesse zur Anfragenbearbeitung und Webseitenpflege [FSO7]
- Monitoring im Beschwerdemanagement [FSO8]
- Definierte Prozesse für koordinierte Produkt- und Anwendungsentwicklung [FSO9]

4.3.6 Weiterentwicklung und Trends

Abschließend wurden die Unternehmensvertreter danach befragt, wie sie die künftige Weiterentwicklung der Kundeninteraktion im Internet sowohl bzgl. ihres Unternehmens als auch der grundlegenden Trends einschätzen.

Im Ergebnis zeigte sich, dass von allen Gesprächspartnern die Chancen einer dialogorientierten und webbasierten Kundeninteraktion für künftige Beratungs-, Produktentwicklungs- und Innovationsprozesse sowohl für das eigene Unternehmen als auch für die Wirtschaft generell positiv eingeschätzt werden. Schnelligkeit, Reaktionsfähigkeit und Mobilität werden dabei noch an Bedeutung zunehmen. Das Gleiche gilt für die Ansprüche an Usability bei Nutzung der unterschiedlichen Medien und Kanäle. Durchgängig wird auch erwartet, dass webbasierte Interaktionen immer einfacher werden, beispielsweise durch Spracheingabe, digitale Assistenten oder Videokommunikation.

Neben der Entwicklung immer intelligenterer und stärker vernetzter Self-Services wird besonders in der Integration direkter Kontaktmöglichkeiten und der Zusammenarbeit über Video und Co-Browsing noch ein großes Potenzial gesehen. Darüber hinaus wird eine Verbesserung der Services durch Data Mining und Text Mining als realistisch eingeschätzt. Einvernehmlich werden auch ein verstärkter Ausbau und eine Optimierung der webbasierten 1-zu-1 Kundenbetreuung angestrebt.

In der Maschine-zu-Maschine Kommunikation werden hauptsächlich für Versicherungen noch große, unausgeschöpfte Möglichkeiten gesehen, was aber gleichzeitig die Entwicklung neuer Geschäftsmodelle erfordert. Mit zunehmender Vernetzung der Kunden besteht die Chance eines komplett neuen Leistungsangebots im Versicherungswesen, das auf die konkrete Nutzung bzw. die Örtlichkeiten ausgerichtet und damit besser individualisiert werden kann. Eine direkte Kommunikation mit dem Kunden ist dabei nicht mehr erforderlich, sondern wird von den digitalen Geräten selbst übernommen. Der Trend geht darüber hinaus in Richtung globale Informationsarchitektur und global vernetzte Informationssysteme, die für sichere und authentische Informationen genutzt werden können.

Die befragten Unternehmen sehen selbst noch Spielraum in der Optimierung ihrer internen Prozesse und digitalen Angebote. Dabei sollen neben Web Analytics verstärkt auch Kundenmeinungen und -interessen in die Prozesse mit einbezogen werden. Die Suchmaschinenoptimierung ist und bleibt ein Thema von hoher Relevanz und es besteht hoher Optimierungsbedarf bei zunehmender Konkurrenz. Eine Weiterentwicklung der Social Media Kanäle für Produktberatung und Supportzwecke wird als denkbar und durchaus realistisch eingeschätzt.

Die Unternehmen sind sich bewusst, dass es auch im Onlinebereich natürliche Wachstumsgrenzen gibt, die frühzeitig erkannt werden sollten. Die Trends und Zyklen der digitalen Welt werden aus ihrer Sicht immer kürzer. Ein Unternehmen erwartet selbst bei aktuell abnehmenden stationären Angeboten und zunehmenden Onlineangeboten, dass es auch in Zukunft vor allem auf eine intelligente Kombination von On- und Offlineangebot ankommt.

Weiterentwicklung und Trends im Überblick:

- Immer wichtiger wird: Schnelligkeit, Reaktionsfähigkeit, Mobilität und Usability [FST1]
- Integration direkter Kontaktmöglichkeiten, verstärkte Zusammenarbeit über Video und Co-Browsing [FST2]
- Self-Services werden intelligenter und vernetzter [FST3]
- Verstärkte Maschine-zu-Maschine Kommunikation bei der Entwicklung neuer Geschäftsmodelle [FST4]
- Kombiniertes On- und Offline-Angebot [FST5]
- Natürliche Wachstumsgrenzen auch im reinen Onlinebereich [FST6]
- Trends und Zyklen der digitalen Welt werden immer kürzer [FST7]
- Zentrale Datenquellen für gesicherte und authentifizierte Informationen [FST8]
- Optimierung interner Prozesse und digitaler Angebote [FST9]
- Permanente Suchmaschinenoptimierung [FST10]

5 Das Reifegradmodell zur digitalen Kundeninteraktion

5.1 Erfordernis eines Reifegradmodells

Im Zuge der dynamischen Verbreitung der neuen Informations- und Kommunikationstechnologien verfügen fast alle Unternehmen (mit mehr als 50 Mitarbeitern) bereits über eine
eigene Homepage und setzen auch schon – mehr oder weniger konsequent – im Kontakt mit
dem Kunden Onlinekanäle ein (vgl. Statistisches Bundesamt 2014, Riekhof, Buhleier und Mix
2014, S. 19). Selbst kleine und Kleinstunternehmen können sich dieser Entwicklung nicht
entziehen und folgen diesem Trend. Die Voraussetzungen einer verstärkten digitalen
Kommunikation und Interaktion sind somit nahezu flächendeckend gewährleistet, der
notwendige Handlungsbedarf ist tendenziell erkannt und wird auch – mit allerdings
unterschiedlicher Intensität – realisiert. Vorgehensweisen, die sich nur auf einzelne
Teilbereiche der Kommunikation und Interaktion beschränken und meist auch unkoordiniert
und unsystematisch erfolgen, sowie oft auch ein ausgeprägtes »Silodenken« in den einzelnen
Abteilungen und Funktionsbereichen des Unternehmens erschweren jedoch eine
ganzheitliche Ausrichtung und Strategieentwicklung zur Realisierung eines umfassenden
digitalen Kommunikations- und Interaktionsangebots (siehe Abschnitt 1.1).

Die Frage, die sich dabei hinsichtlich der Aktualität und Effizienz des Kommunikationsniveaus
stellt, ist somit weniger, ob und inwieweit die Unternehmen für die digitale
Kundeninteraktion bereit sind, sondern viel eher, wie weit sie sich in ihrem
Kommunikationsangebot und -verhalten schon in diesem Sinne entwickelt haben und
weiterentwickeln können.

Vor diesem Hintergrund und aufgrund der im Vorfeld dargestellten Ergebnisse und
Kommunikationsdefizite bietet sich die Entwicklung eines Reifegradmodells als die
angemessene Lösung an, um Unternehmen eine – abteilungsübergreifende – Sicht auf alle
relevanten Themen und Handlungsfelder zu ermöglichen und einen Leitfaden für eine
systematische Vorgehensweise an die Hand zu geben. Das Modell erfasst alle aktuellen und
potentiellen Handlungsoptionen und setzt Unternehmen in die Lage, die spezifischen
Anforderungen der digitalen Kundennähe unter den Bedingungen eines globalisierten
Wettbewerbs zu erkennen und branchenbezogen neu zu definieren (siehe auch Abschnitt
1.2).

Die Methodik des Reifegradmodells entstammt ursprünglich dem Bereich der Softwareentwicklung. Ihr liegt der Gedanke zugrunde, dass die Fähigkeit einer Organisation in einem bestimmten Arbeitsbereich hervorragende Leistungen zu erbringen, entscheidend von der Kompetenz abhängt, qualitativ hochwertige Prozesse und Bedingungen zu schaffen, die reproduzierbar, nachhaltig und kontinuierlich ausbaufähig sind. Ziel eines Reifegradmodells ist es, genau diese Kompetenzen von den Details der konkreten Arbeitsbereiche und den jeweiligen Rahmenbedingungen des Unternehmens herauszulösen, sie separat zu analysieren und anderen Unternehmen verfügbar zu machen (vgl. Marshall 2007b).

Ein aus dem CMMI entwickeltes und modifiziertes Reifegradmodell zur digitalen Kundeninteraktion könnte demnach als ein Differenzierungs- und Qualifizierungsinstrument zur Standortbestimmung und Strategieentwicklung von Unternehmen eingesetzt werden (siehe dazu im Kapitel Kommunikation und Interaktion mit Kunden im Internet, Abschnitt 2.7.1). Die Zielvorgabe für ein solches Modell wäre, Unternehmen im Rahmen einer systematisierten Selbstbewertung ihres spezifischen Profils eine Möglichkeit zu verschaffen, die konkreten Schwachstellen in ihren Interaktionsprozessen mit dem Kunden zu ermitteln und Maßnahmen und Optimierungsmöglichkeiten abzuleiten, um den veränderten Anforderungen der neuen und künftigen Kundengenerationen gerecht zu werden. Neben der reinen Optimierung des Kommunikationsverhaltens gegenüber dem Kunden könnten beispielsweise auf der Grundlage eines solchen Modells auch die Etablierung neuer Geschäftsmodelle, das Ausschöpfen von neuen Marktpotenzialen und die Steigerung des Umsatzes Ziele des Unternehmens sein.

5.2 Aufgabe des Reifegradmodells

Die wesentlichen Aufgaben und Anwendungsszenarien des Reifegradmodells sind (siehe hierzu auch (Jacobs 2008-2014, Foegen, Battenfeld und Raak 2007, Hörmann, et al. 2006, S. 5f)):

- **Wissensplattform:**
  Umfassender Überblick über alle relevanten Themen- und Wissensgebiete der digitalen Kundeninteraktion und der damit verbundenen Maßnahmen und Prozesse; systematische Darstellung komplexer Zusammenhänge und Abhängigkeiten im Bereich der digitalen Kundeninteraktion.

- **Selbstbewertung des Umsetzungsgrads und der Qualität** der dialog- bzw. interaktionsorientierten Kundenkontakte von Unternehmen im Internet aufgrund von modelltypischen Entwicklungsstufen. Die Entwicklungsstufen werden zu jeder Evaluationsdomäne bestimmt und bauen jeweils aufeinander auf. Die Selbstbewertung des Unternehmens kann darüber hinaus anhand eines detaillierten Kriterienkatalogs sowohl zu spezifischen Themen- und Wissensgebieten der digitalen Kundeninteraktion als auch zusammenfassend für ausgewählte Handlungsbereiche erfolgen. Schwachstellen und Defizite des Unternehmens in seinen Interaktionsprozessen werden aufgedeckt.

- **Orientierungshilfe im Entwicklungs- und Optimierungsprozess** von digitalen Kundenschnittstellen. Zur Konkretisierung der relevanten Maßnahmen und Prozesse zur systematischen Verbesserung und Optimierung der Interaktionsaktivitäten und zur Erreichung einer höheren Reifegradstufe sowie zur Abfolge und Gewichtung der einzelnen Optimierungsschritte werden dem Unternehmen in der Praxis bereits erprobte Handlungsempfehlungen aufgezeigt.

- **Standortbestimmung und Strategieentwicklung:**
Die Standortbestimmung ist Maßstab für die Einstufung und den Vergleich von Leistungen und Prozessen in der digitalen Kundeninteraktion mit anderen Unternehmen bzw. Wettbewerbern. Ausgehend vom ermittelten eigenen Status unterstützt das Reifegradmodell aufgrund seiner Bewertungssystematik und seines Kriterienkatalogs das Unternehmen bei der Zielbestimmung zur künftigen Weiterentwicklung und der strategischen Ausrichtung.

- **Unternehmensvergleich und Ermittlung von Branchentrends**
Im Rahmen von unternehmensübergreifenden empirischen Untersuchungen zur Reifeentwicklung in der digitalen Kundeninteraktion erlaubt das Modell den direkten Vergleich zwischen verschiedenen Unternehmen einer Branche oder Unternehmensgruppe und bei entsprechender repräsentativer Beteiligung auch die Ableitung von Branchentrends zur künftigen Entwicklung und einen branchenbezogenen Vergleich.

Der Fokus ist beim Reifegradmodell direkt auf die digitale Kundenschnittstelle und die dazugehörigen Prozesse ausgerichtet. Dementsprechend ist das Modell allerdings nicht geeignet, die digitale Reife der Gesamtorganisation oder des Unternehmens zu beurteilen.

Die Durchführung der Fähigkeits- und Reifegradbewertung sollte im Idealfall durch mehrere Personen aus unterschiedlichen Kompetenz- und Verantwortungsbereichen, die im Bereich der Kundeninteraktion involviert sind, erfolgen. Wenn notwendig sollten auch verschiedene Hierarchieebenen einbezogen werden, insbesondere dann, wenn es gilt, Fragen zur strategischen Ausrichtung des Unternehmens bzgl. der digitalen Kundeninteraktion zu beantworten. Eine erhöhte Diversität des Teams, d. h. die Bildung einer heterogenen Gruppe von Personen im Hinblick auf z.b. Kompetenz, Erfahrung und Bildungshintergrund, kann einen breiteren Zugang zu Wissensressourcen ermöglichen und sich positiv auf die Qualität von Entscheidungsprozessen und Problemlösungen auswirken (vgl. Tilebein und Stolarski 2008, S. 74f).

5.3   Vorgehensweise zur Entwicklung des Modells

In den letzten Jahren wurden bereits eine Vielzahl von sog. »Reifegradmodellen« zur Unterstützung des IT-Managements für die verschiedensten Branchen und Anwendungsbereiche entwickelt (vgl. De Bruin, et al. 2005, S. 1-2, Hörmann, et al. 2006, S. 4, Becker, Knackstedt und Pöppelbuß 2009, S. 2). Sie sind jedoch in der Regel nicht wissenschaftlich fundiert erarbeitet und dürften z.T. vorrangig nur zu Werbezwecken von Beratungs- und Softwareunternehmen erstellt worden sein. Die Vorgehensweise zur Entwicklung dieser Modelle wird zumeist gar nicht oder aber allenfalls höchst unzureichend dokumentiert (vgl. Becker, Knackstedt und Pöppelbuß 2009, S. 250). Der Aufbau bzw. die Vorgehensweise in dieser Arbeit und die Entwicklung des Reifegradmodells zur digitalen Kundeninteraktion orientiert sich daher stark an den Prinzipien und dem Vorgehensmodell von Becker, Knackstedt und Pöppelbuß (vgl. Becker, Knackstedt und Pöppelbuß 2009, S. 249ff) auf der Basis wissenschaftstheoretischer Überlegungen.

Die Autoren unterscheiden dabei grob zwischen folgenden Phasen bei der Reifegradmodellentwicklung:

1. Problemdefinition
2. Vergleich bestehender Reifegradmodelle
3. Festlegung der Entwicklungsstrategie
4. Iterative Reifgradmodellentwicklung
5. Konzeption von Transfer und Evaluation

Im Einklang mit dieser Vorgehensweise sehen die Entwicklungsprozesse für das angestrebte Reifegradmodell demnach wie folgt aus:

Anforderung	Digitale Kundeninteraktion Reifegradmodell
Vergleich mit existierenden RG-Modellen (A1)	Orientierung an Konzepten des CMMI und SPICE; Vergleich mit bestehenden Modellen zu Web, E-Business und Social Media Maturity
Iteratives Vorgehen (A2)	Aufbau auf dem schon existierenden Modell von Nueesch, Puschmann und Alt (vgl. Nueesch, Puschmann und Alt 2012) sowie Ergänzung und Modifikation in Anlehnung an die Ausarbeitungen zur Intensität der Interaktion auf Webseiten von Zollet (vgl. Zollet 2014, S. 5); Anpassung auf Basis aktueller Entwicklungen im Internet; Anwendung von Fallstudien und Interviews; erneute Überprüfung im Rahmen von Experteninterviews mit drei Vertretern aus der Wirtschaft
Evaluation (A3)	Evaluation mit 12 Unternehmen aus der Unternehmenskategorie der *Hidden Champions*
Multi-Methodisches Vorgehen (A4)	Literaturrecherche und Analyse anderer Theorien und Modelle zu Online-Prozessen; Fallstudien; Expertenbefragung; Assessment
Aufzeigen der Problemrelevanz (A5)	Geringe empirisch fundierte Erkenntnisse zu den Erfolgsfaktoren von Kundeninteraktionsinitiativen; das Internet als zentrale Informations- und Interaktionsplattform; weiterhin schwache Dialogorientierung von Unternehmenswebseiten
Problemdefinition (A6)	Entwicklung eines Differenzierungs- und Qualifizierungsinstruments zur Standortbestimmung und Strategieentwicklung von Unternehmen im Internet
Adressaten-gerechte Ergebnis-bereitstellung (A7)	Bericht einschließlich Modell- und Vorgehensbeschreibung sowie standardisierte Ergebnisauswertung

Tabelle 7: Zusammenfassung zum Entwicklungsprozess des Reifegradmodells zur digitalen Kundeninteraktion unter Berücksichtigung des Vorgehensmodells von Becker, Knackstedt und Pöppelbuß (vgl. Becker, Knackstedt und Pöppelbuß 2009)

5.4 Aufbau und Herleitung des Reifegradmodells

Das Modell gliedert sich vor diesem Hintergrund in drei Kernbereiche, die jeweils miteinander verwandte Wissens- und Themengebiete zusammenfassen. Dabei werden nicht nur die internen und externen Prozesse des Unternehmens, sondern auch die einzelnen Kanäle sowie funktionale, verhaltensbezogene und technologische Aspekte in die Betrachtung mit einbezogen.

Die funktionalen Aspekte berücksichtigen die vorhandenen Interaktionsmöglichkeiten und Funktionsangebote. Die verhaltensbezogenen Aspekte beziehen sich auf die Qualifikation, die Fähigkeiten, die Kompetenzen und den Arbeitsstil der Mitarbeiter des Unternehmens unter Einbeziehung der spezifischen Unternehmenskultur. Die technologischen Aspekte erfassen darüber hinaus die technische Basis der Interaktionsschnittstellen und deren zukünftige Weiterentwicklungsmöglichkeiten.

Die drei Kernbereiche sind:

1. **Evaluationsdomänen:** Die Evaluationsdomänen beschreiben die internen und externen Prozesse (im Verhältnis zum Kunden) sowie die verhaltensbezogenen und technologischen Aspekte der digitalen Kundeninteraktion. Auf der Basis der Web 2.0 Prinzipien wird hier zwischen den Sichtweisen auf die Interaktion, die Organisation und die Technik unterschieden.

2. **Kommunikationsmittel und -kanäle:** Beschreibung der verschiedenen Mittel und Kanäle zur Interaktion und Beteiligung von Kunden mit ihren Charakteristiken und Einsatzgebieten.

3. **Qualitätskriterien der Online-Interaktion aus Sicht des Kunden:** Im Mittelpunkt stehen die kundenorientierten Aspekte wie Vertrauen, Sicherheit und Datenschutz im Internet, die gerade aus der Sicht des Kunden wesentlich und maßgebend für eine erfolgreiche Kundeninteraktion sind.

Die Logik des CMMI-Modells setzt auf die Beurteilung eines Unternehmens anhand von fünf Reifegradstufen, sog. *maturity levels*. Die Darstellung in Reifegraden (RG) beschreibt den Zustand und die Qualität der Prozesse des Unternehmens als Ganzes. Mit jeder neu erreichten Entwicklungsstufe in einem bestimmten Bewertungsbereich steigt die Qualität und damit die Reife des Unternehmens im Vergleich zur vorherigen Stufe. Mit der Darstellung in Fähigkeitsgraden (FG) wird – im Unterschied dazu – der Zustand der Prozesse des Unternehmens auf einem einzelnen Prozessgebiet oder einer Gruppe von Prozessgebieten beurteilt und kategorisiert (siehe hierzu Abschnitt 2.7.1).

Die zur Bewertung der digitalen Kundeninteraktion relevanten Prozessgebiete in den verschiedenen Evaluationsdomänen, die nachfolgend noch im Einzelnen darzustellen und zu erläutern sind, werden im Folgenden klarstellend als »*Bewertungsbereiche*« bezeichnet, die sich wiederum in die einzelnen konkreten »*Themen- und Wissensgebiete*« untergliedern.

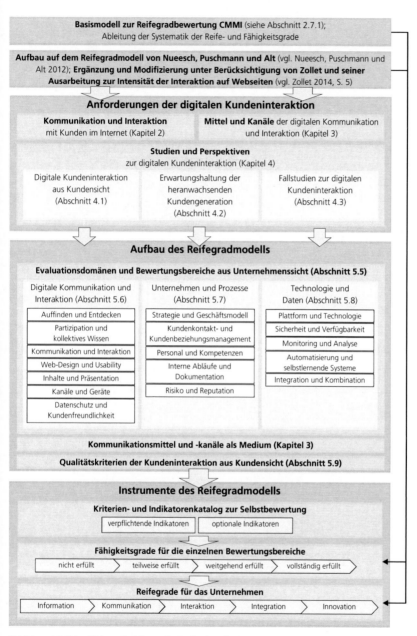

Basismodell zur Reifegradbewertung CMMI (siehe Abschnitt 2.7.1);
Ableitung der Systematik der Reife- und Fähigkeitsgrade

Aufbau auf dem Reifegradmodell von Nueesch, Puschmann und Alt (vgl. Nueesch, Puschmann und Alt 2012); **Ergänzung und Modifizierung unter Berücksichtigung von Zollet und seiner Ausarbeitung zur Intensität der Interaktion auf Webseiten** (vgl. Zollet 2014, S. 5)

Anforderungen der digitalen Kundeninteraktion

Kommunikation und Interaktion
mit Kunden im Internet (Kapitel 2)

Mittel und Kanäle der digitalen Kommunikation
und Interaktion (Kapitel 3)

Studien und Perspektiven
zur digitalen Kundeninteraktion (Kapitel 4)

| Digitale Kundeninteraktion aus Kundensicht (Abschnitt 4.1) | Erwartungshaltung der heranwachsenden Kundengeneration (Abschnitt 4.2) | Fallstudien zur digitalen Kundeninteraktion (Abschnitt 4.3) |

Aufbau des Reifegradmodells

Evaluationsdomänen und Bewertungsbereiche aus Unternehmenssicht (Abschnitt 5.5)

Digitale Kommunikation und Interaktion (Abschnitt 5.6)	Unternehmen und Prozesse (Abschnitt 5.7)	Technologie und Daten (Abschnitt 5.8)
Auffinden und Entdecken	Strategie und Geschäftsmodell	Plattform und Technologie
Partizipation und kollektives Wissen	Kundenkontakt- und Kundenbeziehungsmanagement	Sicherheit und Verfügbarkeit
Kommunikation und Interaktion	Personal und Kompetenzen	Monitoring und Analyse
Web-Design und Usability	Interne Abläufe und Dokumentation	Automatisierung und selbstlernende Systeme
Inhalte und Präsentation		Integration und Kombination
Kanäle und Geräte	Risiko und Reputation	
Datenschutz und Kundenfreundlichkeit		

Kommunikationsmittel und -kanäle als Medium (Kapitel 3)

Qualitätskriterien der Kundeninteraktion aus Kundensicht (Abschnitt 5.9)

Instrumente des Reifegradmodells

Kriterien- und Indikatorenkatalog zur Selbstbewertung

| verpflichtende Indikatoren | optionale Indikatoren |

Fähigkeitsgrade für die einzelnen Bewertungsbereiche

nicht erfüllt ⟩ teilweise erfüllt ⟩ weitgehend erfüllt ⟩ vollständig erfüllt ⟩

Reifegrade für das Unternehmen

Information ⟩ Kommunikation ⟩ Interaktion ⟩ Integration ⟩ Innovation ⟩

Abbildung 14: Schaubild zur Herleitung der Evaluationsdomänen, Bewertungsbereiche, Qualitätskriterien, Fähigkeitsgrade und Reifegrade des Reifegradmodells zur digitalen Kundeninteraktion

5.4.1 Definition der Fähigkeitsgrade

Für die Beurteilung der einzelnen Themen- und Wissensbereiche und zusammenfassend auch für die einzelnen Bewertungsbereiche werden die vier Fähigkeitsgrade von 0 bis 3, die jeweils die Basis für eine darüber hinausgehende Prozessverbesserung beschreiben, in Anlehnung an den Aufbau des CMMI (siehe Abschnitt 2.7.1) wie folgt allgemein definiert:

Grad	Bezeichnung	Beschreibung
3	vollständig erfüllt	• Kommunikations- und Interaktionsprinzipien und Mechanismen sind sehr gut umgesetzt. • Die Prozesse sind als Standardprozess etabliert und werden kontinuierlich verbessert.
2	weitgehend erfüllt	• Kommunikations- und Interaktionsprinzipien und Mechanismen sind durchschnittlich umgesetzt. • Die Prozesse werden verwaltet und gelenkt.
1	teilweise erfüllt	• Kommunikations- und Interaktionsprinzipien und Mechanismen sind in grundlegender Form vorhanden. • Die Prozesse werden so durchgeführt, dass die grundlegenden Ziele erreicht werden.
0	nicht erfüllt	• Kommunikations- und Interaktionsprinzipien und Mechanismen sind nicht vorhanden. • Die Prozesse werden entweder gar nicht oder nur teilweise durchgeführt.

Tabelle 8: Beschreibung der Fähigkeitsgrade zu den einzelnen Bewertungsbereichen

Um die Bewertung anhand von Fähigkeitsgraden nachvollziehbar und praxisorientiert zu gestalten, werden für jeden relevanten Bewertungsbereich bzw. jedes Themen- und Wissensgebiet einzelne Indikatoren bestimmt, die aufgrund einer inhaltlichen Gewichtung einem bestimmten Fähigkeitsgrad zugeordnet werden (siehe Abschnitt 5.6 - 5.8). Die Indikatoren werden als Aussagen und Maßnahmen beschrieben, deren Inhalt bzw. Durchführung im Rahmen der Bewertung jeweils einzeln bestätigt oder verneint werden kann.

Dabei wird ausdrücklich zwischen sogenannten verpflichtenden und optionalen Indikatoren unterschieden, d. h. zwischen solchen, die zur Erreichung eines bestimmten Fähigkeitsgrades zwingend als vorhanden bestätigt werden müssen, und solchen, deren Bestätigung für die Fähigkeitseinstufung nicht vorausgesetzt wird, sondern nur eine zusätzliche optionale

Ausgestaltung bzw. Verbesserung der Interaktionsfähigkeit beschreiben. In der Regel stehen die optionalen Indikatoren für Prozesse und Gestaltungsmerkmale, deren Existenz zwar bereits eindeutig begrüßt wird und von Vorteil ist, aber vor allem angesichts des gegenwärtigen Entwicklungsstands (noch) nicht als dringend erforderlich vorausgesetzt werden kann. Sie dienen als Vorschläge zur Optimierung des jeweiligen Fähigkeitsgrades, sind aber nicht entscheidend für die Erreichung des jeweiligen Fähigkeitsgrades. Diese Differenzierung verdeutlicht gleichzeitig auch den zwangsläufig temporären Charakter jeder Reifegradbeurteilung als eine Momentaufnahme, die sich z.B. bei fortschreitender technologischer Entwicklung oder Änderung des Verbraucherverhaltens schon alsbald als überholt und korrekturbedürftig darstellen kann.

Die verpflichtenden und auch optionalen Indikatoren bauen dabei in der Regel jeweils aufeinander auf. Hinsichtlich der verpflichtenden Indikatoren gilt, dass erst mit der vollständigen Erfüllung der (verpflichtenden) Indikatoren des ersten Fähigkeitsgrades auch der zweite erreicht werden kann. Entsprechendes gilt für die weiteren Fähigkeitsgrade.

Abbildung 15: Darstellung der Abhängigkeiten von Reifegraden, Fähigkeitsgraden und Indikatoren

Ausgenommen sind hier die Indikatoren des ersten Fähigkeitsgrades 0. Diese dienen allein zur Bestätigung einer gemeinsamen Ausgangsbasis und haben keinerlei Relevanz für die Erreichung der Fähigkeitsgrade 1 bis 3.

Mit Hilfe der Fähigkeitsgrade können die einzelnen relevanten Themen- und Wissensgebiete sowie zusammenfassend auch die jeweiligen Bewertungsbereiche oder Evaluationsdomänen für jedes Unternehmen einzeln betrachtet und einer separaten Beurteilung zugeführt werden.

Darüber hinaus bietet es sich für das Unternehmen an, die Ergebnisse der Darstellung in Fähigkeitsgraden zur Erstellung eines Fähigkeitsgradprofils für eine Reihe von ausgewählten Prozessgebieten zu nutzen. Mit einem solchen Profil kann das Unternehmen für die jeweils relevanten Bereiche, für die z.B. im Rahmen einer Schwerpunktsetzung in einer bestimmten Marktsituation konkrete Verbesserungen angestrebt werden, die aktuell erreichte Fähigkeitseinstufung abrufen und sich einen Überblick über den Ist-Stand des Unternehmens verschaffen. Dies gelingt umso besser, wenn das Ist-Profil hinsichtlich der tatsächlich erreichten Fähigkeiten in den jeweiligen Bereichen ergänzt wird durch ein Zielprofil, in dem gleichzeitig auch die optimal erreichbaren und/oder die in einer bestimmten Zeitphase angestrebten spezifischen Ziele des Unternehmens in diesen Prozessgebieten dargestellt werden. Unabhängig von einem Vergleich mit anderen Unternehmen bzw. Wettbewerbern zur Standortbestimmung auf dem Markt im Rahmen einer Reifegradbetrachtung (siehe Abschnitt 5.5), kann somit das Unternehmen in ausgewählten Bereichen den eigenen Fortschritt gezielt planen und nachverfolgen. Siehe hierzu den in Abbildung 16 beispielhaft dargestellten Vergleich von Ziel-Profil und Ist-Profil für die Evaluationsdomäne »*Digitale Kommunikation und Interaktion*« (siehe dazu zur Erläuterung der Bewertungsbereiche Abschnitt 5.6).

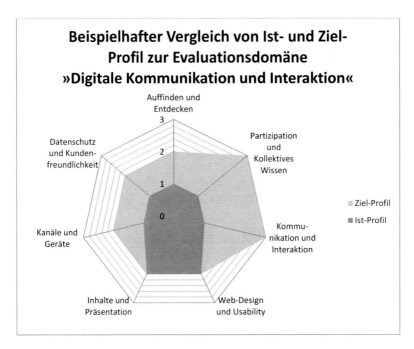

Abbildung 16: Vergleich von Ist- und Ziel-Profil zur Evaluationsdomäne »Digitale Kommunikation und Interaktion« (Beispiel)

5.4.2 Definition der Reifegrade

Die Darstellung von Fähigkeitsprofilen ist grundsätzlich nicht dazu geeignet, einen für das Unternehmen in der Regel interessanteren Vergleich mit anderen Unternehmen am Markt – insbesondere konkurrierenden Unternehmen – zu ermöglichen. Dies wäre nur der Fall, wenn jedes Unternehmen jeweils die gleichen Bewertungsbereiche zur Erstellung eines Fähigkeitsgradprofils auswählen würde – was wohl allenfalls zufällig zu erwarten wäre und auch nicht kommuniziert werden dürfte. Das CMMI-Modell hat daher schon von vorneherein für eine Gesamtbetrachtung von Unternehmen und Organisationen die Darstellung in Reifegraden für einen ganz bestimmten, vordefinierten Satz von Prozessgebieten empfohlen, die den zu bewertenden Gesamtbereich möglichst in allen Facetten abdecken und damit die gemeinsame Basis für einen Unternehmens- bzw. Organisationsvergleich darstellen.

Für den Gesamtbereich der digitalen Kundeninteraktion und damit die gesamthafte Bewertung aller Evaluationsdomänen der digitalen Kundeninteraktion werden fünf Reifegrade in Anlehnung an das CMMI und die von Zollet (vgl. Zollet, 2014, S. 5) entwickelte Systematik der Interaktion auf Webseiten sowie aufgrund der vorgenommenen Diversifizierung von Kommunikation, Interaktion und Integration (siehe Abschnitt 2.4) wie folgt definiert:

Grad	Bezeichnung	Beschreibung
5	Innovation	• Das Unternehmen gehört zu den Vorreitern/Marktführern im Bereich der digitalen Kundeninteraktion. • Verhalten, Technologie und Prozesse werden kontinuierlich überprüft und aufgrund technologischer und gesellschaftlicher Entwicklung beständig angepasst und optimiert. • Systematische Erfassung und Verwendung von Nutzer- und Nutzungsdaten im Rahmen von Produkt- und Prozessinnovation; • Zusammenarbeit und Wissensaustausch mit dem Kunden stehen im Mittelpunkt.
4	Integration	• Es existiert eine gute Umsetzung von Web 2.0 Prinzipien und Kundeninteraktionsmechanismen. • Etablierte Standardprozesse für Kommunikation und Interaktion werden nach definierten Key Performance Indicators (KPI) geführt und kontinuierlich überwacht. • Einrichtung eigenständiger Organisationseinheiten für Kundeninteraktion und bereichsübergreifende Zusammenarbeit; • Verstärkte Beteiligung und Integration des Kunden bei unternehmensinterner Produkt- und Prozessinnovation; • Kundenorientierung steht im Mittelpunkt.
3	Interaktion	• Es existiert eine durchschnittliche Umsetzung von Web 2.0 Prinzipien und Kundeninteraktionsmechanismen. • Zentrale Koordination und Organisation von Kundeninteraktionsprozessen; • Kommunikations- und Interaktionsprozesse sind strukturiert und werden nach einem angepassten Standardprozess durchgeführt. • Verantwortlichkeiten sind unternehmensweit definiert. • Standardisierung von Inhalten und Plattformen • Interaktion mit dem Kunden steht im Mittelpunkt.

2	Kommunikation	<ul><li>Eine Umsetzung von Web 2.0 Prinzipien und Kundeninteraktionsmechanismen ist grundsätzlich erfolgt.</li><li>Kundeninteraktionsprozesse werden geführt, basieren auf Erfahrungswerten und können wiederholt werden.</li><li>Der Fokus liegt auf Kommunikation mit dem Kunden.</li></ul>
1	Information	<ul><li>Keine bzw. minimale Umsetzung der Web 2.0 Prinzipen.</li><li>Kundeninteraktionsprozesse werden ad-hoc geführt und sind gelegenheitsgesteuert.</li><li>Kommunikations- und Interaktionsprozesse sind nicht vernetzt.</li><li>Informationsvermittlung steht im Vordergrund.</li></ul>

Tabelle 9: Beschreibung der Reifegrade der digitalen Kundeninteraktion

Zur Umwandlung der Ergebnisse der Darstellung einzelner Prozessgebiete/ Bewertungsbereiche in Fähigkeitsgraden in eine Darstellung in Reifegraden für die Gesamtorganisation bzw. das Unternehmen bedient sich das CMMI-Modell des Ansatzes der äquivalenten Einstufung. Im Rahmen einer derartigen Einstufung werden die Fähigkeitsgrade in den jeweiligen Bewertungsbereichen in ihrer wechselseitigen Abhängigkeit zueinander betrachtet, gewichtet und jeweils bestimmten Reifegraden zugeordnet. Die äquivalente Einstufung lässt sich demnach »[...] durch eine Abfolge von Zielprofilen beschreiben, die jeweils einer Reifegradbewertung der Darstellung in Reifegraden entsprechen, wie es die im Zielprofil aufgeführten Prozessgebiete widerspiegeln.« (CMMI Product Team 2011, S. 47).

Dies setzt allerdings zunächst voraus, dass für die einzelnen Bewertungsbereiche eine entsprechende Einstufung bzw. Zuordnung zu den jeweiligen Reifegraden erfolgt, d. h. es muss vorab geklärt werden, welche Bewertungsbereiche bzw. welche Themen- und Wissensgebiete erfüllt bzw. umgesetzt sein müssen, um einen bestimmten Reifegrad zu erreichen. Im Anschluss an die nachfolgende systematische Darstellung der relevanten Bewertungsbereiche sind dementsprechend hierzu zunächst alle Bewertungsbereiche nach Reifegraden zu gruppieren bevor eine Zuordnung der jeweiligen Fähigkeitsgrade erfolgen kann (siehe Abschnitt 5.10).

Dies zum Aufbau des Reifegradmodells vorangestellt, werden in den folgenden Abschnitten zunächst die zur Reifebewertung der digitalen Kundeninteraktion relevanten Evaluationsdomänen mit ihren jeweiligen Bewertungsbereichen und den diesen zugeordneten Themen- und Wissensgebieten vorgestellt und erläutert. Jedem Bewertungsbereich ist jeweils ein detaillierter Kriterienkatalog angefügt, der die Indikatoren, d. h. Aussagen und Maßnahmen, auflistet und beschreibt, die zur Erfüllung eines bestimmten Fähigkeitsgrades erforderlich sind. Die Indikatoren werden dabei direkt in die jeweiligen Kategorien NR (nicht relevant für diese Bewertung), O (optional) und P (verpflichtend) eingeordnet.

5.5 Evaluationsdomänen und Bewertungsbereiche

Die Prozesse, die für die digitale Kundeninteraktion in den nachfolgenden Abschnitten als relevant identifiziert werden, konzentrieren sich im Wesentlichen auf eine effiziente Gestaltung der digitalen Kundenschnittstelle, um eine erfolgreiche Kommunikation, Interaktion und Integration mit dem Kunden zu ermöglichen. Sie sind ausgerichtet auf die internen und externen Geschäftsprozesse eines Unternehmens im globalisierten Wettbewerb.

Die identifizierten Web 2.0 Muster und technologischen Faktoren der digitalen Kundeninteraktion basieren auf den Ausarbeitungen von Musser und O'Reilly (Musser und O'Reilly 2007), Back und Haager (Back und Haager 2011) und Nueesch, Puschmann und Alt (Nueesch, Puschmann und Alt 2012) und integrieren die bereits erkennbaren künftigen Entwicklungen des Web 2.0, wie in sie in den Studien von O'Reilly und Batelle (O'Reilly und Batelle 2009, O'Reilly 2010), dem technischen »State-of-the-Internet« Bericht von AKAMAI (vgl. Akamai Technologies, Inc. 2014) und in der im Vorfeld durchgeführten Fallstudienanalyse (Abschnitt 4.3) erarbeitet wurden.

Zur Verbesserung der Übersicht und Verständlichkeit werden die diversen Bewertungsbereiche sowie die ihnen zugeordneten Themen- und Wissensgebiete, die es in diesem Zusammenhang insgesamt zu berücksichtigen gilt, drei Evaluationsdomänen zugeordnet. Die Aufteilung in

- *»Digitale Kommunikation und Interaktion«*
  Gestaltung der digitalen Schnittstelle und alle interaktiven Prozesse und Aspekte der Kommunikation und Interaktion zwischen Kunde und Unternehmen;
- *»Unternehmen und Prozesse«*
  Planung, Gestaltung und Durchführung der digitalen Kundeninteraktion des Unternehmens im Innenverhältnis;
- *»Technologie und Daten«*
  Technische Ausgestaltung der dahinterliegenden Prozesse und Systeme der digitalen Kundeninteraktion

basiert auf den Grundsätzen des Mensch-Technik-Organisation Konzepts von Eberhard Ulich (vgl. Ulich 1997) und den drei Ankerpunkten des Web 2.0 – »Community and Social«, »Business and Process« und »Technology and Architecture« –, die durch David Mitchell Smith 2008 (vgl. Smith 2008) definiert wurden. Mit Hilfe dieser Domänen wird zusammenfassend eine technische, organisatorische und interaktive bzw. kundenorientierte Perspektive auf die einzelnen Prozesse und die verhaltensbezogenen und technologischen Aspekte der digitalen Kundeninteraktion dargestellt. »Qualitätskriterien der Online-Interaktion aus Sicht des Kunden« (Abschnitt 5.9) beleuchten all diese Kriterien und Prozesse zusätzlich aus Sicht des Kunden als Geschäftspartner. Die Kommunikationsmittel und -kanäle (Kapitel 3) bilden die Vermittlerrolle bzw. das Trägermedium für die Kommunikation und Interaktion mit dem Kunden.

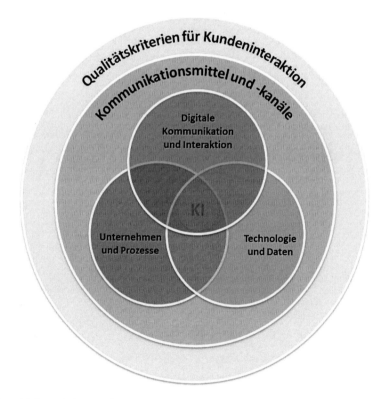

Abbildung 17: Gesamthafte Darstellung der einzelnen Bereiche der digitalen Kundeninteraktion (KI)

5.6 Digitale Kommunikation und Interaktion

Die Evaluationsdomäne »*Digitale Kommunikation und Interaktion*« umfasst alle Bewertungsbereiche, die sich sowohl auf die Gestaltung der digitalen Schnittstelle als auch auf alle interaktiven Prozesse und Aspekte der Kommunikation und Interaktion zwischen Kunde und Unternehmen auswirken.

Nr.	Bewertungsbereich	Beschreibung
1	Auffinden und Entdecken	Leichtigkeit der Auffindbarkeit; Entdeckung und Vernetzung von Internetpräsenzen, Internetanwendungen und Interaktionsmöglichkeiten
2	Partizipation und Kollektives Wissen	Förderung der aktiven Nutzerbeteiligung und des Kundenengagements zugunsten eines erfolgreichen Dialogs zwischen Unternehmen und Kunden und zur Nutzung des kollektiven Wissens
3	Kommunikation und Interaktion	Kontaktmanagement; Ermöglichung einer Echtzeitkommunikation und individuellen Beratung zur Unterstützung der Kunden in der Evaluations- und Transaktionsphase; Förderung des verstärkten Einsatzes kontrollierbarer Instrumente durch den Nutzer
4	Web-Design und Usability	Verankerung von Zugänglichkeit und Nutzerfreundlichkeit bei der Webentwicklung in Unternehmensprozessen; Gestaltung von intuitiv und einfach zu bedienenden Kommunikations- und Interaktionsmodellen
5	Inhalte und Präsentation	Bereitstellung qualitativ hochwertiger Inhalte und Funktionen orientiert an den spezifischen Erwartungen, Zielen und Aufgaben der jeweiligen Nutzergruppe; Angebot eines erkennbaren Mehrwerts für den Kunden
6	Kanäle und Geräte	Unabhängigkeit des Onlineangebots von unterschiedlichen Geräten und Bildschirmgrößen; synchrone Informationsübertragung auf unterschiedlichen Kanälen und Geräten
7	Datenschutz und Kundenfreundlichkeit	Beachtung der rechtlichen Rahmenbedingungen zum Datenschutz und zum Schutz der Privatsphäre; Einsatz eines möglichst umfassenden Rechtemanagements für Inhalte und Funktionen

Tabelle 10: Beschreibung der Bewertungsbereiche der Evaluationsdomäne »Digitale Kommunikation und Interaktion«

5.6.1 Auffinden und Entdecken

Der Bewertungsbereich beschreibt alle Prozesse und Aspekte, die die einfache Auffindbarkeit, Entdeckung und Vernetzung von Internetpräsenzen und -anwendungen des Unternehmens ermöglichen und fördern. Grundsätzlich wird dabei thematisch zwischen der aktiven Suche durch den Nutzer und dem Online-Marketing, der direkten Bewerbung insbesondere von neuen Produkten und Dienstleistungen, sowie der eher passiven Internet-Präsenz des Unternehmens durch Vernetzung und Viralität unterschieden. Die permanente Anpassung an wechselnde Bedingungen von Suchmaschinen und zentralen Plattformen ist eine wichtige Herausforderung in der Zukunft.

Die Anforderungen im Reifgradmodell für die folgenden Themen- und Wissensgebiete dieses Bewertungsbereichs sind aus den aufgelisteten, mit Ziffern markierten Ergebnissen der Fallstudien (FS-Abschnitt 4.3), der Studie zur digitalen Kundeninteraktion (SDK-Abschnitt 4.1, den Ergebnissen der Iteration mit Experten (ITE-Abschnitt 5.11) und den Ausführungen zu Kommunikation und Interaktion (IUW-Abschnitt 2.3, ZBU-Abschnitt 2.6.2 und BIU-Abschnitt 2.6.4) abgeleitet:

Themen- und Wissensgebiete	Kurzbeschreibung	Herleitung
Suche	Einrichtung von Suchmaschinen-optimierungsprozessen im Unternehmen und gezielte Ausrichtung von Inhalten und Funktionalitäten zur Verbesserung der Auffindbarkeit in Suchmaschinen	FSH8; FST10
Vernetzung	Vernetzung mit anderen Webseiten und Plattformen für eine bessere Auffindbarkeit der Inhalte und Funktionalitäten	FSM3; FSM5; FSE2; IUW15; SDK2; BIU4; ZBU3, ZBU4; ZBU5; ZBU10
Online-Marketing	Planung und Durchführung aktiver Maßnahmen zur Bewerbung von Präsenzen, Produkten und Dienstleistungen um Besucher anzuziehen	FSM5; ITE1

Tabelle 11: Beschreibung und Herleitung der Themen- und Wissensgebiete für den Bewertungsbereich »Auffinden und Entdecken«

Online-Marketing beschreibt die Planung und Durchführung aktiver Maßnahmen zur Bewerbung von Präsenzen, Produkten und Dienstleistungen und ist ausschlaggebend dafür, die Aufmerksamkeit von Besuchern und Kunden zu gewinnen und sie für weitere Aktivitäten anzulocken. Teilbereiche der Online-Werbung sind hier vor allem klassische Bannerwerbung, Suchmaschinenmarketing, E-Mail-Marketing[1], Social Media Marketing, Content Marketing oder Affiliate Marketing. Grundvoraussetzung ist dabei, seine Zielgruppe und deren Interessen und Bedürfnisse zu kennen und seine Maßnahmen dementsprechend möglichst gezielt auszurichten. Je nach Reifegrad der Aktivitäten ist dieser Prozess unterschiedlich ausgeprägt und kann bis zur Profilierung nach den ermittelten bzw. erkennbaren Bedürfnissen und im Rahmen eines verhaltensorientierten Marketings perfektioniert werden.

Den richtigen Zugang zum richtigen Inhalt zur richtigen Zeit über den richtigen Kanal anzubieten ist von zentraler Bedeutung bei kundenorientierten Unternehmen. Das Online-Marketing bildet daher in der Regel den ersten Schritt zum Kunden, der den Weg zur digitalen Kundeninteraktion bereitet.

Darüber hinaus müssen Suchmaschinenoptimierungsprozesse im Unternehmen etabliert werden und die Inhalte und Funktionalitäten zur Verbesserung der Auffindbarkeit gezielt auf die unterschiedlichen Plattformen ausgerichtet werden. Dabei gilt es nicht nur die Optimierung punktuell durchzuführen, sondern konsequent und kontinuierlich die Aktivitäten der Suchmaschinen insgesamt zu überwachen und die Ergebnisse bei der Suche nach unternehmensbezogenes Inhalten zu verbessern. Das Gleiche gilt für das Wissen über Suchmaschinenoptimierung, das sich je nach Reifestufe von »zentralisiert« und »vereinzelt« bis hin zu einem unternehmensweiten Gesamtverständnis weiterentwickeln kann. Clay Fischer hat dazu bereits 2008 ein eigenes »SEO Maturity Model« (Fischer 2008) entwickelt. Dieses wurde bei der Entwicklung der folgenden Fähigkeitsgradindikatoren mit einbezogen.

---

[1] Der Verband der deutschen Internetwirtschaft e.V. hat dazu eine »eco Richtlinie für zulässiges E-Mail-Marketing« (eco - Verband der deutschen Internetwirtschaft e.V. 2011) herausgegeben, um Leitlinien für unternehmerische Marketing-Aktivitäten festzulegen. Die rechtlichen Rahmenbedingungen insbesondere bzgl. des Bundesdatenschutzgesetztes (BDSG) befinden sich kontinuierlich in der Weiterentwicklung und müssen von den Unternehmen verstärkt berücksichtigt werden.

Zum anderen ist die Vernetzung von Inhalten und Funktionalitäten mit anderen Webseiten und Plattformen auch für eine bessere Auffindbarkeit von großer Bedeutung. Nicht mehr alleine Suchmaschinen und Marketing Aktivitäten sind verantwortlich für die Anzahl der Webseitenbesuche, sondern vielmehr kommt es gerade darauf an, dort Präsenz zu zeigen, wo der Kunde ist bzw. sich regelmäßig aufhält, und dort gezielt mit zugeschnittenen Inhalten zu werben. Neben einfachen Linknetzwerken über Social Media Plattformen spielen hier vor allem die Präsenz und Aktivität auf externen Bewertungs-Plattformen eine entscheidende Rolle, um mit dem Kunden als Unternehmen in Kontakt zu treten. Mit Hilfe der Vernetzung können die Effekte der Viralität und damit der grenzenlosen Verbreitung von Nachrichten und Informationen unterstützt werden.

Für den Bewertungsbereich »*Auffinden und Entdecken*« lassen sich somit die folgenden Indikatoren und die ihnen zugeordneten Fähigkeitsgrade ableiten:

Indikator	Kategorie	FG
Fokus liegt lediglich auf reinen Marketing Aktivitäten und Informationsverteilung	NR (nicht relevant für Bewertung)	0
Reaktive Maßnahmen zur Suchmaschinenoptimierung werden durchgeführt	P (verpflichtend)	1
Wissen und Kompetenzen zur SEO sind im Unternehmen verteilt vorhanden	P	1
Eine eigenständige Präsenz auf einer weiteren Plattform (z.B. Social Media, Bewertungs- oder Kommentarplattform) ist eingerichtet	P	1
Einbindung von Social Tagging Funktionalitäten und Share-Buttons ist grundsätzlich erfolgt	O (optional)	1
Eine Zielgruppenanalyse wird durchgeführt und die Kundenzielgruppen werden segmentiert im Rahmen von Online-Marketing Maßnahmen angesprochen	O	1
Aufbau eines Linknetzwerks zur effektiven Verbreitung von dynamischem Inhalt	O	1
Eigenständige Präsenzen auf mehreren Plattformen unterschiedlicher Art (z.B. Social Media, Bewertungs- oder Kommentarplattform) sind vorhanden	P	2
Eine Strategie für Online-Marketing ist für das Unternehmen ausgearbeitet	P	2
Verantwortlichkeiten für SEO und Etablierung von Standardprozessen für proaktive und reaktive SEO sind klar definiert	P	2
Vernetzung mit unterschiedlichen Personen und Organisationen auf Basis von Kontakten (Follower, Freunde etc.) besteht	O	2

Die Kunden werden mit Hilfe von Personas spezifiziert, profiliert und angesprochen	O	2
Die Einrichtung eines Social-Media Newsrooms zur Aggregation und Bündelung von unterschiedlichen Kommunikations- und Interaktionskanälen ist erfolgt	O	2
Cross Media Marketing für die Verbindung von klassischen und modernen Medien wird durchgeführt	P	3
Überprüfung der Online-Marketing Aktivitäten anhand festgelegter KPIs findet statt	P	3
Es gibt einen ganzheitlichen Ansatz der SEO und eine kontinuierliche Optimierung der SEO-Prozesse	P	3
Umfassendes unternehmensweites Wissen und Kompetenzen in Bezug auf SEO sind ausgeprägt	O	3
Eine Strategie zur Ausrichtung der angebotenen Inhalte und Funktionalitäten auf unterschiedliche Suchmaschinen ist vorhanden	O	3
Verhaltensorientiertes Marketing wie z.B. Predictive Marketing und Behavioral Targeting wird durchgeführt	O	3

Tabelle 12: Beschreibung der Indikatoren und Zuordnung der Fähigkeitsgrade zum Bewertungsbereich »Auffinden und Entdecken«

5.6.2 Partizipation und Kollektives Wissen

Der Bewertungsbereich umfasst thematisch insbesondere die Web 2.0 Charakteristiken »*Participation – Collaboration*« und »*Harnessing Collective Intelligence*«. Hierbei liegt der Schwerpunkt bei der Förderung der aktiven Nutzerbeteiligung und des Kundenengagements auf eigenen Webseiten und Kommunikationsplattformen zugunsten eines erfolgreichen Dialogs zwischen Unternehmen und Kunden. Gerade aufgrund der Feststellung, dass die Kommunikationsmacht tendenziell weg vom Unternehmen und hin zum Kunden geht, gilt es diese kommunikativen Prozesse stärker zu beobachten und ggf. kontrollierend einzugreifen.

Die Anforderungen im Reifgradmodell für die folgenden Themen- und Wissensgebiete dieses Bewertungsbereichs sind aus den aufgelisteten, mit Ziffern markierten Ergebnissen der Fallstudien (FS-Abschnitt 4.3), der Erwartungshaltung heranwachsender Kundengenerationen (EHK-Abschnitt 4.2) und den Ausführungen zu Kommunikation und Interaktion (IUW-Abschnitt 2.3, ZBU-Abschnitt 2.6.2 und BIU-Abschnitt 2.6.4) abgeleitet:

Themen- und Wissensgebiete	Kurzbeschreibung	Herleitung
Community	Aufbau und Betreuung von Communitys zur Einbindung und Vernetzung von Kunden und Schaffung einer gemeinsamen Wissensplattform	IUW2; IUW12; ZBU7; BIU7; EHK1; EHK2; EHK6
Nutzergenerierte Inhalte	Förderung von nutzergeneriertem Inhalt; Teilhabe und Zusammenarbeit der Kunden zur Sammlung und Wiederverwendung des kollektiven Wissens im Internet	IUW2; FSH3; IUW12; IUW15; EHK1; EHK2; EHK6
Identifikation und Engagement	Maßnahmen zur Steigerung des Engagements und der Beteiligung des Kunden im Rahmen der Wissensgenerierung und/oder bei der unternehmensinternen Produkt- und Prozessentwicklung, z.B. durch Schaffung eines Anreiz- und Belohnungssystems	BIU13; EHK10

Tabelle 13: Beschreibung und Herleitung der Themen- und Wissensgebiete für den Bewertungsbereich »Partizipation und Kollektives Wissen«

Die Voraussetzung zur Entstehung einer Community ist, dass das Unternehmen zunächst die technischen Instrumente und Werkzeuge zur Verfügung stellt und betreut, um das kollektive Wissen der Kunden zu erfassen, zu sammeln und es somit für das Unternehmen und andere Kunden verfügbar zu machen. Das kann im fortgeschrittenen Stadium beispielsweise durch den Aufbau und die Betreuung von eigenen oder aber externen Communitys zur Einbindung und Vernetzung von Kunden und zur Schaffung einer gemeinsamen Wissensplattform geschehen. Eine einfachere Variante wäre die Bereitstellung einer Kommentar- und Bewertungsfunktionalität auf der eigenen Webseite. Sowohl das Wissensmanagement der kollektiven Intelligenz aber auch das Management des damit einhergehenden Kontrollverlusts gehört unter diesen Bedingungen zur Pflichtaufgabe jedes Unternehmens.

Darüber hinaus gilt es, die inhaltlichen Prozesse wie Moderation und Pflege zu etablieren, um die Benutzer aktiv bei der Erstellung von Inhalten anzuleiten und somit die Qualität und Wiederverwendbarkeit des nutzergenerierten Wissens zu gewährleisten und zu steigern. Ob und inwieweit ein Unternehmen nutzergenerierte Inhalte auf eigenen Webseiten zulässt oder aber selbst durch eigene redaktionelle Beiträge und Prozesse bereitstellt, bestimmt gleichzeitig den Fähigkeitsgrad des Unternehmens in dieser Thematik. Ziel ist es, einerseits sowohl den Nutzer aktiv mit seinem Wissen, seinen Meinungen und Bewertungen in den eigenen Internetauftritt einzubinden und einen Einblick in die Nutzerbedürfnisse und -interessen zu bekommen als auch andererseits die Bindung des Kunden an das Unternehmen und seine Produkte durch personalisierte Beiträge zu verstärken. Gleichzeitig ist darauf zu achten, dass

nicht die qualitativ hochwertigen und redaktionell geprüften Inhalte der Unternehmenswebseiten in Frage gestellt oder gar konterkariert werden.

Maßnahmen zur Steigerung des Engagements und der Beteiligung des Kunden im Rahmen
der allgemeinen Wissensgenerierung und speziell bei der unternehmensinternen Produkt- und
Prozessentwicklung können dabei durch die Schaffung eines Anreiz- und Belohnungssystems
gezielt gefördert werden. Die Anreize können sowohl ideeller Art als auch Sachgeschenke
oder eine Belohnung monetärer Art sein. Allein schon die Wahrnehmung einer aktiven
Teilhabe und das »gehört werden« können sich positiv auf das Kundenengagement
auswirken.

Für den Bewertungsbereich »Partizipation und Kollektives Wissen« lassen sich somit die
folgenden Indikatoren und die ihnen zugeordneten Fähigkeitsgrade ableiten:

Indikator	Kategorie	FG
Kein Angebot eines eigenen Blogs, Forums oder einer Community	NR	0
Nutzergenerierter Inhalt ist auf unternehmenseigenen Seiten nicht zugelassen	NR	0
Bereitstellung eines themenorientierten Blogs oder Forums für eine einfache Kunde-zu-Unternehmen Kommunikation	P	1
Der Kunde hat die Möglichkeit, die bestehenden Inhalte und Angebote zu kommentieren und zu bewerten	P	1
Vereinzelte Incentivierung von Kundenbeteiligung durch Marketingmaßnahmen (wie z.B. Gewinnspiele)	O	1
Teilnahme an öffentlichen Blogs, Foren und Communities zum informellen Informationsaustausch über das Unternehmen, deren Produkte oder Dienstleistungen	O	1
Der Nutzer hat die Möglichkeit, eigene Inhalte zur Verfügung zu stellen (z.B. Inhalte in Form von Erfahrungen, Bildern, Videos); Nutzergenerierte Inhalte werden zugelassen und auch auf den eigenen Seiten veröffentlicht bzw. anderen Kunden zur Verfügung gestellt	P	2
Sporadisches Management der Foren durch das Unternehmen und Definition von Verantwortlichkeiten (z.B. Community Manager)	P	2
Aufbau eines Anreizsystems auf ideeller Basis zur Einbindung der Kunden und zur Verstärkung ihres Engagements	O	2
Möglichkeit zur Sammlung von größeren nutzergenerierten Daten auf der Unternehmenswebseite z.B. einem Wiki oder einer Community	O	2
Definition eines Engagement-Prozesses und von Identifikationsfaktoren	O	2

Aufbau einer eigenen unternehmensspezifischen Community mit integrierten Rollen und Prozessen für die Kunde-zu-Unternehmen- und Kunde-zu-Kunde-Kommunikation	P	3
Systematische Auswertung der Communitys und Foren und den dort vermittelten Inhalten im Rahmen von unternehmensinternen Innovationsprozessen zur Produktentwicklung und Prozessgestaltung	P	3
Kontinuierliche Optimierung der Community- und Engagement-Prozesse anhand festgelegter KPIs	P	3
Erweiterung des Anreizsystems um sachliche oder monetäre Incentives zur verstärkten Förderung der Kundenbeteiligung an Unternehmensprozessen	O	3

Tabelle 14: Beschreibung der Indikatoren und Zuordnung der Fähigkeitsgrade zum Bewertungsbereich »Partizipation und Kollektives Wissen«

5.6.3 Kommunikation und Interaktion

Der Bewertungsbereich umfasst allgemein betrachtet alle Prozesse und Aspekte des Kommunikations- und Interaktionsmanagements, die eine Echtzeitkommunikation mit dem Kunden und seine individuelle Beratung in der Evaluations- und Transaktionsphase gewährleisten. Hierzu gehören auch die Bereitstellung und der verstärkte Einsatz von Instrumenten, die dem Nutzer selbst eine Kontrollfunktion hinsichtlich des Kommunikationsprozesses einräumen. Mit dem Bewertungsbereich werden insbesondere die Web 2.0 Charakteristiken »*Innovation in Assembly*«, »*Rise of Real Time: A Collective Mind*« und »*Leveraging the Long Tail*« abgedeckt. In den Fallstudien hat sich auch als Trend gezeigt, dass die Integration direkter Kontaktmöglichkeiten sowie die verstärkte Zusammenarbeit über Video und Co-Browsing von zunehmender Bedeutung für eine erfolgreiche digitale Kundeninteraktion sind.

Die Anforderungen im Reifgradmodell für die folgenden Themen- und Wissensgebiete dieses Bewertungsbereichs sind aus den aufgelisteten, mit Ziffern markierten Ergebnissen der Fallstudien (FS-Abschnitt 4.3), der Studie zur digitalen Kundeninteraktion (SDK-Abschnitt 4.1), den Ergebnissen der Iteration mit Experten (ITE-Abschnitt 5.11) und den Ausführungen zu Kommunikation und Interaktion (IUW-Abschnitt 2.3, ZBU-Abschnitt 2.6.2 und BIU-Abschnitt 2.6.4) abgeleitet:

Themen- und Wissensgebiete	Kurzbeschreibung	Herleitung
Kontakt-möglichkeiten	Gewährleistung von unterschiedlichen fachlichen und technischen Kontaktmöglichkeiten und einer dialogorientierten Ausrichtung des Internetangebots	ITE2; FSE12; FST2; ZBU1; ZBU9; SDK3
Onlineberatung und Kollaboration	Eröffnung einer direkten Zusammenarbeit über den Online-Kanal, um Kunden Inhalte zu verdeutlichen und sie bei Abläufen direkt unterstützen zu können	FSE12; FSO5; FST2; IUW12; BIU7; BIU9; ZBU1; SDK9; EHK1
Echtzeit-kommunikation	Eröffnung des Übergangs von asynchroner hin zu synchroner Kommunikation zugunsten einer direkten Reaktion auf Kundenanfragen	FSE12; FST2; IUW26; ZBU1; ZBU7; SDK9; BIU3; EHK4
Individualität	Flexible Einbindung von unterschiedlichen Kommunikationstypen und -arten für einen vielfältigen und attraktiven Kundendialog	BIU5
Funktionalität und Interaktivität	Verstärkter Einsatz interaktiver und durch den Nutzer kontrollierbarer Instrumente und Funktionalitäten; Eröffnung der Möglichkeit zur selbstständigen Bearbeitung und abschließenden Erledigung digitaler Services	FSM2; FSH7; FST3; BIU16; ZBU2; ZBU8; SDK10; EHK4

Tabelle 15: Beschreibung und Herleitung der Themen- und Wissensgebiete für den Bewertungsbereich »Kommunikation und Interaktion«

Für Unternehmen geht es um die Vorhaltung von unterschiedlichen fachlichen und technischen Kontaktmöglichkeiten und die Gewährleistung einer dialogorientierten Ausrichtung des Internetangebots. Zum einen ist der Übergang von asynchroner hin zu synchroner Kommunikation zugunsten einer direkten Reaktion auf Kundenanfragen zu eröffnen, zum anderen auch eine direkte Zusammenarbeit und Beratung über den Onlinekanal zu ermöglichen, um dem Kunden Inhalte zu verdeutlichen und ihn bei Beratungsbedarf direkt unterstützen zu können.

Wie schon beim Bewertungsbereich »Partizipation und Kollektives Wissen« geht es hierbei auch um die flexible Einbindung von unterschiedlichen Kommunikationstypen und -arten für einen vielfältigen und attraktiven Kundendialog. Das gilt sowohl von Seiten des Unternehmens bzgl. eines auf Masse ausgelegten und monologartigen Informationsangebots (one-to-many oder one-to-some), aber auch für die Kommunikation der Kunden untereinander in bereitgestellten Foren und Communities (many-to-many). Zusätzlich ist das individuelle Bedürfnis des Kunden nach 1-zu-1 Beratungsleistungen hierbei angemessen zu berücksichtigen und in das Onlineangebot zu integrieren.

Im Interesse einer optimierten Kosteneffizienz geht es bei dem Kundeninteraktionsangebot zudem um den verstärkten Einsatz interaktiver und durch den Nutzer kontrollierbarer Instrumente und Funktionalitäten, die ihm die Möglichkeit zur selbstständigen Bearbeitung und abschließenden Erledigung digitaler Services eröffnen. Lee und Kozar haben herausgefunden, dass die Interaktivität von Webseiten eine signifikante Auswirkung auf das Nutzerverhalten hat (vgl. Lee und Kozar 2012, S. 458). Mit zunehmender Automatisierung der Prozesse entstehen dabei sowohl erhebliche Vorteile für das Unternehmen unter Wirtschaftlichkeitsaspekten als auch für den Kunden hinsichtlich der zeitlichen und örtlichen Unabhängigkeit in der Kommunikation mit dem Unternehmen.

Für den Bewertungsbereich »*Kommunikation und Interaktion*« lassen sich somit die folgenden Indikatoren und die ihnen zugeordneten Fähigkeitsgrade ableiten:

Indikator	Kategorie	FG
Weitgehend monologartige bzw. einseitige Kommunikation über die Webseite und asynchrone Kommunikation per E-Mail	NR	0
Angabe von Kontaktinformationen, aber keine direkte und unmittelbare Möglichkeit zur Kontaktaufnahme	NR	0
Reines Informationsangebot, keine Möglichkeit zur Selbstorganisation für den Kunden	NR	0
Einfacher Einsatz von Dialogmöglichkeiten (z.B. E-Mail oder Telefon) zur allgemeinen Beratung ohne weitere Informationsmöglichkeiten hinsichtlich des Aktionsbedarfs oder der Position des Nutzers	P	1
Asynchrone Kommunikation mit zeitnaher Eingangs- bzw. Bearbeitungsbestätigung	P	1
Kurzzeitige Kommunikation über Facebook, Timeline etc., aber keine unmittelbare Kommunikation	O	1
Interaktive Angebote in Einzelfällen insb. zur Erläuterung von komplexen Sachzusammenhängen	P	2
Eröffnung einfacher Echtzeitkontaktmöglichkeiten wie z.B. Chat oder aber auf dritten Plattformen, wie z.B. Social Networks	P	2
Definition eines unternehmensinternen Standards zur Online-Kommunikation und zur Gestaltung der Kommunikationsprozesse; abteilungsübergreifende Kommunikation im Unternehmen ist gewährleistet	P	2
Hervorhebung und gesonderte Bewerbung von Kontaktmöglichkeiten auf der Webseite	P	2
Beobachtung und Tracking des Nutzers, inkl. proaktiver individueller Beratung über direkte Interaktionsprozesse (z.B. Chat oder Telefon)	O	2
Einsatz interaktiver und durch den Nutzer kontrollierbarer Instrumente und Funktionalitäten; Angebot der Möglichkeit zur	P	3

selbstständigen Bearbeitung und abschließenden Erledigung digitaler Services		
Umfassende Definition von Online- Beratungsprozessen und Verantwortlichkeiten	P	3
Eröffnung eines Angebots zu persönlicher und – wo erforderlich – zu abschließender Kommunikation in 1-zu-1 Betreuung und Beratung	P	3
Festlegung von KPIs zur Überprüfung der Inanspruchnahme, der Qualität und der Effizienz der Kontaktmöglichkeiten hinsichtlich Erreichbarkeit, Reaktionszeiten, Erfolg der Beratungsprozesse, Wirtschaftlichkeit etc.	P	3
Angebot von Web-Seminaren mit Dialogfunktionalität in Echtzeit und auf Abruf	O	3
Einrichtung einer eigenständigen Onlinefiliale mit einem umfangreichen Beratungs- und Self-Service Angebot	O	3
Betreute digitale Echtzeitinteraktion über unterschiedliche Kanäle gleichzeitig, z.B. über Video, Chat und Co-Browsing	O	3

Tabelle 16: Beschreibung der Indikatoren und Zuordnung der Fähigkeitsgrade zum Bewertungsbereich »Kommunikation und Interaktion«

5.6.4 Web-Design und Usability

Der Bewertungsbereich umfasst alle Prozesse und Aspekte zur Verankerung von Zugänglichkeit und Nutzerfreundlichkeit bei der Webentwicklung des Unternehmens. Die Gestaltung von intuitiv und einfach zu bedienenden Kommunikations- und Interaktionsmodellen ist dabei die Grundvoraussetzung für eine erfolgreiche digitale Kundeninteraktion. Ergänzend gehört hierzu auch, dass die Technik und attraktive Gestaltung des Kommunikations- und Interaktionsprozesses im fortgeschrittenen Stadium dem Kunden ein möglichst positives Nutzungserlebnis bietet. Mit diesem Bewertungsbereich werden besonders die Web 2.0 Charakteristiken »*Rich User Experience*«, »*Lightweight Models*« und »*Web 2.0 Ästhetik*« im Reifegradmodell erfasst. Darüber hinaus sind Usability und User Experience und die Einfachheit der Anwendung und des Zugriffs zentrale Erfolgsbedingungen der digitalen Kundeninteraktion.

Die Anforderungen im Reifgradmodell für die folgenden Themen- und Wissensgebiete dieses Bewertungsbereichs sind aus den aufgelisteten, mit Ziffern markierten Ergebnissen der Fallstudien (FS-Abschnitt 4.3), den Ergebnissen der Iteration mit Experten (ITE-Abschnitt 5.11) und den Ausführungen zu Kommunikation und Interaktion (IUW-Abschnitt 2.3 und BIU-Abschnitt 2.6.4) abgeleitet:

Themen- und Wissensgebiete	Kurzbeschreibung	Herleitung
Usability und User Experience	Verankerung von Usability, nutzerzentrierten Entwicklungsprozessen und User Experience im Unternehmen	FSE3; FSE11; FST1; IUW7; BIU1; BIU6; BIU17; EHK9
Komplexität	Förderung von intuitiv und einfach zu bedienenden Kommunikations- und Interaktionsmodellen im Rahmen des digitalen Leistungsangebots; Reduzierung von Komplexität und ggf. auch des digitalen Leistungsangebots	FSE1; FSG2; FSG6; IUW5; EHK4; EHK9
Accessability	Verankerung von Accessability Richtlinien in Entwicklungs- und Interaktionsprozessen und damit Gewährleistung eines barrierefreien Zugangs zu Inhalten und Funktionalitäten	ITE4
Intuitives Design	Entwicklung einer eigenen Ästhetik, die Design und Nutzererfahrung miteinander verbindet	FSE11; IUW22; BIU6

Tabelle 17: Beschreibung und Herleitung der Themen- und Wissensgebiete für den Bewertungsbereich »Web-Design und Usability«

Unter dem Begriff Usability wird bewertet, ob und inwieweit Usability Engineering und nutzerzentrierte Entwicklungsprozesse im Rahmen der Kundenkommunikation des Unternehmens bereits verankert sind. Hierbei ist zu überprüfen, welche Methoden und Arbeitsweisen in der Konzeption, Entwicklung und Realisierung von Anwendungen verwendet und in welchem Umfang diese in Prozessen standardisiert sind. Usability ist dabei der zentrale Faktor, um die KPIs von Webseiten (wie z.B. Umwandlungsrate, Seitenaufrufe) positiv zu beeinflussen (vgl. Nielson 2008, Cappel und Huang 2007, Tarafdar und Zhang 2007-2008). Das Gleiche gilt für die Verankerung von Accessability Richtlinien[1] in Entwicklungsprozessen und somit die Gewährleistung eines barrierefreien Zugangs zu Inhalten und Funktionalitäten, die bei Unternehmenswebseiten eine besondere Bedeutung einnimmt. Vor allem Bewertungsrichtlinien zur kontinuierlichen Überwachung von Nutzerfreundlichkeit, Gebrauchstauglichkeit, Zugänglichkeit und Barrierefreiheit sollten schon im Vorfeld unternehmensintern festgelegt werden.

---

[1] Die Richtlinien für barrierefreie Webinhalte (WCAG) 2.0 decken einen großen Bereich von Empfehlungen ab, um Webinhalte barrierefreier zu machen. http://www.w3.org/TR/WCAG20/

Überdies spielt die Reduzierung von Komplexität eine entscheidende Rolle bei der Gestaltung von digitalen Kommunikations- und Interaktionsangeboten, was sich unter Umständen auch auf das digitale Leistungsangebot auswirken kann. »[...] ,Technik kann Dinge nicht vereinfachen, die inhärent kompliziert sind' sagt Hassenzahl [...]« (Herrmann 2014, S. 22) in einem Artikel zum Verhältnis von Mensch und Technik. Digitale Interaktionsangebote für Kunden müssen gezielt auf die digitale Schnittstelle zugeschnitten und keinesfalls lediglich ein Abbild des analogen Prozesses sein. Grundsätzlich geht es um die Förderung von intuitiv und einfach zu bedienenden Kommunikations- und Interaktionsmodellen im Rahmen des digitalen Leistungsangebots.

Zum Aspekt Web-Design hat sich in den letzten Jahren eine Art eigene »Web 2.0-Ästhetik« entwickelt, die Look&Feel und Nutzererfahrung miteinander verbinden. Neben der Gestaltung der kommunikativen und interaktiven Elemente kann die entsprechende Aufbereitung der visuellen Elemente das Gesamtangebot des Unternehmens im Internet komplettieren. Das Design sollte sich an den aktuellen Standards und Trends im Internet orientieren, aber auch möglichst eine gewisse Originalität bzw. Individualität aufweisen. Die kontinuierliche Anpassung und Weiterentwicklung bis hin zur Entwicklung einer eigenen Design-Ästhetik ist dabei eine wesentliche Voraussetzung für ein attraktives Onlineangebot und Nutzungserlebnis. »Viele Studien hätten gezeigt, dass vor allem Emotionen die Zufriedenheit von Konsumenten und ihr Urteil zur Nutzerfreundlichkeit prägen, schreiben Wissenschaftler im Fachblatt Applied Ergonomics - in einer Studie, die sich mit Schamgefühlen durch Scheitern am Gerät beschäftigt.« (Herrmann 2014, S. 22). Das Design und das Nutzererlebnis prägen damit gleichzeitig auch die empfundene Usability und können diese positiv beeinflussen. Darüber hinaus hat die Design-Ästhetik einer Webseite als Charakteristik die größte Auswirkung auf die wahrgenommene Glaubwürdigkeit des Unternehmensangebots im Internet (vgl. Fogg, et al. 2003, S. 13).

Für den Bewertungsbereich »Web-Design und Usability« lassen sich somit die folgenden Indikatoren und die ihnen zugeordneten Fähigkeitsgrade ableiten:

Indikator	Kategorie	FG
Nutzerzentrierte Gestaltung von Kommunikations- und Interaktionsprozessen findet bislang nicht statt	NR	0
Keine/minimale Reduzierung von Komplexität in Online-Prozessen; Fokus liegt auf digitaler Darstellung analoger Prozesse/Dokumente	NR	0
Keine/minimale Beachtung von gängigen Web- und Accessability Standards	NR	0
Standard-Web Design und konventionelle Navigationsstruktur	NR	0
Unternehmenswebseite hat weitgehend lediglich digitale Visitenkartenfunktion	NR	0
Vereinzelter und reaktiver Einsatz von Usability Methoden und Tests zur Verbesserung der Akzeptanz und Benutzbarkeit; Einsatz von externen Beratern	P	1
Aufgeräumtes, strukturiertes Design mit vermehrten graphischen Designelementen	P	1
Beachtung von gängigen Web- und Accessability Standards und reaktive Anpassung aufgrund von konkreten Benutzeranforderungen	O	1
Unternehmenswebseite und Services werden kontinuierlich auf Basis von Nutzertests weiterentwickelt und optimiert	P	2
Definition von Verantwortlichkeiten zur Überprüfung und Qualitätssicherung der Usability und Accessability im Web; Aufbau eines Usability Teams	P	2
Entwicklung einer eigenen innovativen Design-Ästhetik für die Webseite und ihre Anwendungen	P	2
Einhaltung der Accessability Richtlinien in unterschiedlichen Kanälen und Medien	O	2
Zur Interaktion auffordernde Elemente unterstützen die Intensivierung der Kommunikation mit dem Kunden; Fokussierung auf einzelne Inhalts- und Funktionselemente, z.B. durch Flat-design	O	2
Eigenständige, auf die Digitalität ausgerichtete Onlineangebote und -prozesse nutzen den vollen Funktionsumfang der digitalen Interaktionsmöglichkeiten aus	O	2
Alle interaktiven Anwendungsbereiche werden nutzerzentriert entwickelt und gestaltet; Umfassender Einsatz von Usability Methoden (persönlich und remote) und deren kontinuierliche Überprüfung anhand festgelegter Vorgehensweisen und KPIs	P	3
Strategische Ausrichtung: Usability und User Experience sind Kernelemente des gesamten Online-Interaktionsangebots	P	3
Bereits Entwurf und Entwicklung des Kundeninteraktionsangebots erfolgen explizit und konsequent nach den Prinzipien der User Experience	P	3

Definierte Prozesse für eine nutzerzentrierte Webseiten- und Anwendungsentwicklung; Nutzer werden kontinuierlich und wiederholt in die (Weiter-) Entwicklung bestehender und neuer Inhalte und Funktionalitäten durch Befragung oder Usability Tests vor Ort integriert	O	3
Reduzierung der Komplexität durch Auswertung der gesammelten/verfügbaren Daten und Optimierung der digitalen Angebote auf die Bedürfnisse der Online-Zielgruppe; Personalisierung bzw. Individualisierung der Kommunikation und Interaktion; Inanspruchnahme von dritten Datenquellen (wie z.B. Personalausweis, Fahrzeugidentifikationsnummern-System)	O	3
Zertifizierung nach den national geltenden Accessability Richtlinien durch entsprechende Organisationen (W3C[1] etc.) und Referenzunternehmen für andere	O	3
Für alle Kanäle und Geräte wird eine hohe Usability und Accessability sichergestellt; Inhalte, Funktionen und Interaktionsmöglichkeiten sind auf den unterschiedlichen Kanälen und Geräten optimiert	O	3
Responsive Design für unterschiedliche Bildschirmgrößen und Geräte; kontinuierliche Anpassung an aktuelle Designstandards; interaktive Nutzung von Bewegtbildern und innovativen Medien	O	3

Tabelle 18: Beschreibung der Indikatoren und Zuordnung der Fähigkeitsgrade zum Bewertungsbereich »Web-Design und Usability«

5.6.5 Inhalte und Präsentation

Der Bewertungsbereich umfasst alle Prozesse und Aspekte für die Bereitstellung qualitativ hochwertiger Inhalte und Funktionen und orientiert sich an den spezifischen Erwartungen, Zielen und Aufgaben der jeweiligen Nutzergruppe. Zentrales Ziel ist dabei das Angebot eines erkennbaren Mehrwerts für den Kunden. Mit diesem Bewertungsbereich werden hauptsächlich die Web 2.0 Charakteristiken »*Rich User Experience*« und »*Collaborative Tagging*« im Reifegradmodell erfasst. Die Ergebnisse der Experteninterviews belegen darüber hinaus, dass Schnelligkeit, Qualität und Verlässlichkeit von Inhalten und Antworten zentrale Erfolgsbedingungen der digitalen Kundeninteraktion sind.

[1] Das W3C (World Wide Web Consortium) ist ein Gremium zur Standardisierung der Techniken im World Wide Web, die u.a. eine Richtlinie für Accessability herausrausgegeben haben, mit deren Hilfe Webseiten hinsichtlich der Barrierefreiheit analysiert und verbessert werden können. Web Content Accessibility Guidelines (WCAG) 2.0, W3C Recommendation 11 December 2008: http://www.w3.org/TR/WCAG20/

Die Anforderungen im Reifgradmodell für die folgenden Themen- und Wissensgebiete dieses Bewertungsbereichs sind aus den aufgelisteten, mit Ziffern markierten Ergebnissen der Fallstudien (FS-Abschnitt 4.3), der Erwartungshaltung heranwachsender Kundengenerationen (EHK-Abschnitt 4.2), der Studie zur digitalen Kundeninteraktion (SDK-Abschnitt 4.1) und den Ausführungen zu Kommunikation und Interaktion (IUW-Abschnitt 2.3, ZBU-Abschnitt 2.6.2 und BIU-Abschnitt 2.6.4) abgeleitet:

Themen- und Wissensgebiete	Kurzbeschreibung	Herleitung
Dynamik	Dynamische Inhalts- und Funktionsaufbereitung bzw. -präsentation auf der Webseite mit kontinuierlicher Aktualisierung und Ergänzung	FSH6; IUW7; BIU18
Navigation	Dynamische Anpassung der Navigation und Eröffnung der Möglichkeit zur Personifizierung von Navigationswegen auf Webseiten anhand von Nutzerverhalten und Nutzerprofil	BIU1; BIU5
Personalisierung	Inhalte und Funktionen werden auf der Webseite zielgruppenspezifisch ausgerichtet und können personalisiert werden	BIU5
Multimedialität	Einsatz von multimedialen und attraktiven Elementen zur Steigerung des Erfahrungs-, Erlebnis- und Wiedererkennungswerts	IUW7; ZBU2; BIU18
Qualitativer Inhalt	Angebot von qualitativ hochwertigen Informationen und bei Bedarf detaillierten Hintergrundinformationen zu Unternehmen, Produkten und Dienstleistungen	FSH6; BIU19; SDK9; EHK5

Tabelle 19: Beschreibung und Herleitung der Themen- und Wissensgebiete für den Bewertungsbereich »Inhalte und Präsentation«

Für den Bewertungsbereich spielt die dynamische Inhalts- und Funktionsaufbereitung bzw. Funktionspräsentation auf der Webseite eine entscheidende Rolle. Das gilt sowohl für die zentrale Aggregation und Aufbereitung von Inhalten unterschiedlicher Kanäle (wie z.B. Blogs oder Social Networks) auf der eigenen Webseite als auch für die kontinuierliche Überarbeitung von qualitativ hochwertigen, redaktionellen Inhalten, um ein möglichst attraktives und aktuelles Informationsangebot zu gewährleisten. Der Datenbezug aus eigenen Informationsquellen ist dabei genauso wichtig, wie die Integration von relevanten Informationen aus externen Quellen. Grundsätzlich gilt es, unmittelbare Reaktionsmöglichkeiten auf Ereignisse des Alltags in das Inhaltsangebot des Unternehmens zu integrieren und auch wahrzunehmen.

Die dynamische Anpassung der Navigation und die Eröffnung der Möglichkeit zur Personifizierung von Navigationswegen auf Webseiten anhand von Nutzerverhalten und Nutzerprofilen sind bei der Inhaltsaufbereitung ebenfalls nicht zu vernachlässigen. Dezentrale Einstiegspunkte auf das Onlineangebot sind unumgänglich, um den Zugriff über Suchmaschinen zu erleichtern. Jede Seite kann als Einstiegsseite genutzt werden und verweist auf themenverwandte Inhalte und Funktionen. Das Gleiche gilt für die Einrichtung eines jederzeit erreichbaren Kontakts und einer Hilfenavigation (z.B. über eine mitlaufende Navigation am rechten oder linken Seitenrand), um dem Kunden jederzeit seine Kommunikations- und Interaktionsmöglichkeiten aufzuzeigen und direkt zur Verfügung zu stellen.

Inhalte und Funktionen müssen anwendungsgerecht, benutzerfreundlich und auf die Zielgruppe möglichst konkret ausgerichtet sein. Eine spezifische Zielgruppenausrichtung auf Basis aktueller Marktforschung bzw. einer umfangreichen Zielgruppenanalyse mit individueller Auswertungen des Nutzerverhalten sind in der Planung mit zu berücksichtigen und als Grundlage für die Strukturierung des Informations- und Interaktionsangebots zu nutzen.

Der Einsatz von multimedialen und attraktiven Elementen spielt eine zentrale Rolle bei der Steigerung des Erfahrungs-, Erlebnis- und Wiedererkennungswerts der Webseite und damit des Unternehmens. Ein definiertes Multimedia-Angebot für die Inhaltsaufbereitung der Produkte und Dienstleistungen in den unterschiedlichen Onlinekanälen und eine geeignete Informationsvisualisierung von komplexen Daten für ein besseres Verständnis sind dabei von großer Bedeutung bei der Gestaltung von Unternehmenswebseiten.

Grundvoraussetzung ist das Angebot von qualitativ hochwertigen Informationen und – bei Bedarf – detaillierten Hintergrundinformationen zu Unternehmen, Produkten und Dienstleistungen. Die Ergänzung von nutzergeneriertem Inhalt (wie z.B. Meinungen und Referenzen) und die Verweise auf Drittanbieter und Dialogmöglichkeiten vervollständigen das Informationsangebot.

Für den Bewertungsbereich »Inhalte und Präsentation« lassen sich somit die folgenden Indikatoren und die ihnen zugeordneten Fähigkeitsgrade ableiten:

Indikator	Kategorie	FG
Lediglich Informationsangebot; rein Marketing und PR getrieben; statische Webseite	NR	0
Minimale oder keine Zielgruppen- und Content-Strategie; einheitlicher Inhalt und gleichartige Inhaltsaufbereitung für alle Zielgruppen	NR	0
Statische Navigation auf der Webseite; Ausrichtung der Navigation auf zentrale Homepage bzw. einen zentralen Einstiegspunkt	NR	0
Grobe Zielgruppenausrichtung der Inhalte und Nutzersprache; Content-Strategie in Ansätzen vorhanden; Durchführung von vereinzelten Zielgruppenanalysen	P	1
Verfügbarkeit von vertiefenden Informationen und Detailangaben sowie unterstützende multimediale Inhalte zu Unternehmen, Produkten und Dienstleistungen in Einzelfällen	P	1
Darstellung und Aggregation von Echtzeit-Mitteilungen/ Diensten (z.B. Twitter, Facebook, sonstige Inhalte) in Einzelfällen	O	1
Vereinfachte Navigation; Vermeidung von Tiefenhierarchien; überblicksfördernde Darstellung z.B. durch Mega-Fly-Outs, Drop-Downs	O	1
Definition von Verantwortlichkeiten zur redaktionellen Inhaltsaufbereitung und Qualitätssicherung	P	2
Definiertes umfangreiches Informationsangebot für alle Produkte und Dienstleistungen, das qualitätsgesichert durch Redakteure zur Verfügung gestellt, gepflegt und aktualisiert wird	P	2
Dezentrale Einstiegspunkte auf das Onlineangebot sind vorhanden. Jede Seite kann als Einstiegsseite genutzt werden und verweist auf themenverwandte Inhalte und Funktionen; Einrichtung einer jederzeit erreichbaren Kontaktadresse und Hilfenavigation (z.B. mitlaufende Navigation am rechten Seitenrand)	P	2
Definiertes Multimedia Angebot, das bei der Inhaltsaufbereitung des Unternehmens, der Produkte und der Dienstleistungen in den einzelnen Onlinekanälen konsequent berücksichtigt wird (z.B. Erstellung von eigenen Bilderwelten); Informationsvisualisierung von komplexen Daten	P	2
Konsequente Zielgruppenausrichtung auf Basis aktueller Marktforschung bzw. umfangreicher Zielgruppenanalysen und individuelle Auswertungen von Nutzerverhalten; detaillierte Content-Strategie für verschiedene Plattformen ist vorhanden	O	2
Wechselseitige Verlinkung von relevanten Informationen für unterschiedliche Zielgruppen (hybride Informationsstruktur/ Matrix-Informationsstruktur)	O	2
Integration von Bloginhalten als Website-Content, der kontinuierlich weiter aufgearbeitet wird; dynamische Aggregation von Inhalten unterschiedlicher Kanäle	O	2

Kontinuierliche Überarbeitung von qualitativ hochwertigen redaktionellen Inhalten; Datenbezug aus eigenen und auch dritten Informationsquellen; unmittelbare Reaktion auf aktuelle Veränderungen und Ereignisse sowie Integration in das Inhaltsangebot sind gewährleistet.	P	3
Durchgehend multimediale Aufbereitung von Inhalten erfolgt im Interesse eines verbesserten Informationsverständnisses und attraktiven Nutzererlebnisses jeweils angepasst an die unterschiedlichen Kanäle und Medien.	P	3
Umfangreiche Hintergrundinformationen zu Unternehmen, Produkten und Dienstleistungen inkl. nutzergeneriertem Inhalt (z.B. Meinungen und Referenzen) und mit Verweisen auf Drittanbieter und Dialogmöglichkeiten sind verfügbar.	O	3
Einführung von unterstützenden Tools und Kennzahlen (z.B. Verständlichkeitsindex[1]) zur Verbesserung des Textverständnisses	O	3
Individuelle und personalisierte Zielgruppenausrichtung durch persönlich zugeschnittene Inhalte, Angebote und Funktionen auf Basis von Benutzerprofilen (z.B. durch Portale); personalisierte Navigation auf Basis von Nutzerverhalten/ Nutzerprofil; proaktive Anpassung der Navigation auf relevante Inhalte	O	3

Tabelle 20: Beschreibung der Indikatoren und Zuordnung der Fähigkeitsgrade zum Bewertungsbereich »Inhalte und Präsentation«

5.6.6 Kanäle und Geräte

Der Bewertungsbereich umfasst alle Prozesse und Aspekte, die die Unabhängigkeit des Onlineangebots von unterschiedlichen Geräten und Bildschirmgrößen, die einheitliche Kommunikation und die synchrone Informationsübertragung über eine Vielzahl von Kanälen betreffen. Mit diesem Bewertungsbereich werden die Web 2.0 Charakteristiken »*Rich User Experience*«, »*Software Above the Level of a Single Device*« und »*Software as a Service*« im Reifegradmodell erfasst. Wie auch in den Fallstudien bereits herausgearbeitet wurde, bilden die Bereitstellung und Mischung unterschiedlicher Kontaktkanäle eine zentrale Erfolgsbedingung. Dem Kunden sollte es selbst überlassen bleiben, den Zugang zum Unternehmensangebot zu wählen. Schnelligkeit, Reaktionsfähigkeit, Mobilität und Usability

---

[1] Ein Verständlichkeitsindex ermöglicht die mathematische Analyse der Qualität und Verständlichkeit von Texten. Ein Beispiel dafür ist der »Hohenheimer Verständlichkeitsindex« der Textparameter wie Anteil von Schachtelsätze, Anteil zu langer Sätze, durchschnittliche Wortlängen etc. analysiert und als Grad der Verständlichkeit auf einer Skala von 1 bis 20 anzeigt (siehe dazu https://www.uni-hohenheim.de/politmonitor/methode.php).

auf allen Kanälen und Geräten spielen eine immer größere Rolle für eine erfolgreiche Bereitstellung von Unternehmenswebseiten.

Die Anforderungen im Reifgradmodell für die folgenden Themen- und Wissensgebiete dieses Bewertungsbereichs sind aus den aufgelisteten, mit Ziffern markierten Ergebnissen der Fallstudien (FS-Abschnitt 4.3) und den Ausführungen zu Kommunikation und Interaktion (IUW-Abschnitt 2.3 und ZBU-Abschnitt 2.6.2) abgeleitet:

Themen- und Wissensgebiete	Kurzbeschreibung	Herleitung
Informationsverteilung	Zeitnahe und gleichartige Verteilung und Synchronisation von Inhalten auf unterschiedlichen Kanälen und Geräten	FST1; IUW14; ZBU3
Einheitliche Kommunikation	Einheitliche Kommunikation und Betreuung des Kunden über unterschiedliche Kanäle ohne Bruch in der Informationsübertragung	FST5; FSG2; ZBU3
Geräteunabängigkeit	Vereinheitlichung der Darstellung sowie des Kommunikations- und Interaktionsverhaltens auf unterschiedlichen Kanälen und Geräten	FSM5; FSE2; FST1; IUW6

Tabelle 21: Beschreibung und Herleitung der Themen- und Wissensgebiete für den Bewertungsbereich »Kanäle und Geräte«

Die zeitnahe und gleichartige Verteilung sowie Synchronisation von Inhalten auf unterschiedlichen Kanälen und Geräten ist die Voraussetzung für ein gutes Informationsangebot. Wichtig ist auch die abteilungsübergreifend koordinierte und überwachte Informationsverteilung auf allen angebotenen Kanälen. Eine automatisierte Verteilung ist dabei zu bevorzugen. Das Gleiche gilt für die Kommunikation und Betreuung des Kunden über unterschiedliche Kanäle. Diese sollte ohne Bruch in der Informationsübertragung und für den Kunden jederzeit nachvollziehbar sein.

Entscheidender Punkt bei der Nutzung unterschiedlicher Kanäle und Geräte ist die Einheitlichkeit der Darstellung sowie des Kommunikations- und Interaktionsverhaltens des Unternehmens. Ein konsequentes Multi-Channel-Management ist zudem nur dann gewährleistet, wenn alle Inhalte und Funktionen automatisch auf unterschiedliche Geräte und Bildschirmgrößen optimal zugeschnitten und angepasst werden.

Für den Bewertungsbereich »Kanäle und Geräte« lassen sich somit die folgenden Indikatoren und die ihnen zugeordneten Fähigkeitsgrade ableiten:

Indikator	Kategorie	FG
Keine Differenzierung bei unterschiedlichen Geräten und Bildschirmgrößen	NR	0
Attraktive Gestaltung der Unternehmenswebseite sowohl für die Desktopverwendung als auch für den mobilen Einsatz	P	1
Jeder Kanal wird separat befüllt und aktualisiert. Die Informationsverteilung läuft ungesteuert und unabhängig voneinander	O	1
Zentralisierte und synchrone Informationsverteilung mit originären Quellen im Unternehmen; teilweise bereits aufgrund automatisierter Verteilungsprozesse	P	2
Nutzer haben die Möglichkeit, das Unternehmensangebot über unterschiedliche Kanäle und Geräte zu erreichen	P	2
Inhalte und Funktionalitäten werden speziell zugeschnitten auf die einzelnen Kanäle und Geräte und miteinander synchronisiert (z.B. Anpassung von Datenformaten)	O	2
Abteilungsübergreifend koordinierte und überwachte Informationsverteilung im Unternehmen zu allen angebotenen Kanälen; automatisierte Verteilung der Sachbearbeitung soweit technisch möglich	P	3
Intelligentes Multi-Channel-Management ist gewährleistet. Inhalte und Funktionen werden automatisch optimal auf unterschiedliche Geräte und Bildschirmgrößen zugeschnitten und angepasst	P	3
Einheitliche Kommunikation und Interaktion auf allen Kanälen und Geräten; alle Nutzer erhalten eine eindeutige ID und ein spezifisches Profil zur medien-bruchfreien Kommunikation	O	3
Angebot von unternehmenseigenen Apps für unterschiedliche Geräte	O	3

Tabelle 22: Beschreibung der Indikatoren und Zuordnung der Fähigkeitsgrade zum Bewertungsbereich »Kanäle und Geräte«

5.6.7 Datenschutz und Kundenfreundlichkeit

Der Bewertungsbereich beinhaltet alle Prozesse und Aspekte zur Beachtung der rechtlichen Rahmenbedingungen zum (nationalen) Datenschutz und zum Schutz der Privatsphäre. Gleichzeitig schließt dieser Bereich aber auch den Einsatz eines möglichst umfassenden Rechtemanagements für die angebotenen Inhalte und Funktionen ein. Bei der Auswertung der Erfolgsbedingungen der digitalen Kundeninteraktion in Abschnitt 4.3.3 hat sich gezeigt, dass Sicherheit, Vertrauen und Datenschutz in der digitalen Interaktion genauso wie Anonymität und Datensparsamkeit zentrale Anforderungen der Kunden sind. Es hat sich auch gezeigt, dass die permanente Evaluierung von Kundennutzung und -erwartungen zur Gewährleistung einer optimalen Kundenzufriedenheit in der digitalen Kundeninteraktion nicht zu vernachlässigen sind.

Die Anforderungen im Reifgradmodell für die folgenden Themen- und Wissensgebiete dieses Bewertungsbereichs sind aus den aufgelisteten, mit Ziffern markierten Ergebnissen der Fallstudien (FS-Abschnitt 4.3), der Erwartungshaltung heranwachsender Kundengenerationen (EHK-Abschnitt 4.2), der Studie zur digitalen Kundeninteraktion (SDK-Abschnitt 4.1), den Ergebnissen der Iteration mit Experten und der Evaluation (ITE-Abschnitt 5.11 und ERM-Abschnitt 6.3) und den Ausführungen zu Kommunikation und Interaktion (IUW-Abschnitt 2.3 und BIU-Abschnitt 2.6.4) abgeleitet:

Themen- und Wissensgebiete	Kurzbeschreibung	Herleitung
Datenschutz und -sicherheit	Rechtmäßigkeit der Erhebung, Verarbeitung und Nutzung personenbezogener Daten; Transparenz der Datenverarbeitung; Regelung der Verantwortlichkeiten; Schutz des Rechts auf informationelle Selbstbestimmung; Schutz der Privatsphäre des Kunden; Schutz personenbezogener Daten vor Missbrauch	ERM1; ITE3; FSE9; FSE10; FSG4; IUW20; BIU1; SDK7; SDK8; EHK3
Rechtssicherheit	Beachtung rechtlicher Rahmenbedingungen und Einsatz eines möglichst umfassenden Rechtemanagements für Inhalt und Funktion	ITE3; IUW18; IUW20
Kundenfreundlichkeit	Vermeidung der Überschreitung von Penetranzgrenzen beim Kunden und Gewährleistung der Nutzerkontrolle; Analyse der Kundenbelastbarkeit bzgl. der Intensität der Kommunikation und Interaktion sowie zunehmender Datenmengen	FSE4; FSE10; FSG7; BIU1; SDK7; SDK8

Tabelle 23: Beschreibung und Herleitung der Themen- und Wissensgebiete für den Bewertungsbereich »Datenschutz und Kundenzufriedenheit«

Zum einen gilt es die Zulässigkeit der Erhebung, Verarbeitung und Nutzung personenbezogener Daten sowie die Wahrung des Grundsatzes der Datenvermeidung und Datensparsamkeit gemäß den datenschutzrechtlichen Bestimmungen (insb. §4 und 3a BDSG) konsequent sicherzustellen und für die notwendige Transparenz in der Datenverarbeitung gegenüber dem Kunden zu sorgen. Dazu sind vor allem die persönlichen Verantwortlichkeiten im Unternehmen zu den einzelnen Themen zu regeln. Der Schutz des Rechts auf informationelle Selbstbestimmung, der Schutz der Privatsphäre des Kunden und der Schutz personenbezogener Daten vor Missbrauch sind dabei von höchster Bedeutung.

Zum anderen gilt es, die rechtlichen Rahmenbedingungen zu beachten und den Einsatz eines möglichst umfassenden Rechtemanagements für Inhalte und Funktionen zu gewährleisten. Gerade bei der Verwendung von nutzergenerierten Inhalten und Daten, aber auch bei der

Integration von Kunden in interne und externe Geschäftsprozesse ist dies in besonderer Weise zu berücksichtigen.

Im Endeffekt laufen alle Bestrebungen des Unternehmens darauf hinaus, eine möglichst hohe Kundenzufriedenheit sowohl hinsichtlich der angebotenen Produkte und Dienstleistungen als auch hinsichtlich der Kommunikation und Interaktion mit dem Unternehmen zu erreichen. Dabei spielt zudem die Vermeidung der Überschreitung von Penetranzgrenzen beim Kunden (z.B. bei der unaufgeforderten Übersendung von Informationen, Angeboten, Werbung) und die Gewährleistung der Nutzerkontrolle eine wichtige Rolle (vgl. Sohn 2013). Kritisch zu bewerten ist vor allem, wenn Kunden aus rein technischen Gesichtspunkten übermäßig mit Werbung penetriert werden oder unpassende Verbindungen zwischen Suchbegriffen und Werbeanzeigen gezogen werden, ohne die subjektive Wahrnehmung des Kunden zu berücksichtigen. Kunden, die durch allzu intensive Werbemaßnahmen verärgert werden und sich unter Druck gesetzt fühlen, werden das werbende Unternehmen sofort abstrafen (vgl. Torsten Schwarz zitiert nach eco - Verband der deutschen Internetwirtschaft e.V. 2015). Dies zu vermeiden, setzt eine kontinuierliche Analyse der Kundenbelastbarkeit bzgl. der Intensität der Kommunikation und Interaktion sowie zunehmender Datenmengen voraus und sollte maßgebend sein für die Gestaltung und die Intensität der digitalen Kundeninteraktion.

Für den Bewertungsbereich »*Datenschutz und Kundenfreundlichkeit*« lassen sich somit die folgenden Indikatoren und die ihnen zugeordneten Fähigkeitsgrade ableiten:

Indikator	Kategorie	FG
Keine bzw. lediglich reaktive Kontrolle der Einhaltung datenschutzrechtlicher Bestimmungen und der Vorschriften zur Gewährleistung der Sicherheit persönlicher Daten	NR	0
Keine Beachtung von Penetranzfaktoren bzw. keine Evaluierung des Aspekts Kundenfreundlichkeit	NR	0
Beachtung der staatlichen Vorgaben zur Gewährleistung von Rechtssicherheit, Datenschutz und -sicherheit	P	1
Nutzung von einfachen Verfahren zur Stärkung der Nutzerzufriedenheit und Vermeidung unangemessener Belastungen (z.B. Double-Opt-In)	O	1

Kontinuierliche proaktive Überprüfung der Einhaltung der rechtlichen Rahmenbedingungen und insb. der datenschutzrechtlichen Bestimmungen	P	2
Klare unternehmensinterne Regelungen zur Gewährleistung von Datensicherheit, Datenverarbeitung, Datenverwendung und Rechtssicherheit sowie zur Beachtung der Informationshoheiten und zum Schutz des Persönlichkeitsrechts der Kunden	P	2
Benennung von Datenschutz- und Governance-Beauftragten	O	2
Beachtung der Grundsätze zur Datensparsamkeit	O	2
Einrichtung und ausdrückliches Angebot von Instrumenten zur Nutzerkontrolle in der Kundenkommunikation (z.B. Abbestellfunktionalitäten einfach und unkompliziert anbieten)	O	2
Umfassende Gewährleistung der Nutzerhoheit und Nutzerkontrolle im Rahmen der Kommunikations- und Interaktionsprozesse	P	3
Kontinuierliche Evaluierung der Kundenfreundlichkeit aller Anwendungen bzw. Kundenbelastbarkeit insb. hinsichtlich der Intensität der unaufgeforderten Vermittlung von Informationen und Angeboten sowie hinsichtlich zunehmender Datenmengen	P	3
Eigenständige Initiativen zur Beachtung der rechtlichen Grundsätze und Rahmenbedingungen insb. zum Datenschutz und zur Datensicherheit im Rahmen einer Gesamtbewertung im Abgleich von Nutzer- und Unternehmensinteressen, z.B. Erarbeitung neuer Ansätze für die Verwertung nutzergenerierter Daten	O	3
Beachtung der internationalen Datenschutzbestimmungen in Geschäftsbeziehungen mit dem Ausland[1]	O	3

Tabelle 24: Beschreibung der Indikatoren und Zuordnung der Fähigkeitsgrade zum Bewertungsbereich »Datenschutz- und Kundenzufriedenheit«

[1] Die Aufnahme dieses Indikators erfolgte nachträglich aufgrund einer Empfehlung in der Evaluationsphase (siehe Abschnitt 6.3).

5.7 Unternehmen und Prozesse

Die Evaluationsdomäne »*Unternehmen und Prozesse*« umfasst alle Bewertungsbereiche, die sich auf die Planung, Gestaltung und Durchführung der digitalen Kundeninteraktion des Unternehmens im Innenverhältnis beziehen:

Nr.	Bewertungsbereich	Beschreibung
1	**Strategie und Geschäftsmodell**	Strategische Professionalität bei der digitalen Transformation des Unternehmens sowie zielgerichtete Nutzung und Integration der vorhandenen Potenziale der digitalen Welt
2	**Kundenkontakt- und Kundenbeziehungs-management**	Kundenkontaktmanagement zur optimierten Verwertung von Kundenkontakten und -wissen und Effizienzsteigerung in Kommunikations- und Interaktionsprozessen
3	**Personal und Kompetenzen**	Bereitstellung von qualifiziertem Personal für den Einsatz und die Weiterentwicklung der neuen interaktiven Technologien; Einrichtung von eigenständigen Organisationseinheiten für die Betreuung der digitalen Kundeninteraktion
4	**Interne Abläufe und Dokumentation**	Interne Vorgaben, Dokumentationen und Handlungsanleitungen zur konsistenten und transparenten Außendarstellung und Kundenbetreuung
5	**Risiko und Reputation**	Instrumentarium zur Abschätzung und Vermeidung von Risiken (Risikovorsorge)

Tabelle 25: Beschreibung der Bewertungsbereiche der Evaluationsdomäne »Unternehmen und Prozesse«

5.7.1 Strategie und Geschäftsmodell

Der Bewertungsbereich umfasst alle Prozesse und Aspekte, die die strategische Professionalität bei der digitalen Transformation des Unternehmens sowie die zielgerichtete Nutzung und Integration der vorhandenen Potenziale der digitalen Welt beschreiben. Mit diesem Bewertungsbereich werden insbesondere die Web 2.0 Charakteristiken »*Lightweight Models and Cost-Effective Scaleability*«, »*Redefining Collective Intelligence: New Sensory Input*« und »*Web Meets World: The ‚Information Shadow' and the ‚Internet of Things'*« im Reifegradmodell erfasst. Darüber hinaus zeigt sich bei der Auswertung der Fallstudien, dass die Flexibilität und Wandlungsfähigkeit von Unternehmen, die Schaffung innovativer, flexibler Online-Geschäftsmodelle und die verstärkte Kombination von Realität und Digitalität für den Erfolg der digitalen Kundeninteraktion von großer Bedeutung sind. Es gilt, die Kundenerwartungen neuer Generationen zu erfüllen und sich dem veränderten Kommunikationsverhalten neuer Kundengenerationen möglichst zeitnah anzupassen. Dafür sollte in der eigenen Organisation eine weitgehende Akzeptanz geschaffen werden. Neben den Mitarbeiterinnen und Mitarbeitern des Unternehmens sind daher bei der Entwicklung der digitalen Strategie vor allem auch die Leitungsbereiche möglichst frühzeitig einzubeziehen.

Die Anforderungen im Reifgradmodell für die folgenden Themen- und Wissensgebiete dieses Bewertungsbereichs sind aus den aufgelisteten, mit Ziffern markierten Ergebnissen der Fallstudien (FS-Abschnitt 4.3), der Erwartungshaltung heranwachsender Kundengenerationen (EHK-Abschnitt 4.2), der Studie zur digitalen Kundeninteraktion (SDK-Abschnitt 4.1), den Ergebnissen der Iteration mit Experten (ITE-Abschnitt 5.11) und den Ausführungen zu Kommunikation und Interaktion (IUW-Abschnitt 2.3) abgeleitet:

Themen- und Wissensgebiete	Kurzbeschreibung	Herleitung
Vision und Strategie	Einbeziehung und Einbindung der Führungskräfte in die zukünftige Entwicklung der digitalen Strategie	FSM1; FSO1; SDK1; SDK3; SDK4; SDK11
Geschäftsmodell und Kundeninteraktions-konzepte	Ausrichtung und Anpassung der einzelnen Geschäftsmodelle auf die digitale Kundeninteraktion; Nutzung der kosteneffizienten Strukturen und Verteilung im Internet z.B. bei Nischenprodukten; intelligente Verknüpfung der Online- und Offline-Welt z.B. über Sensoren und digitale Abbilder	FSM4; FSE4; FSH4; FST2; FST4; FST5; FST6; FST7; IUW5; IUW10; IUW21; IUW24; SDK1; SDK5; SDK6; EHK7
Dialogorientierung	Kommunikationsfähigkeit und Dialogorientierung von Unternehmen und Transparenz ihrer Prozesse	FSM8; FSE8; FSH1; EHK4
Unternehmenskultur	Einstellungen der Mitarbeiter/-innen gegenüber neuen Interaktionsmodellen und innovativen Medien	FSE7; FSO1; ITE6

Tabelle 26: Beschreibung und Herleitung der Themen- und Wissensgebiete für den Bewertungsbereich »Strategie und Geschäftsmodell«

Die Unternehmensstrategie ist ebenfalls zu einem möglichst frühen Zeitpunkt auf die verstärkten Online-Geschäftsbeziehungen und die zunehmende Digitalisierung auszurichten und kontinuierlich an die neuen Gegebenheiten am Markt anzupassen. Je nach Branche und Marktsituation ist dabei ggf. ein Kompromiss zwischen traditionellen und modernen Medien und Vertriebskanälen anzustreben, um die Potenziale der digitalen Welt auszuschöpfen.

Einzelne bereits vorhandene Geschäftsmodelle müssen dazu auf die digitale Kundeninteraktion neu zugeschnitten und dieser angepasst werden, um die kosteneffizienten Strukturen und die Verteilung im Internet z.B. bei Nischenprodukten nutzen zu können. Neben der Anpassung sollte es aber auch Ziel sein, komplett losgelöste und neue eigenständige Geschäftsmodelle für die digitale Welt zu entwickeln. Eine intelligente Verknüpfung und Integration der Online- und Offline-Welt z.B. über Sensoren und digitale Abbilder oder aber durch die Bereitstellung von Onlinefilialen, bietet dabei zusätzlich Chancen.

Die Kommunikationsfähigkeit und Dialogorientierung von Unternehmen und die Transparenz ihrer Prozesse ist den Anforderungen der neuen Kundengenerationen anzupassen. Prozesse und Strukturen sind für Kunden transparent und nachvollziehbar zu gestalten.

Die Einstellungen der Mitarbeiter/-innen gegenüber neuen Interaktionsmodellen und innovativen Medien ist hier entscheidend. Eine innovative Unternehmenskultur, eine hohe Bereitschaft zur Identifikation mit der neuen strategischen Ausrichtung des Unternehmens und eine ausgeprägte Dialogfähigkeit der Mitarbeiter unterstützen eine erfolgreiche digitale Kundeninteraktion.

Für den Bewertungsbereich »*Strategie und Geschäftsmodell*« lassen sich somit die folgenden Indikatoren und die ihnen zugeordneten Fähigkeitsgrade ableiten:

Indikator	Kategorie	FG
Kein gesondertes Budget zur Entwicklung der digitalen Strategie; vereinzelte Webaktivitäten und Webpräsenzen aus Abteilungen	NR	0
Digitale Abbildung originärer Angebote ohne Anpassung an digitale Gegebenheiten	NR	0
Digitale Schnittstelle wird nur für Marketing und PR genutzt; Unternehmen bietet keinen Dialogkanal an	NR	0
Konservative Einstellung in der Unternehmenskultur; keine oder nur wenig Verständnis für Digitalität bzw. generell Neuerungen	NR	0
Standard Internet-Angebot und aber keine Zielvorgabe für Ausrichtung des Unternehmens auf digitale Strategie; Ausrichtung einzelner Geschäftsmodelle auf die digitale Schnittstelle und ohne direkte Vereinfachung und Anpassung originären Angebote	P	1
Das Unternehmen reagiert vereinzelt auf Kundenmeinungen und -stimmungen, ergründet aber nicht weiter die Ursachen, sondern versucht punktuell Probleme zu beheben bzw. zu minimieren	P	1

Einzelne Initiativen zur Etablierung und Förderung einer auf Digitalität und Interaktivität ausgerichteten Unternehmenskultur in den internen und externen Prozessen	P	1
Das Top-Management wird in die wesentlichen Entscheidungen zur digitalen Kundeninteraktion einbezogen und stellt ein ausreichendes Budget für dessen Betrieb und Weiterentwicklung zur Verfügung; Digitale Kundeninteraktion hat eine hohe Priorität	P	2
Dialogorientierte PR und Kundenkommunikation nach definierten Prozessen, sodass Kundenmeinungen im Innen- und Außenverhältnis berücksichtigt werden	P	2
Definierte Prozesse zur Förderung und Weiterentwicklung einer Unternehmenskultur in Sinne von Digitalität und Interaktivität sind vorhanden	P	2
Das Internet und die zunehmende Digitalisierung werden aktiv in die Unternehmensstrategie einbezogen und kontinuierlich auf neue Gegebenheiten am Markt ausgerichtet; die Vereinbarkeit und wechselseitige Ergänzung von traditionellen und modernen Medien und Vertriebskanälen wird angestrebt	P	2
Digitale Workflows, die speziell auf digitale Geschäftsmodelle ausgerichtete wurden, sind definiert	O	2
Angebot von eigenständigen digitalen Geschäftsmodellen als zusätzliches (preisgünstigeres) Angebot neben dem traditionellen Geschäftsmodell	O	2
Zusätzliches digitales Angebot für Nischenprodukte, um gezielt Kostenvorteile des Internets auszuschöpfen	O	2
Prozesse und Strukturen sind für Kunden transparent und nachvollziehbar gestaltet; das Unternehmen geht auf Anmerkungen und Kommentare regelmäßig ein und leitet diese an die zuständigen Stellen weiter, um Verbesserungen anzustreben	P	3
Die Unternehmenskultur zeichnet sich aus durch hohe Bereitschaft zur Innovation sowie zur Interaktion und zum Dialog mit dem Kunden; die neuen Kommunikationsparadigmen werden sowohl im internen als auch externen Geschäftsverkehr erfolgreich genutzt	P	3
Die Erprobung und der Einsatz neuer digitaler Geschäftsmodelle werden ausdrücklich als permanente Herausforderung für die künftige Entwicklung begriffen	P	3
Intelligente Verknüpfung der Online- und Offline-Welt bzw. von Internet und realer Welt im Geschäftsmodell, z.B. über Sensoren und digitale Abbilder	O	3

Aufbau eines eigenen digitalen Ökosystems wird unter Nutzung aller verfügbaren (scheinbar) heterogenen Daten des (Gesamt-) Unternehmens zur Stärkung der Kundenbindung und zur Absicherung der Marktposition angestrebt	O	3
Vollendete Ausrichtung und Anpassung der einzelnen Geschäftsmodelle auf die digitale Kundeninteraktion (z.B. durch Etablierung von Onlinefilialen)	O	3

Tabelle 27: Beschreibung der Indikatoren und Zuordnung der Fähigkeitsgrade zum Bewertungsbereich »Strategie und Geschäftsmodell«

5.7.2 Kundenkontakt- und Kundenbeziehungsmanagement

Der Bewertungsbereich umfasst alle Prozesse und Aspekte des Kundenkontakt- und Kundenbeziehungsmanagements zur optimierten Verwertung von Kundenkontakten und -wissen und damit zur Effizienzsteigerung in Kommunikations- und Interaktionsprozessen. Mit diesem Bewertungsbereich werden insbesondere die Web 2.0 Charakteristiken »Data is the Next Intel Inside«, »Perpetual Beta« und »Redefining Collective Intelligence: New Sensory Input« im Reifegradmodell erfasst. Auch die Fallstudien bestätigen, dass die permanente Evaluierung von Kundennutzung und -erwartungen und die laufende Anpassung an sich ändernde Kundenanforderungen mit zu den maßgeblichen Erfolgsbedingungen der digitalen Kundeninteraktion gehören. Das Gleiche gilt für die kontinuierliche Wirtschaftlichkeitsbetrachtung von Webanwendungen und Informationsangeboten, da auch die Profitabilität der digitalen Kundeninteraktion begrenzt ist. Je mehr Kanäle angeboten werden, desto schwieriger gestaltet sich allerdings eine effektive digitale Interaktion und Kommunikation mit dem Kunden.

Die Anforderungen im Reifgradmodell für die folgenden Themen- und Wissensgebiete dieses Bewertungsbereichs sind aus den aufgelisteten, mit Ziffern markierten Ergebnissen der Fallstudien (FS-Abschnitt 4.3), der Erwartungshaltung heranwachsender Kundengenerationen (EHK-Abschnitt 4.2), den Ergebnissen der Iteration mit Experten (ITE-Abschnitt 5.11) und den Ausführungen zu Kommunikation und Interaktion (IUW-Abschnitt 2.3 und BIU-Abschnitt 2.6.4) abgeleitet:

Themen- und Wissensgebiete	Kurzbeschreibung	Herleitung
Nutzerinnovation	Verstärkte Beteiligung und Integration des Kunden bei Produktentwicklung und Prozessinnovation; Berücksichtigung und Einbeziehung der Bewertungen, Rückmeldungen und Meinungen von Kunden im Rahmen der Produkt- und Prozessinnovation; direkte Mitwirkung und Beteiligung der Kunden an solchen Prozessen	FSE4; FSO9; IUW2; EHK7; EHK10; EHK11
Kundenbeziehungs-management	Fähigkeit Kundenkontakte zu analysieren, strukturieren und werthaltig zu steuern	FSE4; BIU19
Wirtschaftlichkeits-betrachtung	Kontinuierliche Wirtschaftlichkeitsbetrachtung und permanente Optimierung der angebotenen digitalen Kommunikations- und Interaktionsmöglichkeiten	FSM6; FSE6; FSG3; FSG8; FSG9; ITE5; IUW10; IUW11

Tabelle 28: Beschreibung und Herleitung der Themen- und Wissensgebiete für den Bewertungsbereich »Kundenkontakt- und Kundenbeziehungsmanagement«

Als zunehmend wichtig im Internetzeitalter ist zunächst die verstärkte Beteiligung und Integration des Kunden bei der Produktentwicklung und Prozessinnovation zu bewerten. Die Berücksichtigung und Einbeziehung der Bewertungen, Rückmeldungen und Meinungen von Kunden im Rahmen der Produkt- und Prozessinnovation des Unternehmens und ggf. auch die direkte Mitwirkung der Kunden an solchen internen Entwicklungsprozessen haben sich zwischenzeitlich als entscheidende Reifefaktoren eines Unternehmens in der digitalen Kundeninteraktion erwiesen.

Dazu gehört auch die Fähigkeit, Kundenkontakte zu analysieren, zu strukturieren und werthaltig zu verwenden. Nicht werthaltige Kundenkontakte sollten daher so weit möglich eliminiert werden. Neben den Kundenkontakten müssen auch die angebotenen digitalen Kommunikations- und Interaktionsmöglichkeiten hinsichtlich Effizienz und Bedarf und damit auch hinsichtlich ihrer Wirtschaftlichkeit kontinuierlich überwacht und optimiert werden.

Für den Bewertungsbereich »Kundenkontakt- und Kundenbeziehungsmanagement« lassen sich somit die folgenden Indikatoren und die ihnen zugeordneten Fähigkeitsgrade ableiten:

Indikator	Kategorie	FG
Keine Einbeziehung von Kunden in Produktentwicklung und Prozessoptimierung	NR	0
Keine Analyse der Kundenkontakte und -beziehungen	NR	0
Keine Wirtschaftlichkeitsbetrachtung und Performance-überprüfung von Angeboten und Prozessen der digitalen Kundeninteraktion	NR	0
Gelegentliche Einbindung von Kunden, z.B. durch Analyse des Nutzungsverhaltens oder Online-Befragung, und direkte Ableitung von entsprechenden Maßnahmen zur Optimierung der digitalen Kundeninteraktion (z.B. Entfernung nicht genutzter/gelesener Inhalte und Funktionen)	P	1
Dokumentation, Analyse und Kategorisierung aller Kundenkontakte	O	1
Definierte Prozesse zur Einbeziehung von Kunden in Prozesse der Produkt- und Prozessinnovation sind vorhanden.	P	2
Einbeziehung der Bewertungen und Rückmeldungen von Kunden im Rahmen der unternehmensinternen Produkt- und Prozessinnovation	P	2
Eliminierung nicht werthaltiger Kontakte aufgrund zusammenfassender Analyse bisheriger Beziehungen und Definition von Kontaktstrategien für die Wahrnehmung und Pflege der Kundenkontakte	O	2
Einrichtung eines Innovationteams unter Verwendung von Nutzerdaten, -informationen und -meinungen	O	2
Detailliert definierte KPIs zur Begutachtung von Kundeninteraktionsprozessen hinsichtlich Produkten und Dienstleistungen im digitalen Umfeld	P	3
Kontinuierliche direkte Mitwirkung und Beteiligung von Kunden an Innovationsprozessen der Produkt- und Prozessentwicklung wird angestrebt, z.B. auch unter Nutzung von Anreiz- und Belohnungsaspekten (siehe hierzu auch Bewertungsbereich 5.6.2)	P	3
Kontinuierliche Überprüfung der Ergebnisse der digitalen Kundeninteraktionsbeziehungen unter Wirtschaftlichkeits-aspekten insb. hinsichtlich Effizienz und Bedarf anhand festgelegter KPIs und Zeiträume; Aktionen und Funktionen, die im digitalen Umfeld unter diesem Aspekt nicht weiter sinnvoll erscheinen, werden optimiert oder aber entfernt. Andere Elemente, die sich bewähren haben, werden weiter ausgebaut	P	3
Verlagerung des Kundenbeziehungsmanagements – soweit möglich – in Self-Service Kanäle und verstärkte Automatisierung der Kundenbetreuung	O	3
Aufbau eigener Innovations-Communitys und Crowd-Sourcing Plattformen für Ideengenerierung	O	3

Tabelle 29: Beschreibung der Indikatoren und Zuordnung der Fähigkeitsgrade zum Bewertungsbereich »Kundenkontakt- und Kundenbeziehungsmanagement«

5.7.3 Personal und Kompetenzen

Der Bewertungsbereich umfasst alle Prozesse und Aspekte, die die Bereitstellung von qualifiziertem Personal für den Einsatz und die Weiterentwicklung der neuen interaktiven Technologien und die Einrichtung von eigenständigen Organisationseinheiten für die Betreuung der digitalen Kundeninteraktion betreffen. Mit diesem Bewertungsbereich werden die personellen und auch organisatorischen Konsequenzen der digitalen Kundeninteraktion im Reifegradmodell erfasst. Hiermit sind vor allem die zentrale Koordination von einzelnen Verantwortungsbereichen, die Einrichtung einer eigenständigen zentralen Organisationseinheit für neue Kommunikationskanäle, klare Richtlinien und Schulungen für den Umgang mit neuen Medien und die Qualitätsanforderungen an Mitarbeiter/-innen für die Betreuung der neuen Kanäle thematisiert.

Die Anforderungen im Reifgradmodell für die folgenden Themen- und Wissensgebiete dieses Bewertungsbereichs sind aus den aufgelisteten, mit Ziffern markierten Ergebnissen der Fallstudien (FS-Abschnitt 4.3) und den Ausführungen zu Kommunikation und Interaktion (BIU-Abschnitt 2.6.4) abgeleitet:

Themen- und Wissensgebiete	Kurzbeschreibung	Herleitung
Verantwortung und Zuständigkeiten	Aufbau von möglichst eigenständigen Organisationseinheiten und Regelung von Verantwortlichkeiten hinsichtlich der Kundeninteraktionsprozesse; zentrale Koordination von einzelnen Verantwortungsbereichen (u.a. Anfragebearbeitung, Kommunikationskanalbetreuung)	FSE12; FSO3; FSO5; BIU2
Personal-qualifizierung	Qualifizierung des Personals hinsichtlich der digitalen Kundeninteraktionsprozesse und des Umgangs mit innovativen Kanälen und Medien; beständige Fort- und Weiterbildung des eingesetzten Personals	FSE12; FSO6

Tabelle 30: Beschreibung und Herleitung der Themen- und Wissensgebiete für den Bewertungsbereich »Personal und Kompetenzen«

Ziel des Unternehmens sollte es sein, möglichst eigenständige Organisationseinheiten aufzubauen und die personellen Verantwortlichkeiten hinsichtlich der Kundeninteraktions-prozesse eindeutig zu definieren. Soweit einzelne Verantwortungsbereiche (u.a. Anfragebearbeitung, Kommunikationskanalbetreuung) ggf. auch in verschiedenen Abteilungen unabhängig voneinander agieren, sollte möglichst eine zentrale Koordinierung angestrebt werden. Die Qualifizierung des Personals hinsichtlich der digitalen

Kundeninteraktionsprozesse und des Umgangs mit innovativen Kanälen und Medien sollte sowohl durch eine qualifizierte Ausbildung als auch durch beständige Fort- und Weiterbildung sichergestellt werden.

Für den Bewertungsbereich »*Personal und Kompetenzen*« lassen sich somit die folgenden Indikatoren und die ihnen zugeordneten Fähigkeitsgrade ableiten:

Indikator	Kategorie	FG
Für den Bereich Kundenkommunikation und -interaktion existiert im Geschäftsverteilungsplan keine spezifische Zuordnung. Aufgabe wird dezentral wahrgenommen	NR	0
Die in der Kundenkommunikation tätigen Mitarbeiter/-innen verfügen über keine spezifische Ausbildung oder Qualifikation zur Betreuung und Weiterwicklung der digitalen Kundeninteraktion	NR	0
Digitale Kundenkommunikation erfolgt in mehreren Organisationseinheiten in zum Teil zentraler Koordination; Definierte Prozesse und zentrale Verantwortlichkeiten für das gesamte Unternehmen bestehen nicht	P	1
In der Online-Kommunikation agieren überwiegend Mitarbeiter/-innen mit persönlich angeeignetem Wissen zum Bereich der digitalen Kundeninteraktion, ohne konkrete fachliche Ausbildung	O	1
Die Betreuung der Kommunikationskanäle und der digitalen Anfrage- bzw. Sachbearbeitung erfolgt in zentraler Koordination und unter definierten Verantwortlichkeiten in z.T. neu eingerichteten, eigenständigen Organisationseinheiten;	P	2
Die Bearbeitung erfolgt zumindest teilweise durch Mitarbeiter/-innen, die speziell auf die hybriden Bereiche der Wirtschaft, auf digitale Unternehmenskommunikation und auch informationstechnische Prozesse ausgebildet worden sind, die grundlegend mit den innovativen Technologien und Medien vertraut sind und auch über Kompetenzen zu deren (Weiter-) Entwicklung verfügen	P	2
Die digitale Kundenkommunikation und -interaktion erfolgt in speziell dazu eingerichteten eigenständigen Abteilungen. Zentrale Verantwortlichkeiten und bereichsspezifische Ansprechpartner sind eindeutig bestimmt (Community Manager etc.)	P	3
Kontinuierliche Weiterbildung und Ausrichtung der verantwortlichen Personen auf die aktuellen Herausforderungen der Kanäle und Medien der digitalen Kundeninteraktion; Evaluierung und Wissensweitergabe in aktualisierten Handlungsanweisungen sowie im Umgang mit neu entstehenden Kanälen und Medien	P	3

Tabelle 31: Beschreibung der Indikatoren und Zuordnung der Fähigkeitsgrade zum Bewertungsbereich »Personal und Kompetenzen«

5.7.4 Interne Abläufe und Dokumentation

Der Bewertungsbereich umfasst alle Prozesse und Aspekte, die durch interne Vorgaben, Dokumentationen und Handlungsanleitungen dazu beitragen, eine konsistente und transparente Außendarstellung und Kundenbetreuung sicherzustellen. Mit diesem Bewertungsbereich werden weitere betriebsinterne organisatorische Auswirkungen der digitalen Kundeninteraktion erfasst. Zum einen geht es dabei um die Anpassung der internen Prozesse an die Voraussetzungen der Digitalität, zum anderen um die direkte Integration von Fachabteilungen in Online-Prozesse zur Verbesserung der Qualität der digitalen Kundeninteraktion. Dabei ist insbesondere die konkrete Definition von Prozessen zur Anfragenbearbeitung und Webseitenpflege hervorzuheben.

Die Anforderungen im Reifgradmodell für die folgenden Themen- und Wissensgebiete dieses Bewertungsbereichs sind aus den aufgelisteten, mit Ziffern markierten Ergebnissen der Fallstudien (FS-Abschnitt 4.3), den Ergebnissen der Iteration mit Experten (ITE-Abschnitt 5.11) und den Ausführungen zu Kommunikation und Interaktion (BIU-Abschnitt 2.6.4) abgeleitet:

Themen- und Wissensgebiete	Kurzbeschreibung	Herleitung
Interne Abläufe	Ausrichtung der internen Abläufe auf die digitale Kundeninteraktion zur Realisierung einer integrierten Bearbeitung von Prozessen (End-to-End-Prozess)	FSH7; FSO2; FSO3; FSO7; FSO9; FST9; ITE5; BIU21
Informations- und Wissensmanagement	Zugang zu Wissen im Unternehmen und Integration von Experten/Fachabteilungen zur qualifizierten und effizienten Anfrageabarbeitung und Beratung	FSO5; FST3
Prozess-beschreibungen und Handlungs-anweisungen	Definition und Dokumentation von internen Vorgaben; Anleitungen und Handlungsanweisungen für digitale Interaktionsprozesse	FSO4; FSO7; FSO9

Tabelle 32: Beschreibung und Herleitung der Themen- und Wissensgebiete für den Bewertungsbereich »Interne Abläufe und Dokumentation«

Ziel ist die konsequente Ausrichtung der internen Abläufe auf die digitale Kundeninteraktion, um möglichst weitgehend eine integrierte Bearbeitung von Prozessen (End-to-End-Prozess) zu gewährleisten.

Das interne Informations- und Wissensmanagement sollte abteilungsübergreifend geregelt und – soweit möglich – automatisiert werden, um die Wissenssilos im Unternehmen aufzubrechen und die Anfragebearbeitung zu verbessern. Die Integration von

Experten/Fachabteilungen zur qualifizierten und effizienten Anfragebehandlung und Beratung ist dabei anzustreben.

Für standardisierte und effiziente Prozesse sind die internen Vorgaben zu definieren und mit Hilfe von Anleitungen und Handlungsanweisungen kontinuierlich und systematisch zu dokumentieren. Nur so kann eine einheitliche und transparente Außendarstellung in den digitalen Interaktionsprozessen gewährleistet werden.

Für den Bewertungsbereich »*Interne Abläufe und Dokumentation*« lassen sich somit die folgenden Indikatoren und die ihnen zugeordneten Fähigkeitsgrade ableiten:

Indikator	Kategorie	FG
Kein spezielles Wissensmanagement für Bearbeitung von Kundenanfragen	NR	0
Interne Abläufe in der digitalen Kommunikation/Interaktion sind nicht definiert, Bearbeitung erfolgt ad hoc und unabhängig voneinander	NR	0
Handlungsanleitungen zur Vorgehensweise und Dokumentation zu den internen Abläufen sind nicht vorhanden	NR	0
Abteilungszentriertes Wissensmanagement und nur teilweise Wissensabfrage in anderen Abteilungen bei der Bearbeitung von Kundenanfragen	P	1
Teilweise sind Vorgaben zu speziellen Prozessen der digitalen Kundeninteraktion vorhanden. Wiederholbarkeit typischer Geschäftsprozesse ist gewährleistet	P	1
Prozessbeschreibungen und Handlungsanweisungen für die digitale Kundeninteraktion im Unternehmen sind vorhanden und werden beachtet und umgesetzt	P	2
Bei Bedarf erfolgt Integration von Experten/Fachabteilungen in Anfragebearbeitung über Standardprozesse	P	2
Abteilungsübergreifendes Wissensmanagement für Anfragebearbeitung in einer zentralen Datenbank und Dokumentation der digitalen Kundenkommunikation sind gewährleistet. Anfragebearbeitung durch Supportmitarbeiter erfolgt zentralisiert	P	2
Konsequente und umfassende Ausrichtung der internen Abläufe auf die digitale Interaktion; Realisierung von End-to-End-Prozessen; Sachbearbeitung ist zentral koordiniert und aufeinander ausgerichtet	P	3
Kontinuierliche und systematische Aktualisierung von Prozessbeschreibungen und Handlungsanweisungen zu allen internen und externen Abläufen ist gewährleistet	P	3

Tabelle 33: Beschreibung der Indikatoren und Zuordnung der Fähigkeitsgrade zum Bewertungsbereich »Interne Abläufe und Dokumentation«

5.7.5 Risiko und Reputation

Der Bewertungsbereich beschreibt das Instrumentarium zur Abschätzung und Vermeidung von digitalen Risiken bzw. zur Risikovorsorge und zur Kontrolle und Bewahrung der eigenen digitalen Reputation. Mit diesem Bewertungsbereich werden die Herausforderungen und Grenzen der digitalen Kundeninteraktion und die sich daraus ergebenden organisatorischen Notwendigkeiten im Reifegradmodell erfasst. Angesichts der Forderung nach erhöhter Transparenz der Unternehmen gegenüber der Öffentlichkeit und ihres Verhaltens im Internet und auch angesichts der Tatsache, dass das Verhalten der Nutzer im Netz zumeist nicht vorhersehbar und berechenbar ist, wird die Einrichtung eines Risiko- und Reputations-managements für Unternehmen im Internet unumgänglich.

Die Anforderungen im Reifgradmodell für die folgenden Themen- und Wissensgebiete dieses Bewertungsbereichs sind aus den aufgelisteten, mit Ziffern markierten Ergebnissen der Fallstudien (FS-Abschnitt 4.3) abgeleitet:

Themen- und Wissensgebiete	Kurzbeschreibung	Herleitung
Reputations-management	Beobachtung und Analyse der unternehmensbezogenen Kommunikation im Internet; Reaktionsvermögen auf aktuelles Geschehen zur Wahrung von Image und Reputation des Unternehmens	FSH1; FSH2; FSH3; FSO8
Digitales Risikomanagement	Analyse der aktuellen Risikopotenziale beim Einsatz neuer Kommunikations- und Interaktionsmittel und Fähigkeit zur Entwicklung und Durchführung reaktiver Maßnahmen	FSH1; FSH2; FSH3

Tabelle 34: Beschreibung und Herleitung der Themen- und Wissensgebiete für den Bewertungsbereich »Risiko und Reputation«.

Dabei geht es zum einen um die Beobachtung und Analyse der unternehmensbezogenen Kommunikation im Internet und um die Fähigkeit des Unternehmens, auf aktuelle Geschehnisse zur Wahrung von Image und Reputation des Unternehmens schnellstmöglich reagieren zu können. Zum anderen geht es auch darum, die aktuellen Risikopotenziale beim Einsatz neuer Kommunikations- und Interaktionsmittel zu analysieren und Prozesse zur Entwicklung und Durchführung reaktiver Maßnahmen im Unternehmen zu definieren.

Für den Bewertungsbereich »Risiko und Reputation« lassen sich somit die folgenden Indikatoren und die ihnen zugeordneten Fähigkeitsgrade ableiten:

Indikator	Kategorie	FG
Keine Maßnahmen zur Beobachtung und Dokumentation aktueller Kommunikation im Internet; ad hoc Reaktion auf Internet-Aktivitäten, die die Reputation des Unternehmens betreffen	NR	0
Risikomanagement bzgl. Internet und neuer Kommunikationskanäle ist nicht vorhanden	NR	0
Einfache und wiederkehrende Beobachtung und Dokumentation von Kommunikation und Interaktion im Netz; keine vorgegebenen Prozesse zur Reaktion auf Aktivitäten, die die Reputation betreffen, jedoch Sammlung von Erfahrungswerten	P	1
Dokumentation der Erfahrungswerte und partielle, zumeist abteilungsorientierte Steuerung von Risikomanagement im Internet	P	1
Definierte Prozesse zur Überwachung der Reputation im Netz und Festlegung konkreter Maßnahmen zur Abwehr reputationsschädigenden Aktionen; Einsatz von einzelnen Überwachungstools für den jeweiligen Kanal	P	2
Definierte Prozesse und Verantwortlichkeiten für ein abteilungsübergreifendes Risikomanagement im Internet; zentrale Vorgaben hinsichtlich reaktiver bzw. korrigierender Maßnahmen	P	2
Gezielter Aufbau und kontinuierliche Pflege einer unternehmenseigenen Reputation im Internet; zusammenfassende und kanalübergreifende Berichte über aktuelles Kommunikationsgeschehen im Internet; Einsatz umfassender Überwachungssuiten	P	3
Etablierung einer eigenständigen zentralen Organisationseinheit für Risikomanagement; Definition von Metriken und KPIs zur kontinuierlichen Überwachung; Einführung eines Frühwarnsystems zur proaktiven Minimierung von Risikopotenzialen und zur Schadensbegrenzung	P	3

Tabelle 35: Beschreibung der Indikatoren und Zuordnung der Fähigkeitsgrade zum Bewertungsbereich »Risiko und Reputation«

5.8 Technologie und Daten

Die Evaluationsdomäne »*Technologie und Daten*« erstreckt sich über alle Bewertungsbereiche, die sich auf die technische Ausgestaltung der dahinterliegenden Prozesse und Systeme der digitalen Kundeninteraktion beziehen.

Nr.	Bewertungsbereich	Beschreibung
1	Plattform und Technologie	Einsatz und Nutzung innovativer Technologien und Werkzeuge zur Erweiterung und Optimierung der digitalen Kommunikation und Interaktion (z.B. Sensorsysteme, Maschine-zu-Maschine Kommunikation)
2	Sicherheit und Verfügbarkeit	Einsatz und Nutzung externer Services, Sicherheitsmechanismen und Verschlüsselungstechnologien zur Erhöhung der allgemeinen Sicherheit der Anwendung zur Vermeidung/Vorbeugung von Cyberkriminalität
3	Monitoring und Analyse	Beobachtung, Sammlung und Auswertung von Nutzerdaten bis hin zur Anlage von Nutzerprofilen zur Optimierung der Kundenschnittstelle
4	Automatisierung und selbstlernende Systeme	Verstärkte Angebote zur Kundenselbstbedienung hinsichtlich relevanter Prozesse und Inhalte; Automatisierung der Anfragebearbeitung zur Gestaltung selbstlernender Systeme
5	Integration und Kombination	Das Web als Plattform für die Entwicklung und Kombination eigener und fremder Services zur Gestaltung innovativer Konzepte und Lösungen (Mashups)

Tabelle 36: Beschreibung der Bewertungsbereiche der Evaluationsdomäne »Technologie und Daten«

5.8.1 Plattform und Technologie

Der Bewertungsbereich umfasst alle Prozesse und Aspekte, die den Einsatz und die Nutzung innovativer Technologien und Werkzeuge zur Erweiterung und Optimierung der digitalen Kommunikation und Interaktion (z.B. Sensorsysteme, Maschine-zu-Maschine Kommunikation) betreffen. Mit diesem Bewertungsbereich werden insbesondere die Web 2.0 Charakteristiken »*Perpetual Beta*«, »*Software Above the Level of a Single Device*«, »*Software as a Service*« und »*Redefining Collective Intelligence: New Sensory Input*« auf der technischen Ebene im Reifegradmodell erfasst. Bei der Auswertung der Erfolgsbedingungen der digitalen Kundeninteraktion und der erkennbaren Trends (Abschnitt 4.3.3 und 4.3.6) hat sich gezeigt, dass die Einfachheit der Anwendung und des Zugriffs und die Maschine-zu-Maschine Kommunikation wesentliche Aspekte einer erfolgreichen digitalen Kundeninteraktion sind.

Der Einsatz von sensorbasierten Systemen bzw. die Auswertung von Sensordaten (z.B. Geo-Daten, Datenverbindung) ist neben den Informationen und Daten der mündlichen und schriftlichen Kommunikation zusätzlich in die digitale Kundeninteraktion einzubeziehen.

Die Anforderungen im Reifgradmodell für die folgenden Themen- und Wissensgebiete dieses Bewertungsbereichs sind aus den aufgelisteten, mit Ziffern markierten Ergebnissen der Fallstudien (FS-Abschnitt 4.3), der Erwartungshaltung heranwachsender Kundengenerationen (EHK-Abschnitt 4.2), der Studie zur digitalen Kundeninteraktion (SDK-Abschnitt 4.1) und den Ausführungen zu Kommunikation und Interaktion (IUW-Abschnitt 2.3) abgeleitet:

Themen- und Wissensgebiete	Kurzbeschreibung	Herleitung
Interaktions-technologien	Vereinfachung und Optimierung von Interaktions- und Eingabemöglichkeiten und deren kontinuierliche Weiterentwicklung	FST2; IUW7; SDK11; EHK9
dynamische Technologien	Nutzung und Einsatz innovativer und dynamischer Technologien für die Ausgabe und Aufbereitung von Inhalten	IUW1; IUW4; IUW7; IUW9; EHK9
Datenkommunikation und -interaktion	Einsatz von sensorbasierten Systemen bzw. Auswertung von Sensordaten (z.B. Geo-Daten, Datenverbindung) zusätzlich neben den Informationen und Daten der mündlichen und schriftlichen Kommunikation	FST4; IUW23; IUW25

Tabelle 37: Beschreibung und Herleitung der Themen- und Wissensgebiete für den Bewertungsbereich »Plattform und Technologie«

Die Vereinfachung und Optimierung von Interaktions- und Eingabemöglichkeiten und deren kontinuierliche Weiterentwicklung kann Unternehmen bereits auf der technischen Seite einen entscheidenden Marktvorteil im Wettbewerb mit anderen Marktteilnehmern bringen. Das gilt auch für den Einsatz von Drittsystemen und externen Datenquellen (z.B. elektronischer Personalausweis) zur Vereinfachung der Eingabemöglichkeiten und die Entwicklung weiterer neuer Möglichkeiten im Rahmen des technischen Fortschritts. Genauso sind aber auch die Nutzung und der Einsatz innovativer und dynamischer Technologien für die Ausgabe und Aufbereitung von Inhalten zu nutzen und kontinuierlich zu verbessern.

Für den Bewertungsbereich »*Plattform und Technologie*« lassen sich somit die folgenden Indikatoren und die ihnen zugeordneten Fähigkeitsgrade ableiten:

Indikator	Kategorie	FG
Einsatz von Standard-Technologien; keine/geringe Beachtung neuer Technologien	NR	0
Reaktive Nutzung auf dem Markt etablierter neuer Technologien, nach nicht konkret definierten Prozessen	P	1
Unabhängigkeit der Webanwendungen von hard- und softwaretechnischen Gegebenheiten	P	1
Die Unternehmenswebseite ist dynamisch aufgebaut und verwendet z.B. die Programmiersprachen Ajax, JavaScript oder HTML5 für intuitive Interaktionsmöglichkeiten	O	1
Beobachtung des aktuellen Marktgeschehens und der technologischen Entwicklung sowie kontinuierliche Überprüfung neuer relevanter Technologien für die eigene Nutzung in standardisierten Prozessen	P	2
Einsatz innovativer Technologien zur Vereinfachung und Optimierung der Eingabe-, Ausgabe- und Interaktions-möglichkeiten für ein optimales Interaktionserlebnis (z.B. Spracheingabe)	O	2
Proaktive Nutzung neuer Technologien und deren kontinuier-liche Weiterentwicklung; Einsatz von Drittsystemen und externen Datenquellen (z.B. elektronischer Personalausweis) zur Vereinfachung bzw. Erleichterung der Eingabemöglichkeiten	P	3
Verstärkte Ausrichtung auf automatisierte Datenkommunikation und -interaktion (z.B. Sensoren) zusätzlich neben der mündlichen und schriftlichen Kommunikation mit dem Kunden	O	3
Sensor-Daten (z.B. GPS-Daten) werden bei der Interaktion gezielt abgefragt und in den Interaktionsprozess integriert	O	3

Tabelle 38: Beschreibung der Indikatoren und Zuordnung der Fähigkeitsgrade zum Bewertungsbereich »Plattform und Technologie«

5.8.2 Sicherheit und Verfügbarkeit

Der Bewertungsbereich umfasst alle Prozesse und Aspekte, die den Einsatz und die Nutzung externer Services, Sicherheitsmechanismen und Verschlüsselungstechnologien zur Erhöhung der allgemeinen Sicherheit der Anwendung und zur Vermeidung/ Vorbeugung von Cyberkriminalität betreffen. Mit diesem Bewertungsbereich werden die Herausforderungen und Grenzen der digitalen Kundeninteraktion unter technologischen Aspekten im Reifegradmodell erfasst.

Die Anforderungen im Reifgradmodell für die folgenden Themen- und Wissensgebiete dieses Bewertungsbereichs sind aus den aufgelisteten, mit Ziffern markierten Ergebnissen der Fallstudien (FS-Abschnitt 4.3), der Erwartungshaltung heranwachsender Kundengenerationen

(EHK-Abschnitt 4.2), der Studie zur digitalen Kundeninteraktion (SDK-Abschnitt 4.1) und den Ausführungen zu Kommunikation und Interaktion (IUW-Abschnitt 2.3 und BIU-Abschnitt 2.6.4) abgeleitet:

Themen- und Wissensgebiete	Kurzbeschreibung	Herleitung
Technische Sicherheit und Qualität	Sicherstellung von technischer Sicherheit und hohe Qualitätsanforderungen an robuste Internetanwendungen	FSE9; FSG4; IUW9; SDK8; EHK8
Authentizität und Verschlüsselung	Gewährleistung der Authentizität der Kommunikation und Integration der notwendigen Sicherheitsmechanismen bei Kommunikation und Interaktion	FSE9; FSG4; FST8; IUW18; SDK8; EHK8
Verfügbarkeit und Zuverlässigkeit	Sicherstellung der technischen Verfügbarkeit und Zuverlässigkeit der Systeme und die kontinuierliche Weiterentwicklung der Systeme ohne Release Zyklen	FSE1; FSG5; IUW11; BIU8; EHK4

Tabelle 39: Beschreibung und Herleitung der Themen- und Wissensgebiete für den Bewertungsbereich »Sicherheit und Verfügbarkeit«

Mit der digitalen Durchdringung nahezu aller internen und externen Geschäftsprozesse wird die Abhängigkeit der Unternehmen – quer durch alle Branchen – von der Technik immer größer. Hinzu kommt die international zunehmende Cyberkriminalität. Die Ausfallsicherheit und Verfügbarkeit muss daher immer höheren Anforderungen gerecht werden. Professionelle Systembetreuung und die Erstellung von Sicherheitskonzepten zur Vermeidung von Systemausfällen und zur Schadensbegrenzung bei Sicherheitslücken sind mithin ebenfalls Voraussetzung für eine erfolgreiche digitale Kundeninteraktion. In diesem Zusammenhang ist auch auf die von der Bundesregierung Anfang 2011 beschlossene Cyber-Sicherheitsstrategie (vgl. BMI 2014b) und auf das nach rund sechsmonatigen intensiven parlamentarischen Beratungen am 25. Juli 2015 in Kraft getretene Gesetz zur Erhöhung der Sicherheit informationstechnischer Systeme (IT-Sicherheitsgesetz) hinzuweisen. Im Interesse einer verbesserten IT-Sicherheit von Unternehmen und eines verstärkten Schutzes der Bürger/-innen im Internet dient das Gesetz dazu, »[...] den Schutz der Systeme im Hinblick auf die Schutzgüter der IT-Sicherheit (Verfügbarkeit, Integrität, Vertraulichkeit und Authentizität) zu verbessern, um den aktuellen und zukünftigen Gefährdungen der IT-Sicherheit wirksam begegnen zu können.« (BMI 2014a, S. 1). Die Neuregelungen beschreiben Mindeststandards für die IT-Sicherheit und eine Meldepflicht von Sicherheitsvorfällen für die Betreiber sogenannter »kritischer Infrastrukturen« aus den Bereichen Energie, Informationstechnik und Telekommunikation, Transport und Verkehr, Gesundheit, Wasser, Ernährung sowie Finanz- und Versicherungswesen.

Darüber hinaus sind, wie in Abschnitt 5.6.7 bereits aufgezeigt, Datensicherheit und Datenschutz sowohl aus Unternehmens- als auch aus Kundensicht von höchster Bedeutung. Die Gewährleistung der Authentizität der Kommunikation und Integration der notwendigen Sicherheitsmechanismen bei Kommunikation und Interaktion hat für die Geschäftsbeziehungen im Internet einen immer höheren Stellenwert.

Datensicherheit als technische und auch organisatorische Voraussetzung für effektiven Datenschutz verfolgt das Ziel, die vorhandenen Daten in ihrem Bestand, ihrer Form und ihrem Inhalt vor Verlust, Manipulationen, Missbrauch durch Unbefugte und anderen Bedrohungen zu schützen. Bei der Verarbeitung und Nutzung von personenbezogenen Daten sind die Unternehmen ausdrücklich gesetzlich verpflichtet, die angemessenen technischen und organisatorischen Maßnahmen zur Gewährleistung der Datensicherheit zu treffen (§ 9 Bundesdatenschutzgesetz (BDSG) i.V.m. der Anlage zu § 9 Satz 1 BDSG). Hinsichtlich der Aspekte und Anforderungen des Datenschutzes wird auf die Ausführungen unter Abschnitt 5.9.2 verwiesen. Auch Google hat mit Blick auf einen erhöhten Sicherheitsbedarf mitgeteilt, dass die Unterstützung von https-Verbindungen bei Webseiten als Ranking-Kriterium (vgl. Google 2014) bei Suchergebnissen eingesetzt werden soll. Im Rahmen der Suche und im Interesse der Auffindbarkeit wird so zusätzlich ein Anreiz gegeben, eine sichere Kommunikation und Verschlüsselung auf der Webseite zur Verfügung zu stellen.

Ferner gelten hohe Standards für die Sicherstellung der technischen Verfügbarkeit, der Zuverlässigkeit der Systeme und die kontinuierliche Weiterentwicklung ohne Release-Zyklen. Die Verlagerung eines Großteils der technischen Systemumgebung für die Bereitstellung der Inhalte und Funktionalitäten in ein eigenes oder von Dritten betriebenes Cloud-System sind hier anzustrebende Lösungen. Dadurch kann eine einfache und kostengünstige Skalier- und Erweiterbarkeit sowie die Sicherstellung eines hochverfügbaren Betriebs gewährleistet werden. Das Bundesamt für Sicherheit in der Informationstechnik hat in diesem Zusammenhang 2013 einen »Leitfaden zur Entwicklung sicherer Webanwendungen« (BSI 2013b) inkl. eines Reifegrademodells für Unternehmen herausgegeben. Dieser Leitfaden und auch das Modell wurden bei der folgenden Ableitung von Indikatoren zur Bewertung des Fähigkeitsniveaus mit herangezogen.

Für den Bewertungsbereich »*Sicherheit und Verfügbarkeit*« lassen sich somit die folgenden Indikatoren und die ihnen zugeordneten Fähigkeitsgrade ableiten:

Indikator	Kategorie	FG
Keine bzw. nur partielle Überprüfung von Sicherheit und Qualität der technischen Systeme; lediglich reaktives Verhalten bzgl. Sicherheitsproblemen	NR	0
Kein Einsatz von Sicherheitsmechanismen bei Kommunikation und Interaktion	NR	0
Einfache Auslegung von Systemen und lediglich Einhaltung vorgegebener Release Zyklen für Updates und Weiterentwicklungen	NR	0
Absicherung der Web Infrastruktur durch z.B. kontrollierte Netzwerkarchitektur, Serverhärtung, Monitoring von Security Bulletins, Patchmanagement	P	1
Prozesse zur Überprüfung von Sicherheit und Qualität der technischen Systeme im Einzelfall; Durchführung von Sicherheits- und Bedrohungsanalysen; Sammlung von Erfahrungswerten	P	1
Einfache Prozesse zur Aktualisierung der Systeme und kontinuierliche Weiterentwicklung der Systemplattform und Software ohne Ausfallzeiten, d. h. unabhängig von festgelegten Release Zyklen	P	1
Verschlüsselung der gesamten Kommunikation zwischen Webserver und Browser (Client); einfache passwortgestützte Authentifizierung der Nutzer; Integration von einfachen Sicherheitsmechanismen zur Vermeidung von unbefugten oder aber Bot-Zugriffen (z.B. Captchas, Aufforderung zur Adressdatenänderung, Verwendungs- oder Aktivitätsmitteilungen)	O	1
Redundante Auslegung aller relevanten Systeme; genau definierte Prozesse und Verantwortlichkeiten zur Weiterentwicklung der Systeme; automatisierte Prozesse bei Systemausfällen; Sicherstellung einer 24/7 Verfügbarkeit	P	2
Definition von Standard-Prozessen und KPIs zur Überwachung der Sicherheit und Qualität der Systeme und Neuentwicklungen; Sicherheit der Webanwendungen als Prozess etabliert bzw. in bestehende Sicherheitsprozesse integriert; Definition der Sicherheitsanforderungen und des Schutzbedarfs für alle Webanwendungen	P	2
Definition der Verantwortlichkeiten für Web-Sicherheit in den Bereichen der Entwicklung, der Implementierung und des Betriebs; ganzheitliche Betrachtung der Sicherheit des Unternehmens zur Erhöhung des Sicherheitslevels	P	2
Regelmäßige Sicherheitsüberprüfungen (z.B. Penetrationstests) und Festlegung von Sicherheitsstandards und konkreten Schutzmaßnahmen	P	2

Einsatz von Zertifizierungsstellen wie z.B. OpenID zur Authentifizierung für die Sicherstellung der Anmeldedaten und Identitäten; zusätzliche Sicherheitsabfragen und Kontrollmechanismen zur Sicherstellung der Authentizität	O	2
Einsatz von End-to-End Verschlüsselung und offiziellen Signaturen bei der direkten Kommunikation	P	3
Professionelle Systembetreuung und Erstellung eines umfassenden Sicherheitskonzepts zur Schadensbegrenzung bei Sicherheitslücken; Betrachtung der Sicherheit jeder einzelnen Webanwendung; kontinuierliche Überprüfung des und Optimierung der Sicherheitsstandards; zufällige externe Überprüfung relevanter Systeme (z.B. durch netzbasierte Penetrationstests)	P	3
Kontinuierliche Optimierung der Sicherheitsabfragen und Kontrollmechanismen zur Sicherstellung der Authentizität unter Einbindung weiterer Kommunikationskanäle	O	3
Weitgehende Verlagerung der technischen Systemumgebung für die Bereitstellung der Inhalte und Funktionalitäten in ein eigenes oder von Dritten betriebenes Cloud-System zur Sicherstellung einer einfachen und kostengünstigen Skalier- und Erweiterbarkeit der Systeme bei höchster Verfügbarkeit	O	3

Tabelle 40: Beschreibung der Indikatoren und Zuordnung der Fähigkeitsgrade zum Bewertungsbereich »Sicherheit und Verfügbarkeit«

5.8.3 Monitoring und Analyse

Der Bewertungsbereich umfasst alle Prozesse und Aspekte, die der Beobachtung, Sammlung und Auswertung von Nutzerdaten bis hin zur Anlage von Nutzerprofilen zur Optimierung der Kundenschnittstelle dienen. Mit diesem Bewertungsbereich werden insbesondere die Web² Charakteristiken »*Redefining Collective Intelligence: New Sensory Input*«, »*Now the Web Learns: Explicit vs. Implicit Learning*« und »*The Rise of Real Time: A Collective Mind*« erfasst.

Die Anforderungen im Reifgradmodell für die folgenden Themen- und Wissensgebiete dieses Bewertungsbereichs sind aus den aufgelisteten, mit Ziffern markierten Ergebnissen der Fallstudien (FS-Abschnitt 4.3) und den Ausführungen zu Kommunikation und Interaktion (IUW-Abschnitt 2.3) abgeleitet:

Themen- und Wissensgebiete	Kurzbeschreibung	Herleitung
Datenanalyse und -auswertung	Zentrale Sammlung, Analyse und Auswertung von Nutzerverhalten, -daten und -meinungen	FSH5; FSE4; IUW3; IUW24
Echtzeitanalyse und Datenagilität	Echtzeitanalyse und -auswertung der gesammelten Daten und direkte Reaktion auf stattfindende Prozesse	FSE4; IUW3; IUW26

Tabelle 41: Beschreibung und Herleitung der Themen- und Wissensgebiete für den Bewertungsbereich »Monitoring und Analyse«

Nutzerdaten, -verhalten und -meinungen haben auch nach dem Ergebnis der Experteninterviews für eine erfolgreiche Kundeninteraktion eine immer größere Bedeutung erlangt. Sie sollten im Unternehmen zentral gesammelt sowie nach definierten Prozessen kontinuierlich und automatisiert ausgewertet und bereits bei der Produktentwicklung und -innovation einbezogen werden. Dies gilt auch für die Optimierung der Kundenschnittstellen unter Berücksichtigung dieser Daten. Besonders die Echtzeitanalyse und -auswertung der gesammelten Daten und die möglichst zeitnahe direkte Reaktion auf stattfindende Prozesse sind dabei wesentliche Erfolgsfaktoren.

Für den Bewertungsbereich »*Monitoring und Analyse*« lassen sich somit die folgenden Indikatoren und die ihnen zugeordneten Fähigkeitsgrade ableiten:

Indikator	Kategorie	FG
Nutzerdaten, -verhalten und -meinungen werden nicht ausgewertet und auch nicht gesammelt	NR	0
Es erfolgt keine Echtzeitanalyse und -auswertung der Daten	NR	0
Nutzerdaten, -verhalten und -meinungen werden gesammelt und teilweise getrennt voneinander ausgewertet (z.B. Auswertung von Logfiles)	P	1
Das Unternehmen sammelt und dokumentiert gezielt Informationen über Nutzer und Nutzungsverhalten, die auf der Webseite oder in den Webanwendungen ersichtlich und protokollierbar sind	P	2
Definition von Monitoring und Analysezyklen für die jeweiligen Kommunikationskanäle	P	2
Nutzerdaten, -verhalten und -meinungen werden in einem zentralen Datenpool (Data Lake) zusammenführt, gezielt ausgewertet und vereinzelt werden Maßnahmen eingeleitet (Business Intelligence)	O	2

Einrichtung und Benennung eines Business Intelligence Teams	O	2
Echtzeitanalyse und -auswertung der gesammelten Daten und direkte Reaktion auf stattfindende Prozesse erfolgt Nutzerdaten, -verhalten und -meinungen werden mittels Trackingverfahren gesammelt und nach definierten Prozessen automatisiert ausgewertet	P	3
Kontinuierliche Optimierung der Datenanalyse und -auswertungsprozesse anhand festgelegter KPIs	P	3
Prozesse zum User Profiling sind definiert und Crossmedia und -device Interdependenzen werden bei der Analyse beachtet und gesondert auswertet	O	3
Optimierung der Echtzeitanalyseprozesse zur möglichst schnellen Wahrnehmung von aktuellen Veränderungen und Entwicklungen im Marktgeschehen	O	3

Tabelle 42: Beschreibung der Indikatoren und Zuordnung der Fähigkeitsgrade zum Bewertungsbereich »Monitoring und Analyse«

5.8.4 Automatisierung und selbstlernende Systeme

Der Bewertungsbereich umfasst alle Prozesse und Aspekte, die einer verstärkten Selbstbedienung des Kunden hinsichtlich relevanter Prozesse und Inhalte und der Automatisierung der Anfragebearbeitung zur Gestaltung selbstlernender Systeme dienen.

Die Anforderungen im Reifgradmodell für die folgenden Themen- und Wissensgebiete dieses Bewertungsbereichs sind aus den aufgelisteten, mit Ziffern markierten Ergebnissen der Fallstudien (FS-Abschnitt 4.3), der Studie zur digitalen Kundeninteraktion (SDK-Abschnitt 4.1) und den Ausführungen zu Kommunikation und Interaktion (IUW-Abschnitt 2.3 und ZBU-Abschnitt 2.6.2) abgeleitet:

Themen- und Wissensgebiete	Kurzbeschreibung	Herleitung
Informations- und Kommunikations-verarbeitung	Automatisierte Kommunikation und Anfragebearbeitung zur Optimierung der Kommunikations- und Interaktionsprozesse	FSH7; FST3; IUW16; IUW17; ZBU8
Automatisierung von Kundenprozessen	Einrichtung und Weiterentwicklung von standardisierten digitalen Prozessen, die durch den Nutzer selbst bearbeitet und abgeschlossen werden können	FSH7; FST3; IUW17; ZBU8; SDK10

Tabelle 43: Beschreibung und Herleitung der Themen- und Wissensgebiete für den Bewertungsbereich »Automatisierung und selbstlernende Systeme«

Die verstärkte Automatisierung hin zu End-to-End Prozessen und die intelligente Logik von Self-Services und deren Vernetzung helfen, die Online-Geschäftsbeziehungen zunehmend effizienter zu gestalten. Eine möglichst weitgehende automatisierte Kommunikation und

Anfragebearbeitung kann nicht nur unter Wirtschaftlichkeitsgesichtspunkten einen wesentlichen Beitrag zur Optimierung der Kommunikations- und Interaktionsprozesse leisten. Anfragen sollten daher möglichst automatisiert ausgewertet, beantwortet und in den Inhaltsaufbereitungsprozess des Informationsangebots proaktiv integriert werden.

Ziel ist es, durch die Automatisierung von Kundenprozessen möglichst die gesamte Prozesskette des Unternehmens abzudecken. Die standardisierten digitalen Prozesse, die durch den Nutzer selbst bearbeitet und abgeschlossen werden können, sollten kontinuierlich weiterentwickelt und optimiert werden, sodass der Einsatz personeller Ressourcen für die Bearbeitung weitgehend vermieden werden kann.

Für den Bewertungsbereich »*Automatisierung und selbstlernende Systeme*« lassen sich somit die folgenden Indikatoren und die ihnen zugeordneten Fähigkeitsgrade ableiten:

Indikator	Kategorie	FG
Es erfolgt keine automatisierte Anfragebearbeitung.	NR	0
Es werden keine automatisierten Self-Services für Kunden angeboten	NR	0
Es werden vereinzelt Self-Services zur Datenerfassung angeboten, es gibt aber keine Standardisierung der dahinterliegenden Prozesse	P	1
Anfragen werden automatisiert kategorisiert und zugeordnet aber noch individuell beantwortet	P	1
Anfragen werden automatisiert kategorisiert und zugeordnet und Mitarbeiter/innen erhalten eine automatisierte Bearbeitungsunterstützung	P	2
Einrichtung eines Self-Service Angebots unter Vereinheitlichung und Standardisierung der Prozesse und Prozessbearbeitung	P	2
Selbstlernendes Response Management ist eingerichtet. Anfragen werden automatisiert ausgewertet, beantwortet und in den Inhaltsaufbereitungsprozess des Informationsangebots proaktiv integriert	P	3
Kontinuierliche Weiterentwicklung und Standardisierung von automatisierten digitalen Prozessen anhand von KPIs	P	3
Kontinuierliche Weiterentwicklung der automatisierten Kommunikation und Anfragebearbeitung zur Optimierung der Kommunikations- und Interaktionsprozesse	P	3
Umfassendes Self-Service Angebot, das die komplette Prozesskette des Unternehmens abdeckt und automatisiert; Für die Bearbeitung und Betreuung der Services werden keine Mitarbeiter/-innen benötigt	O	3

Tabelle 44: Beschreibung der Indikatoren und Zuordnung der Fähigkeitsgrade zum Bewertungsbereich »Automatisierung und selbstlernende Systeme«

5.8.5 Integration und Kombination

Der Bewertungsbereich umfasst alle Prozesse und Aspekte, die die Nutzung des Web als Plattform für die Entwicklung und Kombination eigener und fremder Services zur Gestaltung innovativer Konzepte und Lösungen (z.B. Mashups) betreffen. Mit diesem Bewertungsbereich werden insbesondere die Web 2.0 Charakteristiken »*Innovation in Assembly*« und »*Software as a Service*« im Reifegradmodell erfasst. In den Fallstudien zeigt sich, dass die technische Systemintegration und der Datenaustausch als relativ schwierig und teuer eingeschätzt werden und – soweit nicht vermeidbar – in ihrer Durchführung sorgfältig und detailliert zu planen sind. Die zentrale Nutzerdatenverwaltung sowie die Standardisierung und Sicherheit von Schnittstellen gehören mit zu den besonderen Herausforderungen der digitalen Kundeninteraktion.

Die Anforderungen im Reifgradmodell für die folgenden Themen- und Wissensgebiete dieses Bewertungsbereichs sind aus den aufgelisteten, mit Ziffern markierten Ergebnissen der Fallstudien (FS-Abschnitt 4.3) und den Ausführungen zu Kommunikation und Interaktion (IUW-Abschnitt 2.3) abgeleitet:

Themen- und Wissensgebiete	Kurzbeschreibung	Herleitung
Externe Datenquellen und Anwendungen	Integration und Nutzung von externen Datenquellen und Providern für ein neues Angebot von integrierten Services	FSG1; FST8; IUW8; IUW13
Interne Systeme	Schaffung einer umfassend integrierten Plattform mit originären Datensätzen und direktem Zugriff	FSG1; FSH5
Standardisierung	Standardisierung von Schnittstellen zu internen und externen Systemen	FSM7; FSH5; FSG1; IUW8; IUW14; IUW19

Tabelle 45: Beschreibung und Herleitung der Themen- und Wissensgebiete für den Bewertungsbereich »Integration und Kombination«

Die Integration und Nutzung von externen Datenquellen und Providern für die Gestaltung und das Angebot von neuen integrierten Services spielt eine entscheidende Rolle. Nur bei Diensten, die miteinander in Verbindung stehen und zusammen funktionieren, kann der Mehrwert für den Kunden vervielfacht werden. Zudem können Daten und Datenquellen durch Drittsysteme schon im Vorfeld verifiziert werden und damit die Interaktion sicherer gestaltet werden (siehe Bewertungsbereich 5.8.2). Dies gilt auch für die internen Systeme und Systemlandschaften im Unternehmen. Ziel sollte die Schaffung einer umfassend integrierten Plattform mit originären Datensätzen und direktem Zugriff sein, um die internen Prozesse und das interne Wissensmanagement umfassend optimieren zu können. Die grundlegende Voraussetzung hierzu ist die zunehmende Standardisierung von Schnittstellen zu internen und externen Systemen.

Für den Bewertungsbereich »*Integration und Kombination*« lassen sich somit die folgenden Indikatoren und die ihnen zugeordneten Fähigkeitsgrade ableiten:

Indikator	Kategorie	FG
Keine Integration und Anbindung der internen Systeme für Onlinedienste und Kundenbetreuung	NR	0
Keine definierten Standards für den Datenaustausch zwischen Anwendungen und Systemen, weder intern noch extern	NR	0
Oberflächliche Integration einfacher Services in Einzelfällen (Routenplaner, Karten etc.) z.B. über iFrame	P	1
Integration der Backendsysteme und Datenquellen (z.B. Stammdaten) für interne Systeme	P	1
Definierte und dokumentierte Standards im Unternehmen zum Datenaustausch zwischen Anwendungen und Systemen	P	2
Integration und Nutzung von externen Datenquellen und Providern für ein neues Angebot von integrierten Services (z.B. Fahrzeugidentifikationsnummerndatenbank)	O	2
Konsequente Integration und Nutzung von externen Datenquellen und Providern unter Anpassung an das eigene Design	O	2
Definition von offenen Standards und Schnittstellen; Freigabe von API für externe Anwendungen und Systeme	P	3
Umfassende Integration aller internen Systeme für die Betreuung von Onlinediensten und Kunden als ganzheitliche Lösung	P	3
Das Unternehmen nutzt API und Datenquellen von anderen Providern und integriert diese in das eigene Unternehmensangebot; Es wird direkt auf die externen Daten zugegriffen, sodass ein komplett neues integriertes Angebot entstehen kann	O	3

Tabelle 46: Beschreibung der Indikatoren und Zuordnung der Fähigkeitsgrade zum Bewertungsbereich »Integration und Kombination«

5.9 Qualitätskriterien der Online-Interaktion aus Sicht des Kunden

Im folgenden Abschnitt werden die Qualitätskriterien für die digitale Kundeninteraktion aus Sicht der Kunden aufgelistet und erläutert. Sie können ebenfalls unmittelbar als Strukturdeterminanten zur Bewertung von Interaktions- und Beratungsprozessen eingesetzt werden und bilden das Pendant zu den Fähigkeits- und Reifegraden aus Unternehmenssicht, wie sie in den vorangehenden Abschnitten dargestellt wurden.

Diese Kriterien aus Kundensicht sind bei allen Überlegungen zur Entwicklung, Umsetzung und dem Betrieb der jeweiligen digitalen Kundeninteraktionslösungen immer auch zusätzlich konsequent zu berücksichtigen, insbesondere wenn eine Erhöhung der Effizienz bzw. der Erfolgsquote und eine erhöhte Akzeptanz bestimmter Lösungen gezielt angestrebt werden. Die Qualitätskriterien basieren allerdings – im Unterschied zu den oben dargestellten Indikatoren, die einer möglichst objektiven Bewertung des Fähigkeitsniveaus des Unternehmens in den einzelnen Prozessbereichen der digitalen Kundeninteraktion dienen – im Wesentlichen auf der subjektiven Wahrnehmung der Kunden bzw. Nutzer, mit denen das Unternehmen in Verbindung steht. Von einer unmittelbaren Einbeziehung dieser Kriterien bei der zusammenfassenden und abschließenden Ermittlung des Reifegrades in der digitalen Kundeninteraktion für das (Gesamt-) Unternehmen wird daher abgesehen.

Die dargestellten Kriterien beruhen unter anderem auf den Ausarbeitungen zum Thema Onlineberatung im Kontext einer psychologischen Beratung (vgl. Ritters 2011) und werden auf die Szenarien einer Onlineberatung im Handels- und Dienstleistungsbereich sinngemäß übertragen, modifiziert und ergänzt. Weiterhin werden die Grundsätze der Dialoggestaltung, wie sie in den Qualitätsrichtlinien zur Sicherstellung der Ergonomie interaktiver Systeme – EN ISO Norm 9241-110 – definiert wurden, in die Erarbeitung der Qualitätskriterien einbezogen. Die folgenden Erläuterungen zu den einzelnen Kriterien beschreiben die Nutzererwartungen und gleichzeitig die Qualitätsanforderungen aus fachlicher Perspektive. Dabei wird kein Anspruch auf Vollständigkeit aller maßgebenden Kriterien aus Kundensicht erhoben, sondern vielmehr versucht, den Erfolg digitaler Onlineberatung anhand von konkreten Faktoren und Beispielen überprüfbar zu machen und so diesen Bereich für eine professionelle Bewertung zu öffnen.

5.9.1 Kriterien der Bedienbarkeit, Beratungsqualität und Interaktivität

Einfachheit und Übersichtlichkeit

Einfache, übersichtliche und intuitive Bedienbarkeit sind wesentliche Kriterien, um digitale Kommunikation und Interaktion verständlich und nutzbar zu machen. Digitale Kommunikations- und Interaktionsangebote sollten entsprechend den Anforderungen der digitalen Schnittstelle gestaltet werden und den Nutzer effizient bei der Erledigung seines Anliegens unterstützen. Die Akzeptanz wird entscheidend gefördert, wenn alle Elemente und Prozesse der Kundeninteraktion auf allen Kanälen aus sich selbst heraus verständlich sind bzw. sich selbst erklären und sich in allen Anwendungen als stabil erweisen.

Reaktions- und Antwortzeiten

Die Reaktions- und Antwortzeit beschreibt die Schnelligkeit mit der auf eine Anfrage des Kunden reagiert bzw. geantwortet wird. In digitalen Interaktionsprozessen ist unter Wahrung der qualitativen Anforderungen grundsätzlich eine möglichst schnelle und verzugsfreie Antwort im Rahmen einer möglichst permanenten Erreichbarkeit (z.T. bis zu 24/7) zu gewährleisten. Soweit eine inhaltliche Beantwortung und abschließende Erledigung der Anfrage nicht kurzfristig möglich sein sollte, ist zumindest zeitnah deren Eingang zu bestätigen und der Kunde auch über die internen Prozesse zu informieren, die notwendig sind, um eine zufriedenstellende Beantwortung sicher zu stellen. Dies gilt vor allem für qualitativ hochwertige Rückmeldungen zu komplexeren Anfragen und Problemstellungen. Die Angabe einer realistischen zeitlichen Perspektive bis zur Erledigung ist sehr zweckdienlich und hilft zu vermeiden, dass die Erwartungshaltung des Kunden enttäuscht wird.

Dabei ist festzustellen, dass von den Kunden mittlerweile immer kürzere Reaktions- und Antwortzeiten verlangt werden, da sie besonders aufgrund der Nutzung von Social Media eine Echtzeitkommunikation[1] wie mit dem privaten Umfeld gewohnt sind. Unternehmen, die eine Präsenz auf Social Media Plattformen besitzen und hier auch Kundensupport anbieten, müssen daher auch eine entsprechende Reaktions- und Antwortzeit gewährleisten können.

---

[1] Echtzeitkommunikation bezeichnet die unmittelbare Kommunikation zwischen Kommunikationspartnern mit möglichst niedrigen Latenzen.

Die spezifische Erwartungshaltung der Zielgruppe auf dem jeweiligen Kanal prägt also gleichzeitig auch die Anforderungen an das Unternehmen und erfordert mithin eine kanalspezifische Ausrichtung.

Ergebnisorientierung

Die digitale Kommunikation und Interaktion mit dem Kunden sollte streng ergebnisorientiert erfolgen und pragmatisch ausgerichtet sein, damit die eingeleiteten Prozesse gemäß den Kundenerwartungen möglichst schnell erfolgreich abgeschlossen werden können. Die gebotene Direktheit ist gewährleistet, wenn eine fach- und sachlich orientierte und nicht vorrangig vertriebsorientierte Kommunikation mit dem Kunden erfolgt, die auf eine konkrete Problemlösung abzielt. Der Kunde will mit seinen ganz spezifischen Interessen und Bedürfnissen ernst genommen werden.

Unter Abwägung mit den Verkaufsinteressen muss das Unternehmen dabei regelmäßig einen Kompromiss finden: Die Kunst besteht darin, den Kunden einerseits so schnell und so gut wie möglich bei seiner Anfrage und seinem Anliegen zu unterstützen, aber auch gleichzeitig anlassbezogen auf weiterführende Produkte und Informationsangebote aufmerksam zu machen. Hinsichtlich nicht angeforderter und übermäßiger Werbemaßnahmen oder auch Zusatzinformationen sollten die Penetranzgrenzen beachtet werden. Fühlt sich der Kunde dadurch gestört oder unter Druck gesetzt, kann sich dies schnell negativ auf den Kontakt und auf die Kundenbindung auswirken.

Individualität

Individualität bezieht sich im Rahmen der digitalen Kundeninteraktion auf die Einzigartigkeit der Informationen bzw. des Interaktions- und Beratungsangebotes des Unternehmens gegenüber seinen Kunden. Kommunikation mit dem Kunden im Internet erfordert folglich die Anpassung an die individualisierten Bedürfnisse und Kenntnisse des Kunden. Er kann unter den heutigen technischen Bedingungen erwarten, dass aufgrund der Vorkontakte und der vorliegenden Daten und Informationen auf sein Anliegen und seine spezifischen Interessen möglichst individuell eingegangen wird. Aus Sicht des Unternehmens ist dies jedoch nicht immer zweckdienlich und wirtschaftlich sinnvoll.

Im Zentrum steht eine flexible Einbindung von unterschiedlichen Kommunikationstypen und -arten für einen vielfältigen und attraktiven Kundendialog. Unternehmen sind dabei gut beraten, wenn sie ihr bislang generisches Beratungsangebot verstärkt personalisiert ausrichten, sodass dem Kunden je nach Informations- und Interaktionsbedürfnis ein entsprechender Individualisierungsgrad angeboten werden kann. Das gilt vom Allgemeinen, der one-to-many Beziehung, bis hin zum Speziellen, der one-to-one Beziehung. Dazwischen gibt es nur noch die many-to-many Beziehung, d. h. man bedient sich einer schon erarbeiteten Information und Kommunikation und nutzt das Wissen der Gemeinschaft. Hierbei liegt es in der Hand des Nutzers, über den Individualisierungsgrad selbst zu entscheiden.

Mehrwert

Die qualitative Werthaltigkeit bzw. der Mehrwert von Informationsangeboten und Onlineberatung für den Kunden ist entscheidend für den Abruf einer solchen Leistung. Die hohe Fachkompetenz der Mitarbeiter/-innen und der qualitativ hochwertige Inhalt der vermittelten Informationen und Auskünfte sind Merkmale, die schnell auch ein Alleinstellungsmerkmal des Unternehmens auf dem Markt bilden können. Je besser die Qualität der angebotenen Informationen auf der Webseite, desto weniger direkte Anfragen und je besser die Qualität der Onlineberatung desto schneller erreicht der Kunde sein Ziel und desto höher ist die Kundenzufriedenheit.

Viele der Autoren im Internet, auch auf Unternehmenswebseiten oder aber in Blogs, sind weder für ihre Online-Aktivitäten ausgebildet noch orientieren sie sich an journalistischen Standards und Vorgaben. Sie sind oft Mitarbeiter/-innen, die – neben ihren eigentlichen Tätigkeiten – als zusätzliche Aufgabe Texte zu Produkten und Dienstleistungen für das Internet produzieren. Die Verständlichkeit und Lesbarkeit ihrer Texte im Internet ist unter diesen Umständen oft nicht gewährleistet, ihre Beiträge bieten dem Kunden nicht den gewünschten Mehrwert bzw. »Gewinn« und stellen sich daher hinsichtlich der Unternehmensinteressen als kontraproduktiv dar.

Nutzungserlebnis

Das Nutzungserlebnis [1] bzw. das Nutzererlebnis steht für die Summe der Erfahrungen, die der Kunde in der Interaktion mit dem Unternehmen über eine Webseite oder eine Anwendung macht. Bei diesem auch als Anwendungserlebnis bezeichneten Kriterium spielen sowohl Aspekte der Usability, Stabilität und Einfachheit auf funktionaler Ebene – wie auch schon als Qualitätskriterium in Abschnitt 5.9.1 beschrieben – aber vor allem auch Faktoren wie z.B. Nutzwert, Zugänglichkeit, Design oder Markenversprechen eine maßgebliche Rolle. Aufgrund des ganzheitlichen Verständnisses der User Experience wird die erlebte Qualität der Interaktion des Kunden mit dem Unternehmen zudem durch die Ästhetik und die Emotionalität geprägt. Soweit der Kunde es aufgrund seines konkreten Anliegens nicht als störend empfinden muss, kann der Erlebniswert ggf. ferner bei bestimmten Anwendungen noch durch einen Unterhaltungswert für den Kunden positiv ergänzt werden.

Mobilität

Der Begriff Mobilität steht für die örtliche und auch zeitliche Unabhängigkeit der Kommunikations- und Interaktionslösungen und beschreibt die Freiheit des Nutzers, das Online Angebot auf unterschiedlichen Geräten auch mobil, d. h. standortunabhängig, zu nutzen. Dieses Qualitätskriterium aus der Sicht des Kunden, das immer stärker an Bedeutung gewinnt, beschreibt die Fähigkeit der Unternehmen, sich mit ihrem Informations- und Kommunikationsangebot an unterschiedliche Geräte mit meist kleineren Bildschirmen und anderen Interaktionsmodalitäten (wie z.B. Touch Bedienung) anzupassen. Dies gilt auch hinsichtlich der ggf. abweichenden technischen Rahmenbedingungen mobiler Geräte (z.B. Bandbreite).

Soweit neben dem reinen Informationsangebot auch Funktionen angeboten werden, ist im Idealfall eine Zielgruppenanalyse und eine Betrachtung der Nutzungsszenarien Voraussetzung für die Planung eines erfolgreichen Informations- und Interaktionsangebots. Darüber hinaus

---

[1] Das Nutzungserlebnis, wie es hier für die digitale Kundeninteraktion beschrieben wird, orientiert sich an der User Experience im Rahmen der Mensch-Maschine Kommunikation. Peter Morville hat dazu schon 2004 (Morville 2004) sieben Kriterien entwickelt, die für eine erfolgreiche User Experience stehen sollten: useful, usable, desirable, credible, accessible, valuable und findable.

sind Aspekte, wie Usability und Accessability, in gleicher Weise zu berücksichtigen, wie beim herkömmlichen Angebot auf dem Desktop Computer.

Interaktivität

Der Begriff der Interaktivität im informationstechnischen Sinne bezeichnet eine weitergehende Beziehungsgestaltung, die über die rein sprachlich-schriftliche Kommunikation hinausgeht. Er erfasst die technischen Möglichkeiten, die der Kunde hat, um bedarfsorientiert in informationstechnische Prozesse einzugreifen und die ihn befähigen, einzelne Aufgaben ggf. auch selbst zu erledigen bzw. eine Dienstleistung selbständig in Anspruch zu nehmen. Neben der wechselseitigen Kommunikation mit dem Unternehmen und seinen Beratern geht es dabei vor allem um die Interaktion im Rahmen von Self-Services.

Interaktive Elemente lassen sich zielgruppenspezifisch und passgenau für die Onlineberatung entwickeln (vgl. Hippner, Rentzmann und Wilde 2007, S. 4) und ermöglichen damit einen hohen Mehrwert beim Kunden und eine Kosteneinsparung beim Unternehmen. Es gibt zahlreiche technische Möglichkeiten Interaktivität bei der Informationsbereitstellung oder aber bei der Beratung zu integrieren.

5.9.2 Kriterien der Sicherheit und Autonomie

Datenschutz und Sicherheit der persönlichen Daten

Auch wenn viele Kunden der digitalen Wirtschaft Datenschutz und Datensicherheit noch immer mit einer gewissen Gelassenheit und Gleichgültigkeit gegenüberstehen und es hierzu wohl auch international unterschiedliche Wahrnehmungen gibt, so ist doch die Bedeutung dieses Themas aufgrund einer Vielzahl von bekanntgewordenen Missbrauchsfällen in den letzten Jahren beständig gestiegen [1] und hat sich zwischenzeitlich zu einem maßgebenden

---

[1] In einem Bericht vom Bundesamt für Sicherheit in der Informationstechnik von 2013 (vgl. BSI 2013a) wird die Bedrohung von Bürgern, Unternehmen und Behörden durch eine Vielzahl von Cybergefahren bestätigt. Nach einer Umfrage von BITKOM aus dem Jahre 2014 (vgl. BITKOM 2014b) halten 86 Prozent der Teilnehmer ihre persönlichen Daten im Internet für unsicher. Dies wird hauptsächlich auf den NSA-Skandal zurückgeführt. Das Vertrauen ins Internet schwindet nach Aussage der Umfrage weiter. Das gilt nicht nur für den Umgang mit Daten im Web durch den Staat und durch Behörden, sondern auch durch die Wirtschaft: 67 Prozent der Befragten misstrauen der »Wirtschaft allgemein«.

– und möglicherweise künftig sogar entscheidenden – Erfolgsfaktor für die Online-Kommunikation und -Beratung entwickelt.

Dabei gilt es nicht nur, der subjektiven Erwartungshaltung des Kunden zu entsprechen und ein Gefühl von Sicherheit zu vermitteln, sondern diesen Anforderungen auch durch eine Kombination von technischen und organisatorischen Maßnahmen von Anfang an gerecht zu werden. Die strikte Einhaltung der gesetzlichen Bestimmungen und vor allem des Datenschutzgesetzes (Rechtmäßigkeit der Erhebung, Verarbeitung und Nutzung personenbezogener Daten, Transparenz, Wahrung der Zweckbindung etc.) sind Kennzeichen eines kompetenten Angebots und Anbieters. Entsprechendes gilt für die Sicherheit der Daten, den Schutz personenbezogener Daten und die Beachtung der Informationshoheiten. Eine spezifische Profilierung des Unternehmens in diesem Bereich – z.B. auch durch über die rechtlichen Bestimmungen hinausgehende Initiativen oder Zusicherungen gegenüber seinen Kunden – dürfte sich immer stärker zu einem eigenständigen Wettbewerbsfaktor entwickeln. Dabei spielen sowohl das eigene Angebot von Informationen und Services eine Rolle als auch die Auswahl und Nutzung von dritten Informations- und Angebotsplattformen in Social Networks. Insbesondere die Angst vor Datendiebstahl und -missbrauch bei Internet-Angeboten ist länderübergreifend recht hoch. Meist bestehen Bedenken selbst zum »gläsernen Bürger« zu werden, wie z.B. eine Studie zum Thema E-Governance von der Initiative D21 und ipima 2014 zeigt (vgl. Initiative D21 e.V. und ipima 2014, S. 9).

Auch den Informationshoheiten von dritten Plattformen, die durch das Unternehmen genutzt werden, muss in diesem Zusammenhang besondere Beachtung geschenkt werden. Nicht immer liegt die Informationshoheit bei den eigentlichen Anbietern und ist durch diese zu kontrollieren. Dementsprechend gilt es, klare Regelungen hinsichtlich der Datenverwendung, Verantwortlichkeiten und des Rechtsschutzes zu definieren und dies auch nach außen zu kommunizieren. Gegebenenfalls vorhandene Auszeichnungen, Zertifizierungen oder Gutachten von renommierten Institutionen sind dabei meist von Vorteil.

Datensouveränität

Die Gewährleistung der Souveränität über die eigenen digitalen Daten gilt im Sinne des Grundrechts auf informationelle Selbstbestimmung (Art. 2 Abs. 1 GG i.V.m. Art. 1 Abs. 1 GG) hinsichtlich der Preisgabe, Speicherung und der Verwendung personenbezogener Daten und ist gerade auch im kommerziellen Zusammenhang als eine Erweiterung des Datenschutzes zu sehen. Auch der einzelne Kunde muss selbst bestimmen bzw. mitbestimmen können, wann er welche Daten über sich preisgibt, welche Daten über ihn gespeichert werden sowie wann und wie diese verwendet werden. Der Fokus sollte hier vor allem auf dem Vorgang der Datensammlung, -speicherung und -verwendung liegen und nicht nur auf dem Aspekt der Auffindbarkeit oder Nachvollziehbarkeit der Daten. Dies muss auch und gerade in Zeiten von »Big Data« und »Personal Data Economy« gelten. Vor diesem Hintergrund ist das Kriterium Datensouveränität ebenfalls geeignet, sich gerade auch im internationalen Wettbewerb künftig als ein maßgeblicher Wettbewerbs- und Erfolgsfaktor herauszustellen.

Anonymität und Datensparsamkeit

Abgesehen davon, dass bei jeder Kommunikation im Internet eine IP-Adresse mit übertragen wird, geht es bei diesem Punkt um die Anonymität der Kunden gegenüber dem Unternehmen. Nach den einschlägigen datenschutzrechtlichen Bestimmungen sind personenbezogene Daten und erlangte Informationen, wie vor allem über soziale Kontakte, politische, religiöse oder sexuelle Orientierung, das persönliches Weltbild, die finanzielle oder gesundheitliche Situation, in besonderer Weise schutzbedürftig und grundsätzlich vertraulich zu behandeln. Die Erhebung, Verarbeitung und Nutzung solcher Daten ist nur zulässig, wenn der Betroffene eingewilligt hat oder ein Gesetz dies ausdrücklich erlaubt (§ 4 Abs.1 BDSG). Das Recht auf Anonymität und auf Schutz der Privatsphäre im Internet ist Ausdruck einer eigentlich selbstverständlichen Lebensqualität (siehe auch § 4 Abs. 6 Teledienstedatenschutzgesetz), die Kunden auch als Internet-Nutzer gewahrt wissen wollen.

Die Verarbeitung personenbezogener Daten ist aber auch – soweit sie nach den strengen gesetzlichen Bestimmungen zulässig ist – unter Berücksichtigung der Qualitätskriterien Datensouveränität sowie Nutzerkontrolle und -autonomie, wie vorangehend bzw. nachfolgend beschrieben, streng zu überprüfen. Soweit persönliche Daten aus dem Internetkontakt mit Kunden erhoben, verarbeitet oder genutzt werden, ist dies auch ihm gegenüber offenzulegen. Zumindest die Option, dem Nutzer hierüber initial die Wahl bzw. die ausdrückliche Verfügungsgewalt zu überlassen, sollte technisch zur Verfügung gestellt werden. Auch ein ausdrücklicher Hinweis auf ein Auskunftsrecht des Kunden hinsichtlich der über ihn gespeicherten Daten ist hier geboten.

Darüber hinaus gebietet der Grundsatz der Datenvermeidung und Datensparsamkeit nach § 3a BDSG, dass die Erhebung, Verarbeitung und Nutzung personenbezogener Daten im

Kundeninteresse grundsätzlich auf ein Minimum zu beschränken ist. Dies gilt auch schon für die Wahl und die Ausgestaltung des Datenverarbeitungssystems und der -prozesse. Das Unternehmen ist daher aufgefordert, die Erfassung personenbezogener Kundendaten, die für das Unternehmen und den jeweiligen Beratungs- oder Geschäftsprozess relevant sind, konsequent an diesem Grundsatz auszurichten und im Sinne des Verhältnismäßigkeitsprinzips auf das wirklich erforderliche Maß zu beschränken. Alle darüber hinausgehenden Informationen sollten weder abgefragt noch gesammelt werden.

Andererseits ist auch zu beachten, dass der Grundsatz zur Wahrung der Anonymität im Internet im Rahmen von Geschäftsbeziehungen ambivalent ist. Was z.B. bei konkreten Anfragen und Bestellungen bei der Verwendung personenbezogener Daten und zur Personalisierung der Kommunikation und Interaktion geradezu geboten und vom Kunden gewünscht wird, kann sich bei anderen Geschäftsvorgängen als hinderlich und unerwünscht darstellen. Insbesondere bei der Kontaktaufnahme zum Unternehmen und in Beratungssituationen kann Anonymität ein Gefühl von Sicherheit und Freiheit vermitteln und geeignet sein, Hemmungen im Kontakt und in der Kommunikation mit Unternehmen abzubauen. Zum anderen kann durch einen personenbezogenen Kontakt und die damit verbundene personelle Zurechenbarkeit von Aktionen im Web die Vertrauensbasis wechselseitig gestärkt und die Effizienz von Kommunikation und Interaktion maßgeblich gefördert werden.

Nutzerkontrolle und -autonomie

Die Qualitätskriterien Nutzerkontrolle und -autonomie beschreiben die Möglichkeit bzw. Fähigkeit des Kunden, die Verwendung seiner Daten und sein Interaktionsverhalten jederzeit beeinflussen bzw. kontrollieren zu können. Technik und Prozesse erlauben dem Kunden/Nutzer in das Interaktionsgeschehen einzugreifen und vermitteln ihm auch die Wahrnehmung, in allen Phasen der Geschäftsbeziehung der Handelnde zu sein.

Wie oben bereits beschreiben, ist Datensouveränität ein wichtiger Aspekt der Nutzerkontrolle und -autonomie bei der Verwendung persönlicher Daten. Dies gilt aber in gleicher Weise auch für die Nutzung der Webseite und der angebotenen Funktionalitäten. Je früher dem Kunden die Handlungsoptionen und Möglichkeiten aufgezeigt werden, die ihm selbst zur Verfügung stehen, desto eher und zielsicherer wird er agieren.

Der Kunde hat autonom darüber zu entscheiden, wann er in eine Interaktionssituation eintritt oder sie verlässt und zu welchem Zeitpunkt er seine Daten preisgibt. Kontakte können dabei auch zu Anfang anonym aufgebaut werden. Die damit zugestandene Unverbindlichkeit des Kontakts, die dem Kunden erlaubt, jederzeit die Kommunikation oder Interaktion abzubrechen, vermittelt ihm subjektiv die Wahrnehmung, über alle weiteren Schritte der Geschäftsbeziehung umfassende Kontrolle und vollen Handlungsspielraum zu besitzen.

5.9.3 Kriterien der Transparenz und Glaubwürdigkeit

Glaubwürdigkeit und Überzeugungsfähigkeit

Durch die Vielzahl neuer Informationsquellen und die zunehmende Datenflut müssen die Kunden verstärkt selektieren, welchem Unternehmen und welchem Medium sie ihre Aufmerksamkeit zukommen lassen. Der Kontakt mit einem Unternehmen im Internet, die vermittelten Informationen und speziell die konkrete Beratungsleistung müssen unter diesen Bedingungen für den Kunden unter formellen und inhaltlichen Aspekten glaubwürdig und überzeugend sein, wenn sich die Geschäftsbeziehung als erfolgreich und dauerhaft erweisen soll.

Je vertrauter und realistischer sich einem Nutzer der Zugang zum Unternehmen darstellt, desto positiver sind die Auswirkungen auf Geschäftserfolg und Kundenbindung. Neben dem vermittelten Inhalt ist für einen glaubwürdigen und überzeugenden Auftritt des Unternehmens vor allem auch die Dialog- und Interaktionsfähigkeit der Ansprechpartner und Kontaktpersonen im Internet entscheidend. Die Aus- und Fortbildung der betreffenden Mitarbeiter/-innen sollte diesen Anforderungen entsprechen.

Insbesondere Rezensionen, Kommentare und Bewertungen, sowohl auf der eigenen Webseite als auch auf dritten Plattformen, können dem Kunden einen guten Einblick in die Kompetenz und Qualität von Unternehmen geben. Gerade wenn gefälschte und nicht wahrheitsgemäße Rezensionen verstärkt im Internet auftauchen, ist es eine Aufgabe des Reputations-managements, für ein glaubwürdiges Markenimage im Internet zu sorgen. Dafür ist nicht nur die Qualität der Produkte verantwortlich, sondern überdies die Dialogfähigkeit und Vertrauenswürdigkeit des gesamten Unternehmens.

Wie auch Meike Gebhard und Martin Kleene überzeugend aufzeigen sind »[...] *Glaubwürdigkeit und Authentizität, echte Dialogbereitschaft, Offenheit für Kritik und Transparenz [...]*« wichtige Erfolgskriterien für Unternehmen im Internet, da sonst »[...] *Desinteresse, Greenwashing-Vorwürfe und Reputationsrisiken [...]*« drohen. Diese Erkenntnisse werden belegt durch Praxiserfahrungen aus fünf Jahren Unternehmensdialog in Deutschlands größter Nachhaltigkeits-Community utopia.de. »*Durch ihre Fähigkeit, zuzuhören, auf die Themen, Fragen und Argumente der Nutzer einzugehen, haben sie sich große Wertschätzung erarbeitet, selbst bei ihren schärfsten Kritikern.*« (Gebhard und Kleene 2014, S. 258) Eng verbunden mit dem Glaubwürdigkeitsfaktor sind auch die nachfolgend dargestellten Kriterien.

Zuversicht und Vertrauen

Begründete Zuversichtlichkeit und erwiesenes Vertrauen[1] vermitteln dem Kunden in der Geschäftsbeziehung ein Gefühl von Sicherheit. Je mehr sich ein Kunde vertrauensvoll behandelt und gut beraten fühlt, desto eher wird er zu einer positiven Kaufentscheidung kommen. Zuversichtlichkeit sollte sowohl durch die Qualität der Beratung bzw. der präsentierten Informationen als auch durch die zuverlässige Erfüllung der Erwartungshaltung des Kunden an das Unternehmen und das Dialogmedium geschaffen werden. Jeder Kontaktkanal wird dabei vom jeweiligen Kunden oft unterschiedlich wahrgenommen und entsprechend als geeignet oder aber ungeeignet betrachtet. Mithas et al. (vgl. Mithas, et al. 2006-7, S. 122ff) und auch Tomiuk und Pinsonneault (vgl. Tomiuk und Pinsonneault 2008, S. 426ff) bestätigen in ihren Untersuchungen, dass insbesondere auch die Gestaltungselemente von Webseiten – wie z.B. Inhalt, Kontext, Kommunikation, Community, Vernetzung, Individualisierung und Commerce (vgl. Rayport und Jaworski 2004, S. 151-153) – eine bemerkenswerte Auswirkung auf die Kundenbindung und damit auch auf die Neigung von Kunden haben, Webseiten zu vertrauen.

---

[1] Vertrauen im Internet definiert sich nach Grimm insbesondere als »[...] *Gewissheit (d. h. eine innere Repräsentanz des Eintretens) einer erwünschten Zukunft. Es beruht auf der Kontinuität des regelhaften und erwünschten Verhaltens der Umgebung oder auf der Hilfe vertrauter Menschen (auch in unwägbarer Lage) oder auf der eigenen Kenntnis und Beherrschung der Lage (einschließlich ihrer Unwägbarkeiten).*« (Grimm 2001, S. 69). Die drei Elemente ergänzen sich dabei in Normalfall und gelten sowohl für die verwendete Kommunikationstechnik als auch die daran beteiligten Menschen oder Unternehmen.

Vertrauen ist vor allem unumgänglich, wenn es darum geht, persönliche oder aber sensible Daten preiszugeben und finanzielle Verpflichtungen einzugehen bzw. Geld zu investieren. Vertrauen ist aber auch schon von Bedeutung, wenn es darum geht, grundsätzlich Zeit in die Erkundung einer Webseite und die Aufrechterhaltung eines Kontaktes zu investieren. Die Vertrauensbasis spielt außerdem eine entscheidende Rolle, wenn man die angebotenen Services und Anwendungen sowohl für den Kunden als auch für das Unternehmen effizient nutzbar machen will. Dabei ist zu berücksichtigen, dass diese subjektiven Faktoren – neben der allgemeinen Informations- und Beratungsleistung – nicht unmaßgeblich zusätzlich noch von vielen anderen Faktoren – wie z.B. visuelles Design, Transparenz, Stabilität der Anwendung, Performanz – beeinflusst werden.

Transparenz und Offenheit

Die Kriterien Transparenz und Offenheit beschreiben in diesem Zusammenhang den Einblick des Kunden in Prozesse und Strukturen des Unternehmens. Je besserer ein Einblick – z.B. in die Produktion, die verwendeten Rohstoffe, die Auftragsabwicklung – gewährleistet werden kann, desto höher ist letztendlich auch die Selbstbeschreibungsfähigkeit dieser und damit die Nachvollziehbarkeit für den Kunden. Zusätzlich begründet eine hohe Transparenz aus Kundensicht eine höhere Verantwortlichkeit und gleichzeitig Verbindlichkeit gegenüber dem Kunden. Dies gilt auch für die Offenheit und Dialogfähigkeit von Unternehmen im Umgang mit dem Kunden, die meist durch eine verstärkte Kundenbindung honoriert wird. Transparenz und Offenheit stehen dabei in wechselseitiger Abhängigkeit zu den beiden letztgenannten Qualitätskriterien und sind vor allem geeignet, die Vertrauensbasis des Kunden gegenüber dem Unternehmen zu stärken. Bereits verloren gegangenes Vertrauen durch Negativberichterstattung und entsprechende Ereignisse kann insbesondere durch erhöhte Transparenz und Offenheit wieder zurückgewonnen werden.

Die Selbstverpflichtung eines Unternehmens zu Transparenz und Offenheit ist in diesem Zusammenhang eine strategische Entscheidung, bei der immer auch die Risiken mit zu bedenken und abzuschätzen sind. Umfassende Transparenz ist zumeist illusorisch und kann kein Selbstzweck sein, sondern möglicherweise Schaden anrichten. Nichts erweist sich für ein Unternehmen als verhängnisvoller, als hohe Erwartungen beim Kunden zu wecken und diese dann zu enttäuschen.

Wer völlige Transparenz verspricht und in kritischen Fällen mit Intransparenz und Verschlossenheit reagiert, erfährt umso stärkere Ablehnung und schürt geradezu Misstrauen.

Andererseits erlauben es die Faktoren Nützlichkeit, Form und Komplexität den Faktor Transparenz bewertbar und analysierbar zu machen und damit die Wirkungsweise von Transparenz auf Vertrauen zu beeinflussen (vgl. Maucher 2011, S. 21). Wie Maucher 2011 in seinem Diskussionspapier aber auch gezeigt hat, kann sich Transparenz »[...] sogar negativ auf das Vertrauen der Akteure auswirken und Akteuren die Möglichkeit zur missbräuchlichen Ausnutzung anderer eröffnen. Insofern besteht immer die Gefahr kontraintuitiver Wirkung. Uneingeschränkte und undifferenzierte Transparenz kann folglich nicht erstrebenswert sein, gewisse Informationsasymmetrien sind daher zu erhalten oder nur eingeschränkt abzubauen.« (Maucher 2011, S. 22)

5.10 Zuordnung der Fähigkeitsgrade zu den Reifegraden

Zur Bestimmung des Reifegrades der Gesamtorganisation müssen die Fähigkeitsgrade in den einzelnen Evaluationsdomänen und deren Bewertungsbereichen (Abschnitt 5.5 bis 5.8) in ihrer wechselseitigen Abhängigkeit zueinander betrachtet und gewichtet werden. Die Gewichtung erfolgt entsprechend den grundsätzlichen Ausführungen in Kapitel 2 (2.4 und 2.6.4) sowie den Ergebnissen der in Kapitel 4 vorgestellten empirischen Studien. Einem Unternehmen kann erst ein konkreter Reifegrad zugeordnet werden, wenn es in bestimmten Bewertungsbereichen einen bestimmten Fähigkeitsgrad erreicht hat.

Wie in den Ausführungen zum Aufbau des Reifegradmodells zu Beginn dieses Kapitels (siehe insb. Ende des Abschnitts 5.4.2) bereits ausgeführt wurde, setzt eine derartige Einstufung allerdings zunächst eine Gruppierung aller Bewertungsbereiche nach Reifegraden voraus, bevor eine Zuordnung der einzelnen Fähigkeitsgrade in den einzelnen Bewertungsbereichen zu den jeweiligen Reifegraden der Gesamtorganisation erfolgen kann. Dies geschieht im Ergebnis zunächst wie in Tabelle 47 dargestellt.

Reifegrad	Bezeichnung	Bewertungsbereich
1	Information	• Auffinden und Entdecken • Kanäle und Geräte • Web-Design und Usability • Datenschutz und Kundenfreundlichkeit • Plattform und Technologie • Sicherheit und Verfügbarkeit • Inhalte und Präsentation
2	Kommunikation	• Kommunikation und Interaktion • Personal und Kompetenzen • Interne Abläufe und Dokumentation
3	Interaktion	• Partizipation und Kollektives Wissen • Risiko und Reputation • Monitoring und Analyse
4	Integration	• Kundenkontakt- und Kundenbeziehungsmanagement • Automatisierung und selbstlernende Systeme • Integration und Kombination
5	Innovation	• Strategie und Geschäftsmodell

Tabelle 47: Gruppierung aller Bewertungsbereiche nach Reifegraden

Den Fähigkeitsgraden der einzelnen Bewertungsbereiche werden – evaluationsdomänen-übergreifend – anschließend die entsprechenden Reifegrade für das Unternehmen zugeordnet. Die Zuordnung basiert auf der inhaltlichen Definition der einzelnen Reifegrade, wie sie in Abschnitt 5.4.2 »Definition der Reifegrade« bereits dargestellt wurde – Information, Kommunikation, Interaktion, Integration und Innovation. Im Interesse einer detaillierten Abbildung der Reifegrade wird dabei nicht nur zwischen den einzelnen Bewertungsbereichen, sondern auch insbesondere zwischen den jeweils erreichten Fähigkeitsgraden unterschieden. Die Gruppierung aller Bewertungsbereiche nach Reifegraden und gleichzeitig auch die Zuordnung der Fähigkeitsgrade zu den Reifegraden der Gesamtorganisation erfolgt zusammenfassend in Tabelle 48 und wird zur besseren Übersicht durch farbliche Markierung dargestellt.

Bewertungsbereich	RG	FG1	FG2	FG3
Auffinden und Entdecken	2			
Kanäle und Geräte	2			
Web-Design und Usability	2			
Datenschutz und Kundenfreundlichkeit	2			
Plattform und Technologie	2	RG 2 Kommunikation		
Sicherheit und Verfügbarkeit	2			
Inhalte und Präsentation	2			
Kommunikation und Interaktion	2			
Personal und Kompetenzen	2		RG 3 Interaktion	
Interne Abläufe und Dokumentation	2			
Partizipation und Kollektives Wissen	3			
Risiko und Reputation	3			
Monitoring und Analyse	3			
Kundenkontakt- und Kundenbeziehungsmanagement	4			
Automatisierung und selbstlernende Systeme	4	RG 4 Integration		
Integration und Kombination	4			RG5 Innovation
Strategie und Geschäftsmodell	5			

Tabelle 48: Zuordnung der einzelnen Fähigkeitsgrade in den unterschiedlichen Bewertungsbereichen zum Reifegrad der Gesamtorganisation

Um einen bestimmten Reifegrad zu erreichen, muss das Unternehmen demnach die dargestellten Ziele der für eine Verbesserung vorgesehenen Bewertungs- bzw. Prozessbereiche erfüllen. Beispielhaft bedeutet dies, dass ein Unternehmen den Reifegrad 2 »Kommunikation« nur erreichen kann, wenn in allen Bewertungsbereichen für den Reifegrad 2 zumindest der Fähigkeitsgrad 1 erfüllt wird. Um den Reifegrad 3 »Interaktion« zu erreichen, muss ein Unternehmen zumindest den Fähigkeitsgrad 2 in allen Bewertungsbereichen für den Reifegrad 2 und zumindest den Fähigkeitsgrad 1 in den Bewertungsbereichen für den

Reifegrad 3 erreichen. Um den höchsten Reifegrad 5 zu erreichen, muss ein Unternehmen in allen Bewertungsbereichen den Fähigkeitsgrad 3 erreichen. Reifegrad 1 gilt in diesem Zusammenhang als sogenannte Grundreife, die jedes Unternehmen von vorne herein erfüllt und ist in diesem Zusammenhang nicht weiter beachtlich.

5.11 Iteration mit Experten aus der Wirtschaft

Im Rahmen einer ersten Überprüfung der Evaluationsdomänen und der Bewertungsbereiche einschließlich der Themen- und Wissensgebiete des Reifegradmodells und der definierten Kundenwerte wurden Experteninterviews mit Vertretern aus der Wirtschaft aus den Bereichen Multi-Channel-Management, Business Development E-Business und E-Finance Marketing durchgeführt. Mitarbeiter aus folgenden drei Unternehmen aus dem Raum Stuttgart waren an den getrennt geführten Gesprächen beteiligt:

- **E. Breuniger GmbH & Co**

    Breuniger setzt als Fashion- und Lifestyle-Unternehmen hohe Ansprüche in Sachen Service, Shoppingerlebnis und Trendsicherheit und ist beispielgebend im Digital Business und mit seinen Online-Shops.

- **CreditPlus Bank AG**

    Die CreditPlus Bank ist eine Konsumentenkreditbank mit Sitz in Stuttgart und ist spezialisiert auf Online-Kreditvergabe. Mit »Mein Geld Blog« zeigt sie ein gutes Beispiel im Bereich E-Finance Marketing.

- **HypoVereinsbank – Member of UniCredit Bank AG**

    Auf die Kurzbeschreibung bereits zu Anfang von Abschnitt 4.3 wird verwiesen.

Zusammenfassend kann gesagt werden, dass nach Auffassung der Experten die aufgelisteten Einfluss- und Erfolgsfaktoren in den Bewertungsbereichen für den Themenbereich der digitalen Kundeninteraktion zutreffend, aussagekräftig und nachvollziehbar dargestellt sind. Die einzelnen Faktoren seien sehr detailliert beschreiben und ermöglichten einen umfassenden Überblick über alle relevanten Bereiche. Auch die benannten Kundenwerte und Qualitätskriterien entsprechen nach der übereinstimmenden Aussage den grundlegenden Anforderungen an digitale Interaktionsschnittstellen aus Sicht des Kunden.

Vereinzelt gab es in der Erörterung – neben Anregungen zur sprachlichen Konkretisierung – inhaltliche Optimierungs- und Ergänzungsempfehlungen zu den jeweiligen Bewertungsbereichen. Diese bezogen sich u.a. auf die Berücksichtigung von Aktivitäten im Bereich des Online-Marketings [ITE1], auf die Kontaktmöglichkeiten [ITE2] und die Darstellung der Bedingungen des Datenschutzes sowie der Rechtssicherheit des Webauftritts [ITE3]. Das Thema Accessability wurde zudem gesondert angesprochen und eher als vernachlässigbar im Bereich von E-Commerce eingestuft, da die betreffende Kundengruppe nicht der typischen einkommensstarken Zielgruppe entspreche. Aufgrund der schon seit Jahren geltenden nationalen Anforderungen zur Barrierefreiheit [1] im Bereich E-Government, die eine fortwährende Verstärkung erfahren haben, und mittlerweile neuer amerikanischer Vorgaben aus 2013 zur Barrierefreiheit von Webseiten der Fluggesellschaften [2] ist allerdings davon auszugehen, dass dieses Thema im Internet immer wichtiger werden wird [ITE4]. Dementsprechend bleibt es auch ein bedeutender Faktor im Reifegradmodell. Andererseits wurde gerade der Bewertungsbereich zur internen Organisation als wesentliche Voraussetzungen einer effizienten Kundeninteraktion wiederholt betont. Dies gelte vor allem für die Notwendigkeit zur Definition von internen Zielvorgaben und zur Aufstellung von KPIs [ITE5]. Eine Veränderung »in den Köpfen« und zu lernen »online zu denken« seien besonders wichtig für eine umfassende und erfolgreiche Abbildung der Prozesse der digitalen Kundeninteraktion im Unternehmen [ITE6].

Die gute praktische Anwendbarkeit des Modells und des erarbeiteten Verfahrens zur Standortbestimmung in der Online-Kundeninteraktion wurde im ersten Überblick durch die Experten für die eigenen Unternehmen bestätigt. Aber es wurde auch darauf hingewiesen, dass nicht alle Faktoren die gleiche Bedeutung bzw. Relevanz für die jeweiligen Unternehmen haben werden, was im Modell berücksichtigt werden sollte. Zudem seien auch die konkreten Produkte und Dienstleistungen des betreffenden Unternehmens und die jeweilige Marksituation im Rahmen der Bewertung von Bedeutung. Eine Differenzierung zwischen

---

[1] Im Jahr 2002 trat das Gesetz zur Gleichstellung behinderter Menschen (Behindertengleichstellungsgesetz – BGG) in Kraft. Das Gesetz regelt den barrierefreien Zugang zu öffentlich zugänglichen Internet- und Intranet-Angeboten der Bundesverwaltung. Diese sind somit aufgrund der Rechtspflicht grundsätzlich barrierefrei zu gestalten.
[2] Nondiscrimination on the Basis of Disability in Air Travel: Accessibility of Web Sites and Automated Kiosks at U.S. Airports https://www.federalregister.gov/articles/2013/11/12/2013-26749/nondiscrimination-on-the-basis-of-disability-in-air-travel-accessibility-of-web-sites-and-automated

verpflichtenden und optionalen Bewertungsindikatoren wurde im ersten Ansatz begrüßt und als positiv bewertet.

Die Anmerkungen und Empfehlungen aus den Experteninterviews wurden überprüft und im bereits entwickelten Modell berücksichtigt und eingearbeitet. Insbesondere die bisherige Unterscheidung zwischen verpflichtenden und optionalen Faktoren wurde aufgrund der Erörterungen überarbeitet und verstärkt. Darüber hinaus wurde im Bewertungsbereich »Auffinden und Entdecken« die Bedeutung des Online-Marketings stärker herausgestellt. Die Anforderungen zur Accessability wurden entsprechend den Erörterungen neu gewichtet bzw. relativiert. Bei der Ausprägung der Indikatoren zur Kontaktaufnahme mit dem Unternehmen sowie der Darstellung des Datenschutzes und der Anforderungen für eine rechtssichere Webseite erfolgte eine Überarbeitung.

6 Ergebnisse der Evaluation

Nach der iterativen Entwicklung des Reifegradmodells erfolgte abschließend eine Evaluation des Modells im Zusammenwirken mit Wirtschaftsunternehmen und damit gleichzeitig eine erste Überprüfung der systematischen Vorgehensweise und der inhaltlichen Kriterien aufgrund des erarbeiteten Kriterienkatalogs. Im Rahmen einer empirischen Untersuchung sollten einerseits besonders die definierten Indikatoren in den festgelegten Evaluationsbereichen und die Fähigkeits- und Reifegradverteilung überprüft und andererseits ermittelt werden, ob und inwieweit das Reifegradmodell den praktischen Anforderungen entspricht und geeignet ist, den angestrebten Zweck zu erfüllen.

6.1 Beschreibung der Evaluation und Methodik

In der nachfolgend dargestellten Evaluation des Reifegradmodells wurden die Onlineaktivitäten und -präsenzen von zwölf ausgewählten Unternehmen vor allem aus dem Raum Stuttgart und Süddeutschland analysiert. Der Schwerpunkt lag auf Unternehmen mit komplexen und beratungsintensiven Produkten, die traditionell bislang eher weniger online aktiv waren. Softwareanbieter und Beratungsunternehmen, die meist auch von Anfang an im Internet dabei waren, wurden deshalb bewusst nicht in die Untersuchung aufgenommen. Alle zwölf Unternehmen sind der Unternehmenskategorie der sogenannten *Hidden Champions* zugeordnet und vertreten unterschiedliche Branchen mit unterschiedlichem Schwerpunkt in der Geschäftsbeziehung zum Kunden, was sich auf das digitale Kundeninteraktionsverhalten auswirkt.

Hidden Champions[1] *oder heimliche Gewinner* werden meist mittelständische Unternehmen genannt, die in ihrem Markt Marktführer sind. Nach Simon (vgl. Simon 2007, S. 29) haben *Hidden Champions* dabei die folgenden Charakteristiken:

- Die Unternehmen sind Nummer 1, 2 oder 3 auf dem Weltmarkt oder Nr. 1 in Europa.
- Ihr Jahresumsatz liegt in der Regel unter 3 Milliarden Euro.

---

[1] Der Begriff »Hidden Champion« wurde durch Hermann Simon 1990 im Rahmen einer Studie in der betriebswirtschaftlichen Diskussion geprägt (vgl. Simon 1990, S. 876).

- In der Öffentlichkeit sind sie kaum bekannt.
- Die Unternehmen sind in der Regel inhabergeführt und nicht börsennotiert.

Die selektive Auswahl der Hidden Champions erfolgte u.a. auf Basis der Liste »*Hidden Champions*« Stand vom 20.05.2014 von Prof. Dr. Fuhrmann von der Hochschule Heilbronn[1].

Die *Hidden Champions* wurden für die Evaluation gezielt ausgewählt, da diese zwar relativ unbekannt sind, aber in aller Regel in ihrem Geschäftsverhalten einen hohen Grad an Kundennähe und Kundenorientierung aufweisen (vgl. Pittrof 2011, S. 78ff, Reich und Braasch 2010, S. 184, Jungwirth 2010, S. 197). Die Anforderungen insbesondere der Top-Kunden sind dabei auch meist gleichzeitig die Innovationstreiber. Zum anderen verfügen diese Unternehmen regelmäßig über ein ausreichendes Budget für Werbe- und Kommunikationsmaßnahmen außerhalb des eigentlichen Kerngeschäfts. Des Weiteren zeichnen sie sich – im Gegensatz zu Großunternehmen – auch durch schlanke Strukturen aus, sodass zu den für diese Untersuchung relevanten Aufgabenbereichen zumeist auch die kompetenten Ansprechpartner schnell zu ermitteln sind und zur Verfügung stehen. Eine umfassende Erörterung des Modells wird durch zentrale Ansprechpartner erleichtert. Darüber hinaus sind die *Hidden Champions* in Bezug auf den Einsatz von digitaler Kommunikation eine bislang wenig untersuchte Gruppe von Unternehmen und verfügen oft über ein hohes Interesse und Potenzial zur Verbesserung ihrer Bekanntheit und ihrer Partizipationsmöglichkeiten. Vor allem kleine und mittlere Unternehmen dürften aus den Erkenntnissen einer Evaluation mit *Hidden Champions* in besonderer Weise profitieren und lehrreiche Rückschlüsse ziehen können.

Die Unternehmen wurden allesamt persönlich kontaktiert. Im Zusammenwirken mit verantwortlichen Mitarbeitern/-innen des Unternehmens wurde der Kriterienkatalog des Reifegradmodells meist vor Ort, aber auch gelegentlich telefonisch erörtert. In nur wenigen Fällen wurde der Kriterienkatalog aufgrund von zeitlichen Beschränkungen eigenständig und ohne Unterstützung geprüft und ausgefüllt. Die jeweiligen Ansprechpartner sollten aus ihrer Sicht für ihr Unternehmen das Vorliegen der Indikatoren bestätigen oder aber verneinen. War keine Antwort möglich, konnte auch dies vermerkt werden bzw. ein ergänzender Kommentar

---

[1] »HIDDEN CHAMPIONS« Stand 20.5.2014 VS/AF (Hochschule Heilbronn - Fakultät IB) von Prof. Dr. Fuhrmann https://www.hs-heilbronn.de/6384387/HiddenChamps.pdf

abgegeben werden. Die Ergebnisse basieren somit auf dem internen Wissen und den Einschätzungen der verantwortlichen Personen im Unternehmen und sind damit gegenüber externen Prüfungen belastbarer.

Im Rahmen der Evaluation wurden grundsätzlich nur die Indikatoren ausgewertet, die mit »Ja« oder »Nein« beantwortet wurden. Konnte bei einem Pflichtindikator keine Antwort gegeben werden, wurde die Fähigkeitsgradbewertung mit »keine Auswertung/(kA)« vorgenommen. Allen befragten Unternehmen wurde in diesem Zusammenhang aus Datenschutzgründen selbstverständlich eine anonymisierte Auswertung nur für die Zwecke dieser Untersuchung zugesichert.

6.2 Ergebnisbetrachtung zur Untersuchungsgruppe

Die Ergebnisse bezogen auf die gewählte Untersuchungsgruppe können aufgrund der relativ geringen Teilnehmerzahl nur unter Vorbehalt ausgewertet werden und vorerst nur als Indikator bzw. Tendenzangabe für die Gruppe der *Hidden Champions* herangezogen werden. In der aktuellen Evaluation war es selbstverständlich allen Unternehmen völlig freigestellt, an der Erörterung des Kriterienkatalogs und der Evaluation teilzunehmen. Dies dürfte im Ergebnis bewirkt haben, dass in der digitalen Kundeninteraktion tendenziell eher erfahrene und erfolgreiche Unternehmen teilgenommen haben und Unternehmen, die sich allgemein noch nicht »reif« genug fühlten, eine Teilnahme – unabhängig vom eigenen Erkenntnisgewinn – eher vermieden. Um belastbare Ergebnisse zur Gruppe der *Hidden Champions* zu erhalten, sind daher eine größere und auch repräsentativere Untersuchungsgruppe sowie eine möglichst verbindliche Teilnahme über einen längeren Zeitraum notwendig.

Davon unabhängig bestätigten alle teilnehmenden Unternehmen ausdrücklich die besondere und herausgehobene Bedeutung der Digitalität für gegenwärtige und vor allem zukünftige Geschäftsabschlüsse und damit für den Unternehmenserfolg. Ihr Bestreben, das Internet und die digitale Welt verstärkt in der Unternehmensstrategie zu berücksichtigen, ist unverkennbar. Ein Unternehmen hat in diesem Zusammenhang zugunsten der eigenen Unternehmenswebseite eindeutige Prioritäten gesetzt und angekündigt, die Webseite zwar weiter konsequent auszubauen, aber explizit keine Integration der Social Networks zu betreiben und insbesondere keine eigenen Social-Media Auftritte anzulegen.

Nach den Ergebnissen der Untersuchung verfügen derzeit bereits 83% der beteiligten Unternehmen neben der Unternehmenswebseite zusätzlich über einen oder mehrere Social Media Auftritte, 75% über separate Produktwebseiten, 50% über einen Blog und/oder einen Webshop und 33% über eine eigene Community (siehe Tabelle 49). Als gesonderte Webauftritte wurden vereinzelt noch ein B2B Portal, ein Wiki für den Produktsupport und eine Downloadarea genannt. Auffallend ist dabei, dass neben der hohen Präsenz auf Social-Media Plattformen verhältnismäßig wenige Blogs und Communities auf eigenen Plattformen vorhanden sind.

Unternehmen	U1	U2	U3	U4	U5	U6	U7	U8	U9	U10	U11	U12
Fachbereich der Ansprechpartner[1]												
Service, Kundenbetreuung										•		
Marketing, Vertrieb	•			•		•		•	•	•	•	•
Forschung und Entwicklung												
IT, EDV	•	•				•						•
Unternehmenskommunikation, Pressearbeit, Redaktion	•	•	•	•		•		•				
Unternehmensgröße [2] (Anzahl der Mitarbeiter)												
1001 bis 5000	•	•		•								
5001 bis 15000						•	•		•	•	•	
15000 und mehr			•		•			•				•
Geschäftsbeziehungen												
B2B	•	•	•	•	•	•	•	•	•	•	•	•
B2C			•	•	•		•	•	•		•	
C2B												
C2C												
Webauftritt												
Unternehmenswebseite	•	•	•	•	•	•	•	•	•	•	•	•
Produktwebseite(n)		•		•	•		•	•	•	•	•	•
Blog(s)			•		•	•	•	•		•		
Social Network Auftritt(e)			•	•	•	•	•	•	•	•	•	•
Community					•			•		•		•
Webshop				•	•				•	•	•	•
andere, welche:										•[3]	•[4]	•[5]

Legende: • trifft zu   o trifft nicht zu

Tabelle 49: Zusammenfassende Darstellung der allgemeinen Angaben der Unternehmen 1 bis 12

[1] Die nicht angekreuzten Fachbereiche werden in der Auswertung aus Platzgründen nicht mehr aufgelistet.
[2] Die nicht angekreuzten Optionen zur Unternehmensgröße werden in der Auswertung aus Platzgründen nicht mehr aufgelistet.
[3] B2B Portal
[4] Web-Chat
[5] Downloadarea, Wiki (Produktsupport, nur intern beschreibbar)

Unternehmen	U1	U2	U3	U4	U5	U6	U7	U8	U9	U10	U11	U12
Digitale Kommunikation und Interaktion												
Auffinden und Entdecken	1	1	1	3	1	3	2	2	2	3	3	1
Partizipation und Kollektives Wissen	0	0	2	0	2	2	1	3	0	0	1	2
Kommunikation und Interaktion	1	1	1	3	2	2	1	3	1	1	3	1
Web-Design und Usability	1	1	1	3	3	3	0	3	1	2	3	1
Inhalte und Präsentation	1	1	1	3	3	3	1	3	2	0	3	2
Kanäle und Geräte	3	0	2	2	3	2	2	2	2	1	3	1
Datenschutz und Kundenfreundlichkeit	3	3	2	3	2	3	2	2	2	3	3	2
Durchschnitt Evaluationsdomäne	1,4	1,0	1,4	2,4	2,3	2,6	1,3	2,6	1,4	1,4	2,7	1,4
Unternehmen und Prozesse												
Strategie und Geschäftsmodell	1	1	0	1	2	3	3	2	3	2	3	3
Kundenkontakt- und Kundenbeziehungsmanagement	0	0	0	3	1	1	1	2	1	1	2	1
Personal und Kompetenzen	2	3	1	3	3	3	3	1	3	3	3	3
Interne Abläufe und Dokumentation	1	0	1	3	1	3	3	2	1	3	2	1
Risiko und Reputation	0	0	2	2	2	2	1	1	1	2	3	1
Durchschnitt Evaluationsdomäne	0,8	0,8	0,8	2,4	1,8	2,4	2,2	1,6	1,8	2,2	2,6	1,8
Technologie und Daten												
Plattform und Technologie	1	2	2	2	2	2	2	2	3	2	2	2
Sicherheit und Verfügbarkeit	3	3	kA	3	3	2	2	kA	2	2	kA	2
Monitoring und Analyse	0	1	1	3	1	1	1	1	2	1	2	1
Automatisierung und selbstlernende Systeme	0	0	0	2	1	0	0	0	0	0	2	1
Integration und Kombination	1	1	0	2	2	2	1	2	1	0	1	2
Durchschnitt Evaluationsdomäne	1,0	1,4	0,8	2,4	1,8	1,4	1,2	1,3	1,6	1,0	1,8	1,6

Tabelle 50: Zusammenfassende Darstellung der von den Unternehmen 1 bis 12 erreichten Fähigkeitsgrade in den einzelnen Bewertungsbereichen

	Durchschnitt Bewertungsbereich
Digitale Kommunikation und Interaktion	
Auffinden und Entdecken	1,9
Partizipation und Kollektives Wissen	1,1
Kommunikation und Interaktion	1,7
Web-Design und Usability	1,8
Inhalte und Präsentation	1,9
Kanäle und Geräte	1,9
Datenschutz und Kundenfreundlichkeit	2,5
Unternehmen und Prozesse	
Strategie und Geschäftsmodell	2,0
Kundenkontakt- und Kundenbeziehungsmanagement	1,1
Personal und Kompetenzen	2,6
Interne Abläufe und Dokumentation	1,8
Risiko und Reputation	1,4
Technologie und Daten	
Plattform und Technologie	2,0
Sicherheit und Verfügbarkeit	kA (2,2)
Monitoring und Analyse	1,3
Automatisierung und selbstlernende Systeme	0,5
Integration und Kombination	1,3

Tabelle 51: Durchschnittlich erreichte Fähigkeitsgrade in den einzelnen Bewertungsbereichen in der Gesamtgruppe der befragten Unternehmen

Betrachtet man die zusammenfassende Darstellung der von allen Unternehmen erreichten Fähigkeitsgrade in den einzelnen Bewertungsbereichen (siehe Tabelle 50) und die von der Unternehmensgruppe durchschnittlich erreichten Fähigkeitsgrade (siehe Tabelle 51), so ist auffällig, dass insbesondere die Bereiche »*Datenschutz und Kundenfreundlichkeit*«, »*Personal und Kompetenzen*« und »*Sicherheit und Verfügbarkeit*«.[1] durchweg gut entwickelt und ausgeprägt sind. Verhältnismäßig schwach ausgeprägt sind hingegen durchgängig die Bewertungsbereiche »*Partizipation und Kollektives Wissen*«, »*Kundenkontakt und Kundenbeziehungsmanagement*«, »*Automatisierung und selbstlernenden Systeme*«,

[1]Im Bewertungsbereich konnten nicht alle Fähigkeitsgrade definitiv bestimmt werden, da z.T. keine Antworten aufgrund fehlenden Fachwissens gegeben werden konnten. Jedoch lässt sich anhand der vorhandenen Ergebnisse und der Interviews eine Tendenz erkennen, die sich in diesem Fall durch den Durchschnitt aller ausgewerteten Fähigkeitsgrade darstellt.

»Monitoring und Analyse«, »Integration und Kombination« Insgesamt betrachtet schneidet die Evaluationsdomäne *»Technologie und Daten«* im Vergleich zu den anderen beiden Domänen bei der befragten Unternehmensgruppe eher schwach ab. Dies lässt sich aber dadurch erklären, dass der Online-Kundenkontakt und die dazugehörigen Webanwendungen bei den *Hidden Champions* als stark produktionsorientierte Unternehmen, die in der Regel auch über einen festen und bekannten Kundenstamm verfügen, eher schwach ausgeprägt sind und eine geringe Rolle spielen. Zudem sind die Anforderungen an die Technik und Datenauswertung unter Berücksichtigung der Charakteristiken des Web^2 (siehe Abschnitt 2.3) in den höheren Fähigkeitsgraden sehr anspruchsvoll und zumindest teilweise zukunftsorientiert. Die Relevanz der Faktoren dieser Evaluationsdomäne sollte in Zukunft aber auch bei den *Hidden Champions* nicht unterschätzt werden.

Insbesondere in den Bewertungsbereichen *»Partizipation und Kollektives Wissen«*, *»Kundenkontakt und Kundenbeziehungsmanagement«* und *»Monitoring und Analyse«* besteht noch ein hoher Nachholbedarf und sind Defizite nicht zu verkennen. Einige wenige Unternehmen weisen jedoch auch hier bereits den höchsten Fähigkeitsgrad auf, der Großteil liegt allerdings noch im unteren Bereich. Dies sind zugleich die Faktoren, die einen hohen Grad an Interaktionsfähigkeit mit dem Kunden markieren und dafür entscheidend sind, um den Reifegrad 3 – »Interaktion« zu erreichen.

Reifegrad Auswertung	U1	U2	U3	U4	U5	U6	U7	U8	U9	U10	U11	U12
RG	2	1	2	2	2	3	1	2	2	1	3	2

Tabelle 52: Reifegrad der digitalen Kundeninteraktion der Unternehmen 1 bis 12

RG Verteilung		Anzahl der Unternehmen
Information	RG 1	3
Kommunikation	RG 2	7
Interaktion	RG 3	2
Integration	RG 4	-
Innovation	RG 5	-

Tabelle 53: Reifegradverteilung

Bei der abschließenden Reifegradauswertung (siehe Tabelle 52 und Tabelle 53) zeigt sich, dass sieben von zwölf Unternehmen den Reifegrad 2 – »Kommunikation« erreicht haben. Zwei Unternehmen (U6 und U11) haben nach dieser Untersuchung bereits den Reifegrad 3 – »Interaktion« erreicht, was – wie oben schon beschrieben (siehe Tabelle 52) – im Wesentlichen darauf zurückzuführen ist, dass sie einen überdurchschnittlich hohen Fähigkeitsgrad in den Evaluationsbereichen *»digitalen Kommunikation und Interaktion«* sowie *»Unternehmen und Prozesse«* aufweisen. U4 und U8 werden jeweils nur wegen schlechter Werte in einem Bewertungsbereich – *»Partizipation und Kollektives Wissen«* (U4) bzw. *»Personal und Kompetenzen«* (U8) – davon abgehalten Reifegrad 3 zu erreichen. Entsprechendes gilt für U5 wegen schlechter Werte in zwei Bewertungsbereichen – *»Auffinden und Entdecken«* und *»Interne Abläufe und Dokumentation«*. Für diese Unternehmen (U4, U5 und U8) ist somit der Aufwand relativ gering ihren Reifegrad zu erhöhen. Anzumerken ist hier auch, dass insbesondere die Unternehmen, die als Schwerpunkt ihrer Geschäftsbeziehungen sowohl B2B als auch B2C angegeben haben, in der Reifegradbewertung tendenziell besser abschneiden.

Keines der im Rahmen der Evaluation befragten Unternehmen hat nach den dargestellten Vorgaben der Reifegradbewertung den fortgeschrittenen Reifegrad 4 – »Integration« oder gar 5 – »Innovation« erreicht. Hierzu bedarf es insgesamt höherer Fähigkeitsgrade in den fraglichen Bewertungsbereichen. Wie am Vergleich des Fähigkeitsprofils von U11, einem in der digitalen Kundeninteraktion vergleichsweise sehr weit entwickelten Unternehmen, mit dem Zielprofil für die Erlangung des Reifegrads 4 zu erkennen ist (siehe Abbildung 18), gibt es dort noch Entwicklungspotenzial in den Bereichen *»Partizipation und Kollektives Wissen«*, *»Interne Abläufe und Dokumentation«*, *»Plattform und Technologie«*, *»Sicherheit und Verfügbarkeit«* und *»Integration und Kombination«*. Im technikaffinen Bewertungsbereich *»Sicherheit und Verfügbarkeit«* musste indessen der schlechteste Fähigkeitsgrad angenommen werden, da der Ansprechpartner im Unternehmen hierzu leider keine Angaben machen konnte. Im Durchschnitt wird aber auch hier schon von einem Fähigkeitsgrad im Bereich 2,2 ausgegangen. Für U4 besteht Optimierungsbedarf in nur vier Bewertungsbereichen – *»Kanäle und Geräte«*, *»Plattform und Technologie«*, *»Sicherheit und Verfügbarkeit«* und *»Partizipation und Kollektives Wissen«* –, um Reifegrad 4 zu erreichen. Jedoch müssten im Bereich *»Partizipation und Kollektives Wissen«* noch zwei Fähigkeitsgrade aufgeholt werden. Für Reifegrad 5 – »Innovation«, dem höchsten Reifegrad, wäre die volle Ausprägung aller Bewertungsbereiche notwendig.

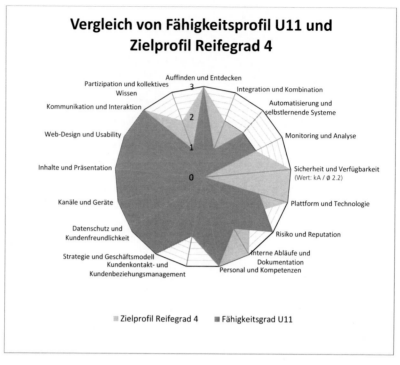

Abbildung 18: Vergleich des Fähigkeitsprofils von Unternehmen 11 mit dem Zielprofil für Reifegrad 4; zum Bewertungsbereich »Sicherheit und Verfügbarkeit« konnte bei Unternehmen 11 keine Aussage (kA) gemacht werden. Der Durchschnittswert aller Unternehmen liegt aber bei 2,2.

6.3 Ergebnisbetrachtung zum Reifegradmodell

Im Rahmen der Evaluation des mit dieser Arbeit entwickelten Reifegradmodells zur digitalen Kundeninteraktion ist – neben den ersten Ergebnissen zur Reifeentwicklung der Unternehmensgruppe der *Hidden Champions* – vor allem die Auswertung der Untersuchung hinsichtlich der Relevanz der ausgewählten Bewertungsbereiche und -indikatoren und damit hinsichtlich der Gebrauchstauglichkeit des Reifegradmodells in der Praxis von besonderem Interesse.

Sowohl in der ersten Iteration als auch in der abschließenden Evaluationsphase hat sich die Auswahl der Evaluationsdomänen und Bewertungsbereiche für alle mit der Untersuchung befassten Personen in den Unternehmen als nachvollziehbar und inhaltlich begründet dargestellt. Die Relevanz aller Bereiche einschließlich der ihnen zugeordneten Indikatoren zur Bewertung des Niveaus der digitalen Kundeninteraktion und deren Abhängigkeiten untereinander wurden durch die Unternehmensvertreter nahezu durchgängig bestätigt. Lediglich hinsichtlich der inhaltlichen Ausführungen und einzelner Begrifflichkeiten im Katalog der Bewertungsindikatoren wurden im Interesse einer Konkretisierung und eines besseren Verständnisses aus Sicht der Unternehmen gelegentlich Verbesserungs- und Konkretisierungsvorschläge gemacht, die auch nahezu vollständig aufgegriffen und umgesetzt wurden. Nur ein Unternehmen hat für den Bewertungsbereich »*Datenschutz und Kundenfreundlichkeit*« als weiteren Indikator die »*Anpassung an die Datenschutzrichtlinien unterschiedlicher Länder*« zur Aufnahme empfohlen [ERM1]. Im Interesse der allgemeingültigen Anwendbarkeit wurde der Indikator wie folgt in den Kriterienkatalog aufgenommen: »*Beachtung der internationalen Datenschutzbestimmungen in Geschäftsbeziehungen mit dem Ausland*«.

Bewertungsbereiche	Indikatoren
Auffinden und Entdecken	Durchführung von verhaltensorientiertem Marketing, wie z.B. Predictive Marketing und Behavioral Targeting
Strategie und Geschäftsmodell	Vollendete Ausrichtung und Anpassung der einzelnen Geschäftsmodelle auf die digitale Kundeninteraktion (z.B. durch Etablierung von Onlinefilialen)
Kundenkontakt- und Kundenbeziehungsmanagement	Einrichtung eines Innovationteams unter Verwendung von Nutzerdaten, -informationen und -meinungen
Plattform und Technologie	Verstärkte Ausrichtung auf automatisierte Datenkommunikation und -interaktion (z.B. Sensoren) zusätzlich neben der mündlichen und schriftlichen Kommunikation mit dem Kunden
Automatisierung und selbstlernende Systeme	Selbstlernendes Response Management ist eingerichtet. Anfragen werden automatisiert ausgewertet, beantwortet und in den Inhaltsaufbereitungsprozess des Informationsangebots proaktiv integriert. Umfassendes Self-Service Angebot, das die komplette Prozesskette des Unternehmens abdeckt und automatisiert. Für die Bearbeitung und Betreuung der Services werden keine Mitarbeiter/-innen benötigt.
Integration und Kombination	Integration und Nutzung von externen Datenquellen und Providern für ein neues Angebot von integrierten Services (z.B. Fahrzeugidentifikationsnummerndatenbank)

Tabelle 54: Bewertungsindikatoren, die von allen teilnehmenden Unternehmen verneint bzw. negativ beantwortet wurden

Von insgesamt 190 vorgegebenen Bewertungsindikatoren wurden nur sieben von keinem einzigen Unternehmen in der Evaluation positiv bestätigt (siehe Tabelle 54). Dies bedeutet allerdings keineswegs, dass diese Indikatoren als abwegig wahrgenommen wurden, sondern vielmehr für die Gruppe der *Hidden Champions* aufgrund der gegebenen Beziehungsverhältnisse zum Kunden eher von geringer Relevanz waren oder aber als Indikator/en des jeweils höchsten Grades der Reife nur schwierig zu erfüllen waren. Abgesehen vom Indikator *»Einrichtung eines Innovationteams unter Verwendung von Nutzerdaten, -informationen und -meinungen«* gilt das besonders für die genannten Indikatoren in den Bewertungsbereichen *»Auffinden und Entdecken«*, *»Strategie und Geschäftsmodell«*, *»Plattform und Technologie«*, *»Automatisierung und selbstlernende Systeme«* und *»Integration und Kombination«*. Im Interesse der Allgemeingültigkeit des Modells und einer branchenübergreifenden Anwendung sind diese aber weiterhin im Modell zu belassen und spezifisch je Unternehmensgruppe zu bewerten.

In allen Bewertungsbereichen außer *»Automatisierung und selbstlernende Systeme«* und *»Integration und Kombination«* konnten von der ausgewählten Unternehmensgruppe alle vier Fähigkeitsstufen abgedeckt werden. Die beiden ausgenommenen Bereiche sind allerdings eher gerade für dienstleistungsorientierte Unternehmen mit sehr intensivem Kundenkontakt oder aber eigenen Webanwendungen von hoher Relevanz – weniger für die Unternehmensgruppe der *Hidden Champions*. Für eine gesamthafte Orientierung im Bereich der digitalen Kundeninteraktion sind jedoch auch die Indikatoren dieser Bewertungsbereiche für die *Hidden Champions* von nicht zu vernachlässigender Bedeutung. Dies wurde durch einzelne Unternehmen aus der untersuchten Gruppe bestätigt, die vergleichsweise gut in diesen Bewertungsbereichen abgeschlossen haben.

Das Reifegradmodell wurde auch in der praktischen Anwendung von allen Beteiligten als durchweg positiv, informativ und nützlich betrachtet. Viele der einzelnen Indikatoren befanden sich zum Teil schon in Planung bzw. im Aufbau. Andere wurden im Rahmen der weiteren Entwicklung auch aufgrund gemeinsamer Erörterung bereits in Erwägung gezogen. Eine zweite Evaluation im Bereich der digitalen Kundeninteraktion zu einem späteren Zeitpunkt wäre somit geeignet, aller Voraussicht nach auch den Fortschritt und die Weiterentwicklung des jeweiligen Unternehmens im fraglichen Bereich zu dokumentieren.

Die Reifegradauswertung für alle teilnehmenden Unternehmen (siehe Tabelle 52 und Tabelle 53) zeigt im Ergebnis, dass sich die überwiegende Anzahl der Unternehmen im Reifegrad 2 »Kommunikation« befindet. Einige wenige erreichen Reifegrad 3 »Interaktion«. Die Reifegrade 4 und 5 werden von den beteiligten Unternehmen derzeit noch nicht erreicht, obgleich sich bei beiden Unternehmen mit Reifegrad 3 die Tendenz zur nächsthöheren Stufe 4 schon klar abzeichnet. Da in fast allen Bewertungsbereichen alle Fähigkeitsgrade erreicht wurden, zeichnen sich derartige Höherstufungen auch für eine Reihe weiterer Unternehmen bereits ab. Im Rahmen einer spezifischen Reifegradbewertung der Unternehmensgruppe *Hidden Champions* und bei größerer, repräsentativer Beteiligung könnte – aufgrund der im Vergleich zur Gesamtwirtschaft unterschiedlichen Schwerpunkte im Beziehungsverhältnis zum Kunden – eine Abschwächung der Reifegradstufen für die Bewertungsbereiche »*Automatisierung und selbstlernende Systeme*« und »*Integration und Kombination*« bzw. eine Konkretisierung des Zielprofils durchaus in Erwägung gezogen werden.

6.4 Einsatzbereich und Nutzungsanforderungen

Die Zielvorstellungen zu den Aufgaben und Anwendungsszenarien eines zu entwickelnden Reifegradmodells wurden in Abschnitt 5.2 dargestellt. Das nunmehr erarbeitete Reifegradmodell zur digitalen Kundeninteraktion

- ermöglicht eine objektive und detaillierte Bewertung aller relevanten Evaluationsdomänen und Bewertungsbereiche,
- erlaubt dem Unternehmen im Rahmen einer systematisierten Selbstbewertung die Ermittlung des eigenen Standorts in der digitalen Kundeninteraktion,
- unterstützt es bei der Entwicklung einer differenzierten Zielformulierung zur künftigen Weiterentwicklung und Ausrichtung des Unternehmens,
- vermittelt in der Praxis bereits erprobte Empfehlungen zur Reihenfolge und zur Gewichtung der Optimierungsschritte und
- bietet dem Unternehmen eine Vielzahl konkreter und pragmatischer Handlungsempfehlungen zur individuellen Verbesserung und Optimierung der Interaktionsaktivitäten und -prozesse an.

Die Qualität der Reifebeurteilung von Unternehmen auf Basis des erarbeiteten Reifegradmodells steht in engem Abhängigkeitsverhältnis zur Qualität der Bearbeitung des Kriterien- bzw. Indikatorenkatalogs. Die Indikatoren sind gezielt anwendungsorientiert ausgestaltet, sodass die Nachvollziehbarkeit und Umsetzbarkeit nicht nur für Theoretiker, sondern gerade auch für die maßgeblichen Akteure in der Unternehmenspraxis gewährleistet sein sollte. Aussagekräftige und realistische Ergebnisse in der Reifebewertung sind allerdings nur aufgrund einer detaillierten und fachspezifischen Bewertung der einzelnen Indikatoren durch qualifizierte Mitarbeiter/-innen zu erwarten.

In der praktischen Anwendung hat sich zudem gezeigt, dass angesichts der relativ komplexen Materie des Gesamtbereichs der Kundenkommunikation, die im Unternehmen in der Regel den Zuständigkeitsbereich mehrerer Organisationseinheiten betrifft, die Bearbeitung bzw. Beantwortung des Fragenkatalogs möglichst im Zusammenwirken mit mehreren Personen aus den betroffenen Geschäftsbereichen erfolgen sollte. Insbesondere die Bereiche Unternehmenskommunikation, Marketing, E-Commerce, Digital Strategie, Vertrieb, EDV sind dabei abzudecken. Dies ist nicht nur im Interesse eines verbindlichen, seriösen Ergebnisses, sondern auch für einen gesamthaften Überblick von Vorteil.

Gerade bei größeren Unternehmen erscheint dies dringend geboten, da die Strukturen hinsichtlich der digitalen Kommunikation und Interaktion z.T. sehr unübersichtlich gestaltet sind. Aufgrund der Vielzahl der involvierten Personen wird zwar die Gebrauchstauglichkeit der Selbstbewertung eingeschränkt (Vor allem in den technischen Bewertungsbereichen konnten bei der aktuellen Evaluation von den zur Verfügung stehenden Ansprechpartnern z.T. keine Antworten gegeben werden.), aber die Aussagekraft der Reifebewertung wird um ein Vielfaches erhöht. Auch wenn dieser Personalaufwand sowie der damit verbundene Zeitaufwand zunächst bedenklich erscheint, ist er doch unter Berücksichtigung der damit verbundenen Zielvorstellung gerechtfertigt und vertretbar.

Das anlassbezogene Zusammenwirken und der interdisziplinäre Austausch im Unternehmen sind darüber hinaus geeignet, das Verständnis für die Erfordernisse der digitalen Kommunikation und Interaktion im Unternehmen zu fördern sowie ggf. Defizite und Handlungsbedarf in der zentralen Steuerung offenzulegen. Wie sich aber auch gezeigt hat, wurden in den beteiligten Unternehmen z.T. bereits eigenständige Stellen bzw. Organisationseinheiten wie z.B. »Digital Marketing Manager« oder» IT Demand Management Customer Relations« geschaffen, die sowohl Kompetenz und Verständnis für

Unternehmenskommunikation und Marketing als auch für die Technik dahinter zusammenführen. Im Idealfall ermöglicht diese Konstellation einer einzigen Person die umfassende Prüfung und Bearbeitung des Kriterienkatalogs und gleichzeitig auch die Initiierung von Maßnahmen, soweit Handlungsbedarf besteht.

6.5 Diskussion und Auswertung des Reifegradmodells

Zielvorstellung bei Einsatz des Reifegradmodells ist die systematisierte Selbstbewertung des Unternehmensprofils im Bereich der digitalen Kundeninteraktion, die Ermittlung bestehender Schwachstellen sowie die Ableitung von konkreten Maßnahmen zum Ausbau und zur Verbesserung der Interaktionsprozesse. Die aktuell technisch möglichen, bereits bekannten und bewährten Optimierungsszenarien und das vorhandene Repertoire an Ergänzungsmaßnahmen sind im Katalog der Bewertungsindikatoren bereits erarbeitet und stehen zur unternehmensspezifischen Auswahl zur Verfügung, um sich in den jeweiligen Fähigkeitsgraden der Bewertungsbereiche und damit letztendlich auch in dem Reifegrad des Unternehmens zu verbessern.

Erst die Berücksichtigung der Abhängigkeiten und Wechselwirkungen von Kundenschnittstelle, Technologie und internen Unternehmensprozessen – wie sie das Reifegradmodell gesamthaft und detailliert abbildet – verschafft einen umfassenden Überblick über die Möglichkeiten zur Ausgestaltung und Verbesserung der digitalen Kundeninteraktion. Dabei kann auch jede einzelne Evaluationsdomäne für sich selbst betrachtet, optimiert und weiterentwickelt werden. Ein auf Teilaspekte bzw. einzelne Handlungsfelder beschränktes und vereinfachtes Verfahren würde allerdings die Aussagekraft und den Mehrwert für die Unternehmen erheblich vermindern. Ein qualifiziertes und zur Standortbestimmung und Strategieentwicklung des Unternehmens taugliches Ergebnis der Reifegradbewertung kann nur auf der Grundlage einer Gesamtbetrachtung erwartet werden, wie sie mit dem Reifegradmodell für eine funktionierende und erfolgreiche digitale Kundeninteraktion entwickelt wurde.

Die Evaluationsdomänen und die Bewertungsbereiche des Reifegradmodells wurden branchenübergreifend für alle Unternehmen mit beratungsintensiven Produkten und Dienstleistungen entwickelt und sind somit für die Ziel- bzw. Adressatengruppe dieser Arbeit (siehe Abschnitt 1.3) allgemeingültig. Sowohl in der 1. Iteration als auch im Rahmen der Evaluation der Reifegradbewertung hat sich dies bestätigt.

Die Bewertungsindikatoren hingegen können aufgrund des rasanten technologischen Fortschritts und der permanenten Weiterentwicklung der Instrumentarien und Prozesse der Kundeninteraktion sicher nur eine Momentaufnahme darstellen. Sie sind im Laufe der Zeit hinsichtlich ihrer Relevanz zwangsläufig zu überprüfen, müssen bei Zeiten aktualisiert angepasst und ggf. den Reifegradstufen entsprechend den Veränderungen im Kundenverhalten und der Marktsituation neu zugeordnet werden. Zwischenzeitlich neu entwickelte Instrumente und Prozesse der digitalen Kundeninteraktion mit Marktrelevanz sind dementsprechend in den Katalog der Indikatoren ergänzend aufzunehmen und gemäß dem ermittelten Fähigkeitsgrad den Reifegraden zuzuordnen.

Vor diesem Hintergrund ist es für Unternehmen keineswegs immer zielführend, möglichst den höchsten Reifegrad zu erreichen und so der technologischen Entwicklung und den neuen Trends ständig hinterherzujagen. Vielmehr kann es wesentlich sinnvoller sein, sich im Unternehmen auf ein bestimmtes Niveau der digitalen Kundeninteraktion zu verständigen, dies der Planung zugrunde zu legen und nach Zielerreichung dieses Niveau auch über die Jahre hinweg zu halten.

Die Bestimmung der Bewertungsbereiche und die Ausarbeitung der Indikatoren basiert auf den identifizierten Web 2.0-Mustern und dem gegenwärtigen Stand von Wissenschaft und Technik unter Berücksichtigung der Veränderungen der Marktsituation im Handels- und Dienstleistungsbereich und der zeitgemäßen Kundenanforderungen (siehe Abschnitt 2.3, 2.6 und 4.1 bis 4.3). Um im Laufe der weiteren technologischen Entwicklung und der Veränderungen im Kundenverhalten die Gebrauchstauglichkeit und Anwendungsorientierung des Reifegradmodells zu gewährleisten, geschieht die notwendige Anpassung und Ergänzung der einzelnen Indikatoren idealerweise in möglichst regelmäßigen Abständen und auch im Zusammenwirken mit den Unternehmen, deren Erfolg maßgeblich durch eine optimale digitale Kundeninteraktion geprägt wird.

Bei den Indikatoren zur Ermittlung des erreichten Fähigkeitsgrades im jeweiligen Bewertungsbereich hat sich die Definition von verpflichtenden und optionalen Faktoren als sinnvoll und praktikabel erwiesen. Wie sich bei der Auswertung zeigte, konnten in der teilnehmenden Untersuchungsgruppe, aufgrund z.T. branchenspezifischer Eigenheiten und Relevanz, nicht alle Indikatoren mindestens einmal bestätigt werden. Wären sämtliche Indikatoren für die Erreichung der jeweiligen Fähigkeitsgrade – unabhängig von der tatsächlichen Relevanz – als grundsätzlich gleichwertig und verpflichtend der Einstufung zugrunde gelegt worden, so hätte z.B. ein Fähigkeitsgrad 2 nur bei Erfüllung aller Indikatoren des 1. Fähigkeitsgrades erreicht werden können. Dies hätte zum einen einer realistischen Einschätzung der sehr unterschiedlichen Bedeutung der Faktoren für den Erfolg der digitalen Kundeninteraktion nicht entsprochen und zum anderen wegen einer Bewertung nach Fähigkeits- und damit auch Reifegraden unter eher formalen Aspekten zu fragwürdigen und kaum verwertbaren Ergebnissen geführt.

Durch die Festlegung von verpflichtenden Faktoren aufgrund inhaltlicher Gewichtung wurden Schwerpunkte in den einzelnen Bewertungsbereichen gesetzt, die maßgeblich für die Erreichung eines Fähigkeitsgrades sind – und zwar unabhängig vom Unternehmen und seiner jeweiligen branchenspezifischen Ausrichtung. Die optionalen Indikatoren können je nach Bedarf zur Optimierung der einzelnen Fähigkeitsgrade umgesetzt werden und stellen immer auch eine sinnvolle Ergänzung und tendenzielle Verbesserung dar. Sie sind aber – jedenfalls unter den gegenwärtigen Bedingungen (noch) nicht ausschlaggebend für die Erreichung des jeweiligen Fähigkeitsgrades. Falls diese optionalen Indikatoren aktuell nicht realisiert sind, erhalten die Unternehmen insoweit schon einen Hinweis auf bereits vorhandene und bewährte Optimierungsmöglichkeiten und können ihre Strategie der digitalen Kundeninteraktion entsprechend ausrichten. Ganz entgegen der Befürchtung, dass durch die Verwendung von optionalen Indikatoren einer »Aufweichung« oder »Verwässerung« der Fähigkeits- und Reifegradbewertung Vorschub geleistet werden könnte, hat sich in der Evaluationsphase gezeigt, dass mit dieser inhaltlichen Gewichtung die konkrete Zuordnung zu den einzelnen Graden geschärft und auch verständlicher gestaltet werden konnte. Jeder zusätzlich umgesetzte optionale Indikator kann dabei einen Vorteil gegenüber Konkurrenten darstellen. Ein Unternehmen, das alle Indikatoren umsetzten konnte, kann sich letztendlich auch als »Best in Class« bezeichnen.

In der Auswertung sind spezifische Eigenheiten bei den *Hidden Champions* zu erkennen, wie z.B. ihr ausgeprägtes Interesse und ihre Wertschätzung gegenüber den Bereichen »*Datenschutz und Kundenfreundlichkeit*«, »*Personal und Kompetenzen*« sowie »*Sicherheit und Verfügbarkeit*«. Offenkundig besteht hingegen ein nicht unerheblicher Nachholbedarf in den Bereichen »*Partizipation und Kollektives Wissen*«, »*Kundenkontakt- und Kundenbeziehungsmanagement*«, »*Monitoring und Analyse*« sowie »*Risiko und Reputation*«. Hinsichtlich des letztgenannten Bereichs ist bemerkenswert, dass das Reputationsmanagement allerdings schon wesentlich besser als das Risikomanagement ausgeprägt war. »*Automatisierung und selbstlernende Systeme*« und »*Integration und Kombination*« sind für die *Hidden Champions* aufgrund ihres industriellen Kerngeschäfts weniger von Relevanz.

Außerdem sind bei der Reifebewertung nicht unerhebliche Unterschiede zwischen rein B2B orientierten Unternehmen und Unternehmen, die zusätzlich auf B2C ausgerichtet sind, erkennbar geworden. Interessant wäre vor diesem Hintergrund sicherlich, in nachfolgenden Evaluationen die aktuellen Eigenschaften und Charakteristiken von stärker am Kundenkontakt orientierten Unternehmensbranchen wie z.B. Banken und Versicherungen, Mobilitätsdienstleistern oder typischen Handelsunternehmen zu untersuchen und zu vergleichen. Durch wiederkehrende Reifegraduntersuchungen ließe sich so nicht nur die Reifeentwicklung von einzelnen Unternehmen, sondern auch von ganzen Branchen oder Unternehmensgruppen analysieren.

7 Ausblick und weiterer Forschungsbedarf

7.1 Ergebnisbetrachtung

Bezogen auf die initialen Forschungsfragen dieser Arbeit (Abschnitt 1.1) wurde gezeigt, welch hohe Bedeutung Information, Kommunikation, Interaktion, Integration und Innovation für Unternehmen im Kundenkontakt haben (Abschnitte 2.4 und 2.6.4), welche spezifischen Eigenheiten und Charakteristiken und damit auch Einsatzszenarien die unterschiedlichen webbasierten Kommunikationsmittel und -kanäle aufweisen (Kapitel 3) und wie sich die Erwartungshaltung von Kunden und Unternehmen an Dialog und Partizipation in der digitalen Welt darstellen (Abschnitte 4.1 und 4.2). Insbesondere die Unternehmenswebseite als zentrale Ausgangsbasis für alle vom Unternehmen ausgehenden Onlineaktivitäten wurde vor diesem Hintergrund detailliert analysiert und in ihrer Bedeutung hervorgehoben. In diesem Zusammenhang wurde dargelegt, welchen Anforderungen die Dialog- und Benutzerführung an den digitalen Kontaktpunkten in einem modernen Dienstleistungskontext unterliegen und wie in diesem Kontext Internetpräsenzen von Unternehmen – und zwar weitgehend unabhängig von der Unternehmensgröße – in Social Media einzuordnen sind bzw. warum z.B. Facebook für viele Unternehmen im Kundenkontakt einfach nicht der geeignete Kanal ist (Abschnitte 2.5 und 2.6).

Für die erfolgreiche Gestaltung der digitalen Kundeninteraktion aus Unternehmenssicht ist es vor allem wichtig zu verstehen, dass die Evaluationsdomänen – digitale Kommunikation und Interaktion, Unternehmen und Prozesse sowie Technologie und Daten –, die Kommunikationsmittel und -kanäle als Übertragungsmedium und die Qualitätskriterien der Onlineinteraktion aus Sicht des Kunden eng miteinander in Verbindung stehen und sich gegenseitig beeinflussen (Abschnitte 5.5 bis 5.9). Die einzelnen Einfluss- und Erfolgsfaktoren sowie deren wechselseitige Abhängigkeiten wurden im Reifegradmodell zur digitalen Kundeninteraktion als Differenzierungs- und Qualifizierungsinstrument zur Standortbestimmung und Strategieentwicklung von Unternehmen zusammengeführt. Angesichts der hohen Markttransparenz im Internet und der Standardisierung der angebotenen Produkte wird der Wettbewerb immer weniger über die eigentlichen Angebote und deren Preise geführt. Nicht nur Information und Transaktion sondern auch eine gute Beratung und verstärkte Dialog- und Interaktionsfähigkeit werden zur Differenzierung von anderen Unternehmen im Onlinehandel immer wichtiger und bilden einen wesentlichen Wettbewerbsfaktor.

Andererseits ist aber auch unverkennbar, dass der wettbewerbliche Erfolg aufgrund von Value-Added-Services und verstärkten Kommunikations- und Interaktionsangeboten weniger von quantitativen als von qualitativen Faktoren abhängig ist. Bei zunehmender Interaktionsinflation, d. h. wenn dem Kunden undifferenziert zu viele Möglichkeiten angeboten werden, machen Beratungsqualität, Zielorientierung und Bedienbarkeit den entscheidenden Unterschied aus. Wie auch schon in Abschnitt 4.2 aufgezeigt, haben Unternehmen es mehr und mehr mit in der Digitalität aufgewachsenen und emanzipierten Kunden zu tun. Dabei ist zu beobachten, dass sich die Kunden offensichtlich meist schneller optimieren und an schon vorhandene Lösungen und Plattformen anpassen als es den Unternehmen in ihren internen und externen Prozessen selbst gelingt. »*Der Kunde lebt schon längst in der digitalen Welt. Er ist viel weiter als die Industrie an vielen Stellen.*« (Thorsten Dirks zitiert nach (Rothbauer 2014)) Das erhöht gleichzeitig den Druck auf die Unternehmen ihre Instrumente und Prozesse einem permanenten Reformzwang zu unterwerfen und sich im Rahmen der digitalen Transformation immer wieder an die Gegebenheiten der sich ändernden technischen, wirtschaftlichen und gesellschaftlichen Bedingungen anzupassen.

Das entwickelte Reifegradmodell ermöglicht Unternehmen nicht nur einen detaillierten Einblick in die Interaktionsmechanismen der digitalen Welt, sondern – im Rahmen einer systematisierten Selbstbewertung ihres spezifischen Profils – auch die konkreten Schwachstellen in ihren Interaktionsprozessen aufzuspüren und geeignete Maßnahmen zur Optimierung und Verbesserung abzuleiten, um den veränderten Anforderungen der neuen und künftigen Kundengenerationen gerecht zu werden. Eine effiziente und erfolgreiche Kommunikation und Interaktion zwischen Unternehmen und Kunden im Internet über die eigene Unternehmenswebseite bis hin zur innovationsorientierten Einbindung des Kunden in interne Entwicklungsprozesse kann durch das Modell mit einer Vielzahl von Indikatoren veranschaulicht und idealerweise – als Ergebnis interner Entscheidungsprozesse – systematisch geplant und umgesetzt werden.

7.2 Weiterer Forschungsbedarf und Ausblick

Angesichts des rasanten technischen Fortschritts und des damit einhergehenden kulturellen Wandels in Wirtschaft und Gesellschaft handelt es ich bei den gewählten Bewertungsindikatoren bzw. dem erstellten Kriterienkatalog zur Reifebeurteilung im Wesentlichen um eine Momentaufnahme (Abschnitt 6.5). Dem somit zwangsläufig dynamischen Charakter des Reifegradmodells entsprechend bedingt dies, dass der

Kriterienkatalog für das bestmögliche Ergebnis bei einer Evaluation stets an die neuen Gegebenheiten des Internets und des digitalen Markts angepasst werden muss. Nicht nur die bereits bekannten Aspekte des Web 2.0 oder des Web^2 in ihrer weiteren Entwicklung spielen dabei eine Rolle, sondern grundsätzlich die künftige Entwicklung der gesamten digitalen Welt. Unter Berücksichtigung der Themenstellung dieser Arbeit besteht hier vor allem weiterer Forschungsbedarf bei der Untersuchung der noch weitgehend ungeklärten crossmedialen Interdependenzen zwischen Online- und Offlinehandel.

Wirtschaft und Gesellschaft stehen aufgrund einer deutlichen Steigerung des Digitalisierungsgrades im Zeitalter des »*Internets der Dinge*« und von »*Industrie 4.0*« in den kommenden Jahren vor einem derart grundlegenden Wandel, dass im historischen Vergleich bereits von einer neuen (vierten) industriellen Revolution gesprochen wird (vgl. IBM 2014, Busse 2014, Ferber 2014). Ziel des »*Internets der Dinge*« ist die Kombination und Integration der analogen und der digitalen Welt bzw. die Verbindung des Internets mit der physikalischen, realen Welt in allen Lebensbereichen (vgl. Fraunhofer IML 2014, Ferber 2014, Gabriel, Gaßner und Lange 2010, S. 7). Der Begriff »*Industrie 4.0*« bildet in dieser Umbruchsituation eine wesentliche Facette und steht für die »*intelligente Fabrik*« der Zukunft, in der es gilt »[…] *Systeme und Maschinen herstellerunabhängig zu vernetzen, über IT-Technologien effektive Standardisierungen zu erreichen und den gesamten Produktlebenszyklus individuell an Kundenwünsche im Sinne von Losgröße 1 anzupassen.*« (IBM 2014)

Diese zunehmende Vernetzung des Internets mit Menschen, Prozessen, Daten und Dingen sowie die umfassende Digitalisierung aller Produktionsabläufe und der gesamten Wertschöpfungskette geht einher mit den unverkennbaren Bestrebungen der großen Internetfirmen, die sich zunächst lange Zeit auf die Softwareentwicklung beschränkten, verstärkt mit eigenen Hardware-Innovationen und Produkten auf den internationalen Märkten aufzutreten, in die sie ihre Software eingebaut haben, wie z.B. in den Bereichen Automotiv-Technik, Logistik, Telemedizin, Gebäudeautomation, Fitness, Bekleidung, Schuhe (vgl. Tißler 2013). Mit all dem steigt der Druck für traditionelle Unternehmen in allen Wirtschaftsbereichen, ihre digitale Transformation konsequent weiter voranzutreiben (vgl. Schmidt 2014).

Angesichts der bereits rasant und beständig steigenden Wachstumsraten des Internethandels in den letzten Jahren und der Erfolge dieser Handelsform selbst in den Bereichen, die bislang als klassische Domänen des traditionellen stationären Handels angesehen wurden, stellt sich unter den Bedingungen von »Handel 4.0« im Wettbewerb von Online- und Offline-Handel um Marktanteile die zentrale Frage, ob es hier um eine Verdrängung bzw. Marginalisierung des stationären Handels im Sinne eines »Nullsummenspiels« geht, d. h. um einen Kampf ums Überleben dieses traditionellen Geschäftsmodells (vgl. Wilhelm 2014), oder ob diese Entwicklung letztlich zu einer Annäherung beider Handelsformen im Sinne wechselseitiger Ergänzung und Optimierung führt.

Gerade auch, weil im Einklang mit den meisten Experten, die im Rahmen dieser Untersuchung befragt wurden, kein grundsätzlicher Gegensatz zwischen Online- und Offline-Handel erkennbar war und im letztgenannten Szenario, d. h. der Kombination von Internet und stationärem Handel und der optimierten Nutzung aller Verkaufskanäle die Zukunftsperspektive gesehen wurde, zeichnet sich hier ein weites Feld für weitere Forschungsaufgaben im digitalen Transformationsprozess ab. Dabei gilt es insbesondere zu klären,

- wie die Vorteile beider Handelsformen für die einzelnen Branchen bzw. Unternehmensgruppen künftig am besten miteinander kombiniert und verzahnt werden können;
- wie und mit welchen neuen Instrumenten und Geschäftsmodellen ein erfolgreiches Zusammenspiel aller Kanäle zu organisieren ist und wie ein effizientes Multi-Channel-Management, das den Kunden in den Mittelpunkt stellt, funktioniert und
- wo konkret künftig die Grenzlinien zwischen stationärem und Online-Handel in den jeweiligen Handelsbereichen verlaufen werden, soweit sie nicht sogar weitgehend verschwimmen?

Das Reifegradmodell zur digitalen Kundeninteraktion wurde entsprechend der Zielsetzung dieser Arbeit für die Zielgruppe der Unternehmen mit beratungsintensiven und komplexen Produkten und Dienstleistungen entwickelt und daher branchenübergreifend angelegt. Im Rahmen der Auswertung der Evaluation mit der Unternehmensgruppe Hidden Champions wurde daher bereits auf die besondere Bedeutung und das Interesse an Modellen hingewiesen, die gezielt branchenspezifisch oder auf eine spezifische Unternehmensgruppe ausgerichtet sind, und weiterer Forschungsbedarf geltend gemacht. Mit Hilfe solcher

Reifegradmodelle ließen sich die besonderen Eigenheiten, Charakteristiken und Profile von einzelnen Branchen und Unternehmensgruppen in der Kundeninteraktion aufzeigen. Diese könnten in Zukunft als Vergleichsindikator für ein Benchmarking genutzt werden und wären auch in anonymisierter Form für die betroffenen Unternehmen nicht nur für die eigene Standortbestimmung sicherlich von großem Interesse. Vor diesem Hintergrund dürfte für weitere Arbeiten in diesem Bereich auch die freundliche Unterstützung der Unternehmen gewährleistet sein.

Eine Reduzierung der Erwartungshaltung bei den betroffenen Unternehmen könnte hierzu einen nicht unmaßgeblichen Beitrag leisten, wenn von Anfang an klargestellt wird, dass es nicht darum geht, im Wettbewerb mit Konkurrenten den möglichst höchsten Grad der Reife zu erreichen, sondern viel eher darum, einen im gruppenspezifischen Vergleich angemessenen und bewährten Interaktionsgrad zu realisieren und diesen auch unter sich ändernden Rahmenbedingungen beizubehalten. Dass ein Industrie- oder Handelsunternehmen nie die Kommunikations- und Interaktionsfähigkeiten eines Telekommunikationsdienstleisters erlangen wird und dies auch nicht erstrebenswert und sinnvoll erscheint, ist offensichtlich. Die digitale Kundeninteraktion muss finanzierbar, zielführend und beherrschbar bleiben und das ist nur möglich, wenn die spezifischen Charakteristiken von Unternehmensgruppen und Branchen bekannt sind und in den Evaluations- und Strategieprozessen mit berücksichtigt werden. Eine größere Untersuchungsgruppe und eine in regelmäßigen Zeitabständen erfolgende Beurteilung der digitalen Reife über einen längeren Zeitraum sind dabei von Vorteil.

Literaturverzeichnis

Akamai Technologies, Inc. 2014
Akamai Technologies, Inc.: Akamai's State of The Internet. Q4 2013 Report. Volume 6 Number 4, Cambrigde, Massachusetts: Akamai Technologies, Inc., 2014. http://www.akamai.com/dl/akamai/akamai-soti-q413.pdf [abgerufen am 12. Oktober 2014].

Arnold, Schiffer und Pols 2013
Arnold, René C.G.; Schiffer, Marleen und Pols, Axel: Wirtschaft Digitalisiert. Welche Rolle spielt das Internet für die deutsche Industrie und Dienstleister? Studie, Köln, Berlin: IW Consult GmbH und BITKOM – Bundesverband Informationswirtschaft, Telekomunikation und neue Medien e. V., 2013.

Aspect Software, Inc. 2011
Aspect Software, Inc.: Customer Service Trends 2011: Studie zum Kundenservice in Europa: Die Sicht des Konsumenten. Frankfurt: Aspect Software, Inc., 2011.

Attali 2010
Attali, Jacques: Online-Kommunikation: Warum das Telefongespräch verschwindet. Zeit Online, 27. August 2010. http://www.zeit.de/digital/internet/2010-08/ende-telefon-internet-email [abgerufen am: 05. Juni 2014].

Back und Haager 2011
Back, Andrea und Haager, Christopher: Assessing Degrees of Web-2.0-ness for Websites: Model and Results for Product Websites in the Phamraceutical Industry. In: 24th Bled eConference eFuture 2011: Creating Solutions for the Individual, Organisation and Society. 2011, Paper 48, S. 321-334. http://aisel.aisnet.org/bled2011/48/.

Bak 2012
Bak, Peter Michael: Social Media: Versuch oder Versuchung für die professionelle Kommunikation mittelständischer Unternehmen, 2012. http://www.competence-site.de/downloads/37/59/i_file_494374/prof_dr._peter_m.bak_2012fresenius_4.pdf [abgerufen am 29. Oktober 2014].

Bauer 2010
Bauer, Christian Alexander: User Generated Content – Urheberrechtliche Zulässigkeit nutzergenerierter Medieninhalte. In: Große Ruse-Khan, Henning (Hrsg.); Klaas, Nadine (Hrsg.) und von Lewinski, Silke (Hrsg.): Nutzergenerierte Inhalte als Gegenstand des Privatrechts. Berlin: Springer, 2010, Bd. 15, S. 1-42.

Becker, Knackstedt und Pöppelbuß 2009a
Becker, Jörg; Knackstedt, Ralf und Pöppelbuß, Jens: Dokumentationsqualität von Reifegradmodellentwicklungen. Arbeitsberichte des Instituts für Wirtschaftsinformatik, Nr. 123. Münster: Inst. für Wirtschaftsinformatik, 2009.

Becker, Knackstedt und Pöppelbuß 2009b
Becker, Jörg; Knackstedt, Ralf und Pöppelbuß, Jens: Entwicklung von Reifegradmodellen für das IT-Management – Vorgehensmodell und praktische Anwendung. Wirtschaftsinformatik (2009) #3, S. 249-260.

Behling 2006
Behling, Mario: Strategien der Informationsverarbeitung und das veränderte Kommunikationsverhalten bei der Nutzung moderner Medienkanäle. Perspektive '89. Unsere Freiheit lebt in Berlin. 17. Mai 2006. http://perspektive89.com/informationsverarbeitung/17-05-2006/strategien_der_informationsverarbeitung_und_das_veranderte_kommunikationsverhalten_bei_d er_n [abgerufen am 03. März 2014].

Beinhauer, et al. 2014
Beinhauer, Wolfgang; Block, Micha; Büllesfeld, Elisabeth; Jüngst, Johannes; Link, Jasmin und Ruland, Julia: Umfrage Kundeninteraktion. Auszug aus der Projektstudie 'Fokusgruppen und Online-Umfrage zur Kundeninteraktion'. Stuttgart: Fraunhofer IAO, 2014.

BITKOM 2012
Bundesverband Informationswirtschaft, Telekommunikation und neue Medien e. V.: Leitfaden Social Media. Zweite, erweiterte Auflage. Berlin: BITKOM, 2012. http://www.bitkom.org/files/documents/LeitfadenSocialMedia2012%281%29.pdf [abgerufen am 22. September 2014].

BITKOM 2014a
Bundesverband Informationswirtschaft, Telekommunikation und neue Medien e. V.: Internet: Online-Shopper erwarten Kundenberatung. Pressemitteilung, 22. Juli 2014. http://www.bitkom.org/de/presse/8477_79898.aspx [abgerufen am 23. September 2014].

BITKOM 2014b
Bundesverband Informationswirtschaft, Telekommunikation und neue Medien e. V.: Presseinformation: Internetnutzer halten ihre Daten im Web für unsicher. 04. Juni 2014. http://www.bitkom.org/files/documents/BITKOM_Presseinfo_Ein_Jahren_Sowden_-_Vertrauen_im_Internet_04_06_2014.pdf [abgerufen am 11. Juli 2014].

BITKOM 2015
Bundesverband Informationswirtschaft, Telekommunikation und neue Medien e. V.: Cross-Channel-Commerce - Strategien und Technologien für erfolgreiche Digitalisierung im Handel. Berlin: BITKOM, 2015. http://www.bitkom.org/files/documents/150219_Cross-Channel-Commerce_LF2015.pdf [abgerufen am 3. März 2015].

BMI 2014a
Bundesministerium des Inneren: Gesetzentwurf der Bundesregierung: Entwurf eines Gesetzes zur Erhöhung der Sicherheit informationstechnischer Systeme (IT-Schutzgesetz). Pressemitteilung, 08. Dezember 2014. http://www.bmi.bund.de/SharedDocs/Downloads/DE/Nachrichten/Kurzmeldungen/entwurf-it-sicherheitsgesetz.pdf?__blob=publicationFile [abgerufen am 03. Januar 2015].

BMI 2014b

Bundesministerium des Inneren: Bundesregierung beschließt IT-Sicherheitsgesetz. Pressemitteilung, 17. Dezember 2014. http://www.bmi.bund.de/SharedDocs/Kurzmeldungen/DE/2014/12/bundeskabinett-beschlie%C3%9Ft-it-sicherheitsgesetz.html?nn=3446780 [abgerufen am 03. Januar 2015].

Bode und Aert 2012

Bode, Sebastian und Aert, Stun Van: Online Maturity Model: kompas voor online strategie. Frankwatching. online trends, tips & tricks. Whitepaper. 2012. http://www.frankwatching.com/archive/2012/09/19/online-maturity-model-kompas-voor-online-strategie/ [abgerufen am 27. Februar 2014].

Brockhaus 2005-06

Brockhaus: Die Enzyklopädie in 30 Bänden. 21., neu bearbeitete Auflage. Leipzig: F.A. Brockhaus, 2005-06.

Bruhn 2015

Bruhn, Manfred: Kommunikationspolitik. Systematischer Einsatz der Kommunikation für Unternehmen. 8. Aufl. München: Vahlen, 2015.

Bruhn und Heinemann 2013

Bruhn, Manfred und Heinemann, Gerrit: Entwicklungsperspektiven im Handel: Thesen aus der ressourcen- und beziehungsorientierten Perspektive. In: Crockford, Gesa (Hrsg.), Ritschel, Falk (Hrsg.) und Schmieder, Ulf-Marten (Hrsg.): Handel in Theorie und Praxis: Festschrift zum 60. Geburtstag von Prof. Dr. Dirk Möhlenbruch. Wiesbaden: Springer, 2013, S. 29-67.

BSI 2013a

Bundesamt für Sicherheit in der Informationstechnik: FOKUS - IT Sicherheit 2013. https://www.allianz-fuer-cybersicherheit.de/SharedDocs/Downloads/DE/BSI/Publikationen/Lageberichte/Fokus_IT-Sicherheit_2013_nbf.pdf;jsessionid=EAE0388B16F25B5BC6C60B0D08ED12DA.2_cid341?__blob=publicationFile [abgerufen am 12. Februar 2014].

BSI 2013b

Bundesamt für Sicherheit in der Informationstechnik: Leitfaden zur Entwicklung sicherer Webanwendungen. Empfehlungen und Anforderungen an die Auftragnehmer. 2013. https://www.bsi.bund.de/SharedDocs/Downloads/DE/BSI/Publikationen/Studien/Webanwendungen/Webanw_Auftragnehmer_pdf.pdf;jsessionid=AB15F4AD10CB3EF96D8C6F1C94D195DA.2_cid359?__blob=publicationFile [abgerufen am 12. Februar 2014].

Bucher 2001

Bucher, Hans-Jürgen: Wie interaktiv sind die neuen Medien? Grundlagen einer Theorie der Rezeption nicht-linearer Medien. In: Bucher, Hans-Jürgen (Hrsg.) und Püschel, Ulrich (Hrsg.): Die Zeitung zwischen Print und Digitalisierung. Wiesbaden: Westdeutscher Verlag, 2001, S. 139-171.

Bullinger, Heidmann und Ziegler 2002
Bullinger, Hans-Jörg; Heidmann, Frank und Ziegler, Jürgen: Usability Engineering für web-basierte Applikationen. In: it+ti Informationstechnik und Technische Informatik. 44 (2002) #1, S. 5-13.

Busemann und Gscheidle 2012
Busemann, Katrin und Gscheidle, Christoph: Web 2.0: Habitualisierung der Social Communitys. Ergebnisse der ARD/ZDF-Onlinestudie 2012. 2012, MP 7-8/2012, S. 380-390.

Busse 2014
Busse, Caspar: Industrie 4.0. Eine neue Welt. In: Süddeutsche Zeitung. (2014), 28. November 2014, S. 17.

BVDW 2012
Bundesverband digitaler Wirtschaft: Deutsche Unternehmen setzten immer stärker auf Social Media. 2012. http://www.bvdw.org/medien/bvdw-unternehmen-setzen-mehrheitlich-auf-social-media-strategie?media=4 [abgerufen am 23. Dezember 2012].

Cappel und Huang 2007
Cappel, James J. und Huang, Zhenya: A Usability Analysis of Company Websites. In: Journal of Computer Information Systems. (2007), S. 117-123.

Chakraborty, Lala und Warren 2002
Chakraborty, Goutam; Lala, Vishal und Warren, David: An empirical investigation of antecedents of B2B websites' effectivness. In: Journal of Interactive Marketing. 16 (2002) #4, S. 51-72.

Clark und Brennan 1991
Clark, Herbert H. und Brennan, Susan E.: Grounding in communication. In: Resnick, Lauren B.; Levine, John M. und Teasley, Stefanie D.: Perspectives on socially shared cognition. Washington, DC: APA Books, 1991, S. 127-149.

CMMI Product Team 2010a
CMMI Product Team: CMMI® for Development, Version 1.3. Software Engineering Institute. Hanscom AFB, MA 01731-2100: Carnegie Mellon University, 2010, S. 470, Technical Report. http://www.sei.cmu.edu/reports/10tr033.pdf [abgerufen am 10. Mai 2014].

CMMI Product Team 2010b
CMMI Product Team: CMMI® for Acquisition, Version 1.3. Software Engineering Institute. Hanscom AFB, MA 01731-2100: Carnegie Mellon University, 2010, S. 438, Technical Report. http://resources.sei.cmu.edu/asset_files/TechnicalReport/2010_005_001_15284.pdf [abgerufen am 10. Mai 2014].

CMMI Product Team 2010c
CMMI Product Team: CMMI® for Services, Version 1.3. Software Engineering Institute. Hanscom AFB, MA 01731-2100: Carnegie Mellon University, 2010, S. 520, Technical Report. http://resources.sei.cmu.edu/asset_files/TechnicalReport/2010_005_001_15290.pdf [abgerufen am 10. Mai 2014].

CMMI Product Team 2011
CMMI Product Team: CMMI® für Entwicklung, Version 1.3. Software Engineering Institute. Hanscom AFB, MA 01731-2100: Carnegie Mellon University, 2011, S. 470, Technical Report. http://www.sei.cmu.edu/library/assets/whitepapers/10tr033de_v11.pdf [abgerufen am 10. Mai 2014].

Corcoran und Overby 2011
Corcoran, Sean und Overby, Christine Spivey: Accelerating Your Social Maturity. Cambridge: Forrester Research, Inc., 2011. http://0101.nccdn.net/1_5/15e/3d2/265/12911_Forrester_accelerating_social_maturity.pdf [abgerufen am 15. Oktober 2013].

De Bruin, et al. 2005
De Bruin, Tonia; Freeze, Ron; Kaulkarni, Uday und Rosemann, Michael: Understanding the Main Phases of Developing a Maturity Assessment Model. In: Campbell, Bruce (Hrsg.); Underwood, Jim (Hrsg.) und Bunker, Deborah (Hrsg.): Australasian Conference on Information Systems (ACIS). 2005.

Deloitte 2013
Deloitte & Touche GmbH Wirtschaftsprüfungsgesellschaft: Digitalisierung im Mittelstand. 2013. http://www2.deloitte.com/content/dam/Deloitte/de/Documents/Mittelstand/Digitalisierung-im-Mittelstand.pdf [abgerufen am 11. Dezember 2014].

Detecon International GmbH 2014
Detecon International GmbH: Customer Self-Services. Effizienz und Kundenbindung im Zeitalter der Digitalen Transformation. Studie, 2014.

Dholakia, et al. 2000
Dholakia, Ruby Roy; Zhao, Miao; Dholakia, Nikhilesh und Fortin, David R.: Interactivity and revisits to web sites: a theoretical framework. Working Paper, 2000.

DiNucci 1999
DiNucci, Darcy: Fragmented Future. Design & New Media. Print 53. 1999(4), S. 32 und 221-222. http://darcyd.com/fragmented_future.pdf [abgerufen am 16. Juni 2013].

Döring 2003
Döring, Nicola: Sozialpsychologie des Internet. Die Bedeutung des Internet für Kommunikationsprozesse, Identitäten, soziale Beziehungen und Gruppen. 2. Auflage. Göttingen: Hogrefe, 2003.

Dorsch 1976
Dorsch, Friedrich: Psychologisches Wörterbuch. Bern: Huber, 1976.

Downes und McMillan 2000
Downes, Edward J. und McMillan, Sally J.: Defining interactivity. A qualitative identification of key dimensions. In: new media & society. 2 (2000) #2, S. 157-179.

Dufft und Flug 2014
Dufft, Nicole und Flug, Melanie: Digital Transformation in Deutschland. Marketing- und IT-Strategie im Wandel. Pierre Audoin Consultants, 2014. https://www.pac-online.com/download/11763/141843 [abgerufen am 29. September 2015].

Ebersbach, Glaser und Heigl 2011
Ebersbach, Anja; Glaser, Markus und Heigl, Richard: Social Web. 2. Auflage. Konstanz: UVK-Verl.-Ges., 2011.

eco - Verband der deutschen Internetwirtschaft e.V. 2011
eco - Verband der deutschen Internetwirtschaft e.V.: eco Richtlinie für zulässiges E-Mail-Marketing. Leitlinien für die Praxis. 4. Auflage. Köln: eco - Verband der deutschen Internetwirtschaft e.V., 2011.

eco - Verband der deutschen Internetwirtschaft e.V. 2015
eco - Verband der deutschen Internetwirtschaft e.V.: Mobile Marketing 2015: Die Customer Journey ist eine Reise ins Nirwana. Pressemitteilung, 17. März 2015. https://online-marketing.eco.de/2015/pressemitteilung/mobile-marketing-2015-die-customer-journey-ist-eine-reise-ins-nirwana.html [abgerufen am 21. März 2015].

Elliott 2013a
Elliott, Nate: The Funnel We Need: Follow Customers as They Actually Behave. A 4-Stage Cycle Where 'Earned, Owned and Paid,' and 'Traditional and Digital' Don't Matter. Advertising Age. 23. Januar 2013. http://adage.com/article/cmo-strategy/follow-a-customer-s-journey-behaves/239296/ [abgerufen am 07. Oktober 2014].

Elliott 2013b
Elliott, Nate: Introducing the Marketing RaDaR. Nate Elliott's Blog. 14. Januar 2013. http://blogs.forrester.com/nate_elliott/13-01-24-introducing_the_marketing_radar [abgerufen am 07. Oktober 2014].

Engelhardt und Storch 2013
Engelhardt, Emely M. und Storch, Stefanie D.: Was ist Onlineberatung? - Versuch einer systematischen begrifflichen Einordnung der 'Beratung im Internet'. In: e-beratungsjournal.net. Fachzeitschrift für Onlineberatung und computervermittelte Kommunikation. 9 (2013) #2, Artikel 5.

Esche und Hennig-Thurau 2014
vor dem Esche, Jonas und Hennig-Thurau, Thorsten: German Digitalization Consumer Report 2014. Digitalization Think:Lab im Auftrag von der Westfälische Wilhelms-Universität und Roland Berger, 2014. http://www.rolandberger.de/media/pdf/Roland_Berger_German_Digitalization_Consumer_Report_201 40718.pdf [abgerufen am 07. März 2015].

Fachhochschule Nordwestschweiz, Hochschule für Wirtschaft und Institut für Wirtschaftsinformatik 2012
Fachhochschule Nordwestschweiz, Hochschule für Wirtschaft und Institut für Wirtschaftsinformatik: eXperience Methodik. eXperience Online. 2012. http://www.experience-online.ch/cases/experience20.nsf/de/experience_methodik [abgerufen am 14. Juli 2013].

Felser 2008
Felser, Peter: Chancen und Gefahren von Werbetests aus Sicht der Praxis. In: Marketing Review St. Gallen. 2008, 2. Aufl., S. 28-32.

Ferber 2014
Ferber, Stefan: Wie das Internet der Dinge alles verändert. 10. Juli 2014. http://www.harvardbusinessmanager.de/blogs/das-internet-der-dinge-die-naechste-revolution-a-909940.html [abgerufen am 06. Dezember 2014].

Fiege 2012
Fiege, Roland: Social Media Balanced Scorecard. Wiesbaden: Vieweg+Teubner Verlag | Springer Fachmedien, 2012.

Fink, Zeevi und Te'eni 2008
Fink, Lior; Zeevi, Aviv und Te'eni, Dov.: The effectiveness of online customer relation tools. Comparing the perspectives of organizations and customers. In: Internet Research. 18 (2008) 3, S. 211-228.

Fischer 2008
Fischer, Clay.: SEO Maturity Model: Where is Your Organization? Search Enginuity. 07. August 2008. http://www.searchenginuity.com/seo-maturity-model/ [abgerufen am 27. Juni 2014].

Fitzsimmons und Fitzsimmons 2011
Fitzsimmons, James A. und Fitzsimmons, Mona J.: Service management: operations, strategy, information technology. Boston: Mc Graw Hill, 2011.

Foegen, Battenfeld und Raak 2007
Foegen, Malte, Jörg Battenfeld, und Claudia Raak. CMMI – ein Werkzeug zur Prozessverbesserung. 2007. http://www.computerwoche.de/a/cmmi-ein-werkzeug-zur-prozessverbesserung,590892 [abgerufen am 10. Juni 2015].

Fogg, et al. 2003
Fogg, B.J.; Soohoo, Cathy; Danielson, David R.; Marable, Leslie; Stanford, Julianne und Tauber, Ellen R.: How Do Users Evaluate the Credibility of Web Sites? A Study with Over 2,500 Participants. In: Proceedings of the 2003 conference on Designing for user experiences. (2003), S. 1-15.

Fraunhofer IML 2014
Fraunhofer IML: Komplexe Logistik - dezentral, autonom, intelligent. Das Internet der Dinge. Internet der Dinge. 03. November 2014. [Zitat vom: 08. Dezember 2014.] http://www.internet-der-dinge.de/de/wasistdasinternetderdinge.html [abgerufen am 08. Dezember 2014].

Freilinger, Lachenmaier und Parpart 2010
Freilinger, Kathrin; Lachenmaier, Stefan und Parpart, Nadja: Vom Website-Betreiber zum Multi-Channel-Manager - Neue Anforderungen an die zielgruppenorientierte Unternehmenskommunikation. Studie, Freiburg: Virtual Identity AG, 2010.

Gabler 2011
Gabler: Gabler Lexikon Medienwirtschaft. Wiesbaden: Gabler Verlag, 2011.

Gabriel, Gaßner und Lange 2010
Gabriel, Peter; Gaßner, Katrin und Lange, Sebastian: Das Internet der Dinge - Basis für die IKT-Infrastruktur von morgen. Anwendungen, Akteure und politische Handlungsfelder. Institut für Innovation und Technik (IIT) in der VDI/VDE-IT. Berlin: Feller, 2010.

Gebhard und Kleene 2014
Gebhard, Meike und Kleene, Martin: Dialog und Glaubwürdigkeit: Wie Unternehmen im Social Web das Vertrauen der Konsumenten gewinnen - und dabei Fallstricke vermeiden. In: Wagner, Riccardo (Hrsg.); Lahme, Georg (Hrsg.) und Breitbarth, Tim (Hrsg.): CSR und Social Media, Management Reife Corporate Social Media. Berlin: Springer, 2014, S. 247-259.

Ghose und Dou 1998
Ghose, Sanjoy und Dou, Wenyu: Interactive functions and their impact of the appeal of internet presence sites. In: Journal of Advertising Research. 38 (1998) #2, S. 29-43.

Gillig, et al. 2008
Gillig, Herbert; Gleich, Ronald; Russo, Peter und Tilebein, Meike: Customer Integration in the Innovation Process: An Exploratory Study in the German E-service Industry. In: The Proceedings of the XIX ISPIM Conference. (2008), Tours.

Göhring 2007
Göhring, Martina: Banken und digitale Kommunikation. Esslingen : centrestage, Juli 2007. Projektpaper Bank 2.0. http://www.centrestage.de/wp-content/uploads/2009/11/2007_07_Bank_und_digitale_Kommunikation_Whitepaper_centrestage.pdf [abgerufen am 15. April 2014].

Gonçalves, Santos und Morais 2010
Gonçalves, Ramiro Moreira; Santos, Sónia Sousa und Morais, Elisabete Paulo: E-business Maturity and Information Technology in Portuguese SMEs. In: Communications of the IBIMA. (2010), S. 1-8.

Google 2014
Google: HTTPS as a ranking signal. Google. Webmaster Central Blog. 06. August 2014. http://googlewebmastercentral.blogspot.co.uk/2014/08/https-as-ranking-signal.html [abgerufen am 08. September 2014].

Governor, Hinchcliffe und Nickull 2009
Governor, James; Hinchcliffe, Dion und Nickull, Duane: Web 2.0 Architectures. What entrepreneurs and information architects need to know. Sebastopol: O'Reilly Media, 2009.

Grabner-Kräuter und Schwarz-Musch 2009
Grabner-Kräuter, Sonja und Schwarz-Musch, Alexander: CRM - Grundlagen und Erfolgsfaktoren. In: Hinterhuber, Hans H.(Hrsg.) und Matzler, Kurt (Hrsg.): Kundenorientierte Unternehmensführung. Kundenorientierung - Kundenzufriedenheit - Kundenbindung. Wiesbaden: Gabler, 2009, S. 177-195.

Grimm 2001

Grimm, Rüdiger: Vertrauen im Internet: Wie sicher soll E-Commerce sein? In: Müller, Günther (Hrsg.) und Reichenbach, Martin (Hrsg.): Sicherheitskonzepte für das Internet. 5. Berliner Kolloquium der Gottlieb Daimler- und Karl Benz-Stiftung. Berlin Heidelberg: Springer, 2001, S. 57-86.

Groß 2013

Groß, Olaf: Offline beraten, online kaufen: Online-Handel profitiert vom umgekehrten ROPO-Effekt. 05. Februar 2013. http://www.shopbetreiber-blog.de/2013/02/05/offline-beraten-online-kaufen-online-handel-profitiert-vom-umgekehrten-ropo-effekt/ [abgerufen am 20. Februar 2014].

Ha und James 1998

Ha, Louisa und James, E. Lincoln: Interactivity reexamined: A baseline analysis of early business websites. In: Journal of Broadcasting & Electronic Media. 42 (1998) 4, S. 457-474.

Hanisch, et al. 2015

Hanisch, Thorsten; Wodarz, Roman; Agnischock, Hans-J.; Seifarth, Dirk und Grobe, Sascha: Omnikana Monitor 2015. Studie, Gütersloh, Wiesbaden: arvato direct services GmbH und CSC Deutschland Consulting GmbH, 2015.

Haumer 2011

Haumer, Florian: Brauchen Unternehmen noch Corporate Websites? PR-transfer. Studien & Aktuelles aus PR und Marketing. 26. August 2011. http://www2.tu-ilmenau.de/pr-transfer/?p=293 [abgerufen am 14. März 2013].

Heinemann 2013

Heinemann, Gerrit: Digitale Revolution im Handel – steigende Handelsdynamik und disruptive Veränderung der Handelsstrukturen. In: Heinemann, Gerrit (Hrsg.); Haug, Kathrin (Hrsg.) und Gehrckens, Mathias (Hrsg.): Digitalisierung des Handels mit ePace – innovative E-Commerce-Geschäftsmodelle und digitale Zeitvorteile. Wiesbaden: Springer, 2013, S. 3-26.

Henseler 2011

Henseler, Wolfgang: Social Media Branding. Markenbildung im Zeitalter von Web 2.0 und App-Computing. In: Theobald, Elke (Hrsg.) und Haisch, Philipp T. (Hrsg.): Brand Evolution. Moderne Markenführung im digitalen Zeitalter. Wiesbaden: Gabler, 2011, S. 112-125.

Herrmann 2014

Herrmann, Sebastian: Hilflos vor der Maschine. In: Süddeutsche Zeitung. 10./11. Mai 2014, 107, S. 22.

Hertneck und Kneuper 2011

Hertneck, Christian und Kneuper, Ralf: Prozesse verbessern mit CMMI® for Services: Ein Praxisleitfaden mit Fallstudien. Heidelberg: dpunkt, 2011.

Hippner, Rentzmann und Wilde 2007

Hippner, Hajo; Rentzmann, René und Wilde, Klaus D.: Aufbau und Funktionalitäten von CRM-Systemen. In: Hippner, Hajo (Hrsg.) und Wilde, Klaus D. (Hrsg.): Grundlagen des CRM. Konzepte und Gestaltung. Wiesbaden: Gabler, 2007, S. 47-74.

Hirschheim, Schwarz und Todd 2006
Hirschheim, Rudy; Schwarz, Andrew und Todd, Peter: A marketing maturity model for IT: Building a customer-centric IT organization. In: IBM Systems Journal. 45 (2006) #1, S. 181-199.

Hochschule Pforzheim und full6Berlin 2012
Hochschule Pforzheim und full6Berlin: Digital Retail Vision. Eine Studie der Hochschule Pforzheim in Zusammenarbeit mit full6Berlin. 2012. http://issuu.com/full6berlin/docs/retail [abgerufen am 20. Oktober 2013].

Hoffs 2011
Hoffs, Vincent: E-business Maturity Model "Measuring the way to adulthood". Masterthesis. Eindhoven: Eindhoven University of Technology, 2011.

Hönle 2013
Hönle, Jan Helmut: Online beraten und verkaufen: So führen Sie Kunden persönlich durch den Kaufprozess im Internet. Wiesbaden: Springer Gabler, 2013.

Hörmann, et al. 2006
Hörmann, Klaus; Dittmann, Lars; Hindel, Bernd und Müller, Markus: SPICE in der Praxis. Heidelberg: dpunkt, 2006.

Hündgen 2013
Hündgen, Markus: THINK - Markus Hündgen: Einblick in unser Leben. 04. März 2013. https://www.wired.de/2013/04/03/think-markus-huendgen-video-revolution/ [abgerufen am 20. Januar 2014].

IBM 2014
IBM: Von der Vision zur Umsetzung: Mit Lösungen von IBM ins Zeitalter von Industrie 4.0. 04. Dezember 2014. http://www-03.ibm.com/press/de/de/pressrelease/45614.wss [abgerufen am 06. Dezember 2014].

Initiative D21 e.V und TNS Infratest 2014
Initiative D21 e.V und TNS Infratest: D21 - Digital - Index 2014. Die Entwicklung der digitalen Gesellschaft in Deutschland. Schmekies, Medien & Druck, 2014. http://www.initiatived21.de/wp-content/uploads/2014/11/141107_digitalindex_WEB_FINAL.pdf [abgerufen am 05. Dezember 2014].

Initiative D21 e.V. und ipima 2014
Initiative D21 e.V. und Institute for Public Information Management: eGovernment Monitor 2014: Nutzung und Akzeptanz von elektronischen Bürgerdiensten im internationalen Vergleich. September 2014. http://www.initiatived21.de/wp-content/uploads/2014/09/eGovMon2014_web.pdf [abgerufen am 05. Dezember 2014].

Institut für Demoskopie Allensbach 2014
Institut für Demoskopie Allensbach: Die Zukunft der digitalen Gesellschaft. Ergebnisse einer repräsentativen Bevölkerungsumfrage. Allensbach, 2014.

Irlmer und Jüngst 2013

Irlmer, Magdalena und Jüngst, Johannes: Zukunftsmodell Social Banking. Auswirkungen digitaler Kundeninteraktion auf das Bank-Kunde-Verhältnis. In: geldinstitute. (2013) #3, S. 16-17.

Ives und Learmonth 1984

Ives, Blake und Learmonth, Gerard P.: The information system as a competetive weapon. In: Communications of the ACM. 27 (1984) #12, S. 1193-1201.

Jäckel 1995

Jäckel, Michael: Interaktion. Soziologische Anmerkungen zu einem Begriff. In: Rundfunk und Fernsehen, 43 (1995), S. 463-476.

Jacobs 2008-2014

Jacobs, Stephan: Reifegradmodelle. http://www.enzyklopaedie-der-wirtschaftsinformatik.de/wi-enzyklopaedie/lexikon/is-management/Systementwicklung/reifegradmodelle [abgerufen am 17. März 2014].

Jahn und Pfeiffer 2014

Jahn, Benedikt und Pfeiffer, Markus: „Die digitale Revolution — Neue Geschäftsmodelle statt (nur) neue Kommunikation. In: Marketing Review St. Gallen, (2014), S. 79-93.

Jüngst 2011

Jüngst, Johannes: Kundeninteraktion. Formen des Kundenkontakts. Fraunhofer IAO. Whitepaper, 2011. http://www.iao.fraunhofer.de/lang-de/images/downloadbereich/400/kundeninteraktion-formen-des-kundenkontakts.pdf [abgerufen am 12. November 2013].

Jungwirth 2010

Jungwirth, Georg: Die Marketing-Strategien der mittelständischen österreichischen Weltmarktführer. In: Meyer, Jörn-Axel (Hrsg.): Strategien von kleinen und mittleren Unternehmen. Köln: Eul, 2010 , S. 179-200.

Kersten, Zink und Kern 2006

Kersten, Wolfgang; Zink, Thomas und Kern, Eva-Maria: Collaborative Service Engineering. In: Schneider, Kristof (Hrsg.); Bullinger, Hans-Jörg (Hrsg.) und Scheer, August-Wilhelm(Hrsg.): Service Engineering: Entwicklung und Gestaltung innovativer Dienstleistungen. 2. Aufl., Berlin: Springer, 2006, S. 341-357.

Kloos und Walther 2014

Kloos, Michael und Walther, Jürgen. 2014: WebRTC: Beratung per Video: Kundennähe im Internet aufbauen. 22. September 2014. http://www.absatzwirtschaft.de/content/crm-vertrieb/news/beratung-per-video-kundennaehe-im-internet-aufbauen;82781;0 [abgerufen am 23. September 2014].

Kneuper 2007

Kneuper, Ralf: CMMI. Verbesserung von Software- und Systementwicklungsprozessen mit Capability Maturity Integration (CMMI-DEV). 3. Aufl., Heidelberg: dpunkt, 2007.

Koller, et al. 2013
Koller, Peter-Julian; Schulz, Sandra; Summa, Harald A.; Opitz, Michael; Riegel, Lars; Schättgen, Nicolai; Schelb, Karen; Pohlmann, Norbert; Sparenberg, Michael und Kerst, Claudio: Die deutsche Internetwirtschaft 2012-2016. Zahlen, Trends und Thesen. Köln / Frankfurt : eco - Verband der deutschen Internetwirtschaft e.V. / Arthur D. Little GmbH, 2013.

Kollmann 2001
Kollmann, Tobias: Virtuelle Marktplätze. Grundlagen, Management, Fallstudie. München: Vahlen, 2001.

Kollmann 2013
Kollmann, Tobias: E-Business. Grundlagen elektronischer Geschäftsprozesse in der Net Economy. 5. Aufl., Wiesbaden: Springer Gabler, 2014.

Koschnick 2005
Koschnick, Wolfgang J.: Ein Requiem für AIDA. Wann endlich werden die Stufenmodelle der Werbewirkung zu Grabe getragen? 2005. In: Focus-Jahrbuch 2005. Beiträge zu Werbe- und Mediaplanung, Markt-Kommunikations- und Mediaforschung. http://www.medialine.de/media/uploads/projekt/medialine/docs/publikationen/jb_2005/jb_2005_kb01_koschnick.pdf [abgerufen am 12. März 2014].

Kreidler und Tilebein 2011
Kreidler, Anja und Tilebein, Meike: Kreativität von F&E-Teams im Spannungsfeld von Diversität und Kommunikation. In: Spath, Dieter (Hrsg.): Wissensarbeit – Zwischen strengen Prozessen und kreativem Spielraum. Berlin: GITO: S.393-415.

Kurbel 2001
Kurbel, Karl: Internet-Nutzung im Business-to-Business Bereich: Stand der Entwicklung, Typologien und Anwendungsbeispiele. In: Krallmann, Hermann (Hrsg.): Wirtschaftsinformatik '97. Heidelberg: Physica-Verlag, 2001, S. 23-34.

Lai und Turban 2008
Lai, Linda S.L. und Turban, Efraim: Groups Formation and Operations in the Web 2.0. Environment and Social Networks. In: Group Decision and Negotiation. 17 (2008) 5, S. 387-402.

Lammenett 2014
Lammenett, Erwin: Praxiswissen Online-Marketing. 4. Aufl., Wiesbaden: Springer Gabler, 2014.

Lasogga 2012
Lasogga, Frank: Immer im Gespräch bleiben. eCRM: Webgestütztes Kundenbeziehungsmanagement in der Einzelfertigung. In: Industrieanzeiger. (2012) #15, S. 26-28.

Lasogga und Taxacher 2012
Lasogga, Frank und Taxacher, André: Gefühlte Belanglosigkeit: Facebook für KMU nicht geeignet. 17. Dezember 2012. http://xethix.com/gefuhlte-belanglosigkeit-facebook-fur-kmu-nicht-geeignet/ [abgerufen am 26. Dezember 2012].

Laudon und Traver 2012
Laudon, Kenneth C. und Traver, Carol Guercio: E-Commerce 2012. In: business. technology. society. 8. Aufl., Boston: Pearson, 2012.

Lawler, Vandepeutte und Anderson 2006
Lawler, James; Vandepeutte, Pascale und Anderson, Dennis: A Study of Customer Relationship Management (CRM) on Apparel European Web Sites. In: Zanasi, Alessandro (Hrsg.); Brebbia, Carlos A. (Hrsg.) und Ebecken, Nelson F. F. (Hrsg.): Data Mining VII: Data, Text and Web Mining and their Business Applications. online: WIT Transactions on Information and Communication Technologies, 37 (2006), S. 267-278.

Lee und Kozar 2012
Lee, Younghwa und Kozar, Kenneth A.: Understanding of website usability: Specifying and measuring constructs and their relationships. In: Journal of Decision Support Systems. 52 (2012) #2, S. 450-463.

Leußer, Hippner und Wilde 2011
Leußer, Wolfgang; Hippner, Hajo und Wilde, Klaus D.: CRM - Grundlagen, Konzepte und Prozesse. In: Hippner, Hajo (Hrsg.); Hubrich, Beate (Hrsg.) und Wilde, Klaus D. (Hrsg.): Grundlagen des CRM. Strategie, Geschäftsprozesse und IT-Unterstützung. 3. Aufl., Wiesbaden: Gabler, 2011, S. 15-55.

Lewis 1903
Lewis, St. Elmo: Catch-Line and Argument. The Book-Keeper. 15 (1903), S. 124.

Liu und Arnett 2000
Liu, Chang und Arnett, Kirk P.: Exploring the factors associated with Web site success in the context of electronic commerce. In: Information & Management. 38 (2000) #1, Vol. 38, Nr. 1, S. 22-33.

Lopez und Jarmulewski 2011
Lopez, Carola und Jarmulewski, Yvonne: E-Payment Report 2011. Bundesverband Digitaler Wirtschaft e.V. (BVDW). November 2011. http://www.bvdw.org/mybvdw/media/download/e-payment-report-111121.pdf?file=2099 [abgerufen am 20. November 2013].

Lürssen 2004
Lürssen, Jürgen: Werbewirkung: AIDA - reif fürs Museum? In: Absatzwirtschaft, 47 (2004) #8, S. 104.

Marshall 2007a
Marshall, Stephen: Version 2.3 (Draft) Documents. E-Learning Maturity Model (eMM). 2007. http://www.cad.vuw.ac.nz/research/emm/publications.php [abgerufen am 03. März 2015].

Marshall 2007b
Marshall, Stephen: Version Two Key Concepts. E-Learning Maturity model (eMM). 2007. http://www.cad.vuw.ac.nz/research/emm/two_concepts.php [abgerufen am 03. März 2015].

Mauch 1990
Mauch, Willy: Bessere Kundenkontakte dank Sales Cycle. In: THEXIS. 7 (1990) #1, S. 15-18.

Maucher 2011
Maucher, Sebastian: Diskussionspapier Nr 2011-1: Schattenseiten der Transparenz. Wittenberg-Zentrum für Globale Ethik e.V. Lutherstadt Wittenberg: Wittenberg-Zentrum für Globale Ethik e.V., 2011. http://www.wcge.org/download/DP_2011-01_Maucher_-_Schattenseiten_der_Transparenz_.pdf [abgerufen am 05. September 2014].

McCorkindale und Morgoch 2013
McCorkindale, Tina und Morgoch, Meredith: An analysis of the mobile readiness and dialogic principles on Fortune 500 mobile websites. In: Public Relations Review. 39 (2013) #3, S. 193-197.

Meier und Stormer 2012
Meier, Andreas und Stormer, Henrik: eBusiness & eCommerce. Management der digitalen Wertschöpfungskette. 3. Aufl., Berlin, Heidelberg: Springer Gabler, 2012.

Mithas, et al. 2006-7
Mithas, Sunil; Ramasubbu, Narayanan; Krishnan, M.S. und Fornell, Claes: Designing Web Sites for Customer Loyality Across Business Domains: A Multilevel Analysis. In: Journal of Management Information System. 23 (2006-7) #3, S. 97-127.

Möhlenbruch, Dölling und Ritschel 2008
Möhlenbruch, Dirk; Dölling, Steffen und Ritschel, Falk: Web 2.0-Anwendungen im Kundenbindungsmanagement des M-Commerce. In: Bauer, Hans H. (Hrsg.); Bryant, Melchior D. (Hrsg.) und Dirks, Thorsten (Hrsg.): Erfolgsfaktoren des Mobile Marketing. Berlin, Heidelberg: Springer, 2008, S. 221-240.

Morville 2004
Morville, Peter: Semantic Studios. User Experience Design. 21. Juni 2004. http://semanticstudios.com/publications/semantics/000029.php [abgerufen am 29. August 2014].

Musser und O'Reilly 2007
Musser, John und O'Reilly, Tim: Web 2.0. Principles and Best Practices. Sebastopol: O'Reilly Media, Inc., 2007.

Muther 2001
Muther, Andreas: Electronic Customer Care. Die Anbieter-Kunden-Beziehung im Informationszeitalter. 3. Aufl., Berlin: Springer, 2001.

NICE Systems GmbH 2012
NICE Systems GmbH: Mehr Kanäle, mehr Auswahl, mehr Interaktion. Die Herausforderung, engagierte Kunden glücklich zu machen. Studie. Frankfurt a.M.: NICE Systems GmbH, 2012.

Nielson 2008
Nielson, Jakob: Usability ROI Declining, But Still Strong. 22. Januar 2008. http://www.nngroup.com/articles/usability-roi-declining-but-still-strong/ [abgerufen am 17. Oktober 2014].

Nielson 2013
Nielson, Jakob: Homepage Real Estate Allocation. 16. November 2013.
http://www.nngroup.com/articles/homepage-real-estate-allocation/ [abgerufen am 09. Oktober 2014]

Nuesch, Puschmann und Alt 2012
Nueesch, Rebecca; Puschmann, Thomas und Alt, Rainer: A Framework for assessing Web 2.0 customer interaction maturity: The case of the banking industry. In: 25th Bled eConference eDependability: Reliable and Trustworthy eStructures, eProcesses, eOperations and eServices for the Future. (2012), Paper 24, S. 238-249. http://aisel.aisnet.org/bled2012/24.

O'Reilly 2005
O'Reilly, Tim: What Is Web 2.0. Design Patterns and Business Models for the Next Generation of Software. 2005. http://oreilly.com/web2/archive/what-is-web-20.html [abgerufen am 10. März 2014].

O'Reilly 2006
O'Reilly, Tim: Web 2.0 Compact Definition: Trying Again. 10. Dezember 2006.
http://radar.oreilly.com/2006/12/web-20-compact-definition-tryi.html [abgerufen am 10. März 2014].

O'Reilly 2010
O'Reilly, Tim: The State of the Internet Operating System. 29. März 2010.
http://radar.oreilly.com/2010/03/state-of-internet-operating-system.html [abgerufen am 18. März 2014].

O'Reilly und Battelle 2009
O'Reilly, Tim und Battelle, John: Web Squared: Web 2.0 Five Years On. In: Web 2.0 Summit. 2009.
http://assets.en.oreilly.com/1/event/28/web2009_websquared-whitepaper.pdf.

Palmer 2002
Palmer, Jonathan W.: Web Site Usability, Design, and Performance Metrics. In: Information System Research. 13 (2002) #13, S. 151-167.

Pariser 2011
Pariser, Eli: The Filter Bubble: What the Internet is Hiding from you. New York: Penguin, 2011.

Penkert, et al. 2014
Penkert, Andreas; Eberwein, Patrick; Salma, Viktoria und Krpanic, Sascha: Customer Self-Service. Effizienz und Kundenbindung im Zeitalter der digitalen Transformation. Studie, Köln: Detecon International GmbH, 2014.

Pittrof 2011
Pittrof, Matthias: Die Bedeutung der Unternehmenskultur als Erfolgsfaktor für Hidden Champions. Wiesbaden: Gabler, 2011.

Piwinger 2002
Piwinger, Boris: Kommunikation im Internet. In: Bentele, Günter (Hrsg.); Piwinger, Manfred (Hrsg.) und Schönborn, Gregor (Hrsg.): Kommunikationsmanagement. München: Lutherhand, 2002, S. 2001 ff. Loseblattwerk - 3. Ergänzungslieferung September 2002.
http://piology.org/publications/Kommunikation.

Pleil, Meck, et al. 2009
Pleil, Thomas; Meck, Georg; Ahlemeier, Melanie und Feber, Heiko: Nachsitzen. Web-Sitecheck. In: PR-Magazin. (2009) #10, S. 18-22.

Pleil 2012
Pleil, Thomas: Corporate Websites: Ungenutzte (Dialog-)Potenziale? 02. September 2012. http://thomaspleil.wordpress.com/ [abgerufen am 10. Dezember 2012].

Porter 2008
Porter, Joshua: Designing for the Social Web. Berkley, CA: New Riders, 2008.

Pürer 2001
Pürer, Heinz: Grundbegriffe der Kommunikationswissenschaft. Konstanz: UVK Verlagsgesellschaft, 2001.

Quiring und Schweiger 2006
Quiring, Oliver und Schweiger, Wolfgang: Interaktivität – ten years after. Eine Bestandsaufnahme und ein Analyserahmen. In: Medien und Kommunikationswissenschaft, 54 (2006), S. 5-24.

Rafaeli 1988
Rafaeli, Sheizaf: Interactivity: from new media to communication. In: Hawkins, Robert P. (Hrsg.); Wiemann, John M. (Hrsg.) und Pingree, Suzanne (Hrsg.): Advancing Communiation Science: Merging Mass and Interpersonal Process. Newburry Park, CA: Sage, 1988, S. 110-134.

Rao, Metts und Monge 2003
Rao, S. Subba; Metts, Glenn und Monge, Carlo A. Mora: Electronic Commerce Development in Small and Medium Sized Enterprises: A Stage Model And Its Implications. In: Business Process Management Journal. 9 (2003) #1, S. 11-32.

Rayport und Jaworski 2004
Rayport, Jeffrey F. und Jaworski, Bernard J.: Introduction to e-Commerce. 2 Aufl., New York: McGraw Hill, 2004. S. 151-182.

Reich und Braasch 2010
Reich, Michael und Braasch, Tim: Strategieentwicklung. In: Zerres, Michael P. (Hrsg.) und Reich, Michael (Hrsg.): Handbuch Versicherungsmarketing. Berlin: Springer, 2010, S. 183-194.

Rhoads 2008
Rhoads, Vera: Web site maturity cycles. IA Summit 2008. 13. April 2008. http://www.iasummit.org/proceedings/2008/web_site_maturity_cycles [abgerufen am 27. Februar 2014].

Richter, Riemer und vom Brocke 2011
Richter, Daniel; Riemer, Kai und vom Brocke, Jan: Internet Social Networking: Research State-of-the-art and Implications for Enterprise 2.0. In: Business and Information System Engineering (BISE). 3 (2011) #2, S. 89-101.

Riekhof, Buhleier und Mix 2014
Rieckhof, Hans-Christian; Buhleier, Marco und Mix, Steffen: Empirische Studie: Online-Marketing im B2B Geschäft. Göttingen: PFH Private Hochschule Göttingen, 2014. https://www.pfh.de/fileadmin/Content/PDF/forschungspapiere/studie-online-marketing-imb2b-geschaeft-riekhof-buhleier-mix.pdf [abgerufen am 29. September 2015].

Ritters 2011
Ritters, Jörg: Qualitätskriterien. Onlineberatung - Dimensionen, Entwicklungen und Ausblicke. 11. September 2011. http://wikis.hawk-hhg.de/wikis/fields/Onlineberatung/field.php/QualitTskriterien/QualitTskriterien [abgerufen am 20. August 2014].

Röhner und Schütz 2012
Röhner, Jessica und Schütz, Astrid: Psychologie der Kommunikation. Wiesbaden: Springer, 2012.

Rossmann und Parpart 2013
Rossmann, Alexander und Parpart, Nadja: Von Social Media zum Digital Footprint Management. Sind Unternehmen auf ihre digitale Zukunft vorbereitet? Universität St. Gallen im Auftrag von Virtual Identity, 2013. http://www.springerprofessional.de/spmblob/4822362/data/studie_virtual-identity_universitaet-st-gallen.pdf [abgerufen am 29. September 2015].

Rothbauer 2014
Rothbauer, Iris: SZ-Wirtschaftsgipfel 2014. Telefónica CEO Thorsten Dirks: "Nicht wir lenken den Kunden, der Kunde lenkt uns". Telefonica Blog. 01. Dezember 2014. https://blog.telefonica.de/2014/12/sz-wirtschaftsgipfel-2014-telefonica-ceo-thorsten-dirks-nicht-wir-lenken-den-kunden-der-kunde-lenkt-uns/ [abgerufen am 05. Dezember 2014].

Safko 2012
Safko, Lon: The Social media bible: tactics, tools, and strategies for business success. 3. Aufl., Wiley: Hoboken, 2012.

Salmen und Gröschel 2004
Salmen, Sonja M. und Gröschel, Michael: Handbuch Electronic Customer Care. Der Weg zur digitalen Kundennähe. Heidelberg: Physica-Verlag, 2004.

Scherf, et al. 2008
Scherf, Philipp; Neus, Andreas; Tietz, Sebastian und Waesche, Niko: Innovation der Medien. Web 2.0 verwöhnte Konsumenten zwingen Medienanbieter zum Umbau ihrer Geschäftsmodelle. Hamburg: IBM Global Business Services, 2008. http://www-05.ibm.com/de/media/news/medienstudie-28-04-08.html [abgerufen am 18. März 2014].

Schmidt 2014
Schmidt, Holger: Die Techs kommen: Wie Internet-Firmen traditionelle Branchen "disrupten". 16. November 2014. http://netzoekonom.de/2014/11/16/die-techs-kommen-wie-internet-firmen-traditionelle-branchen-disrupten-und-wie-diese-sich-jetzt-vorbereiten-sollten/ [abgerufen am 20. November 2014].

Schubert 2012
Schubert, Petra: Kollaboratives Customer Relationship Management. 25. Oktober 2012.
http://www.enzyklopaedie-der-wirtschaftsinformatik.de/wi-enzyklopaedie/lexikon/informationssysteme/crm-scm-und-electronic-business/Customer-Relationship-Management/Kollaboratives-CRM [abgerufen am 02. November 2014].

Simon 1990
Simon, Hermann: "Hidden champions": Speerspitze der deutschen Wirtschaft. In: Zeitschrift für Betriebswirtschaft (ZfB). 60 (1990) #9, S. 875-890.

Simon 2007
Simon, Hermann: Hidden Champions des 21. Jahrhunderts: Die Erfolgsstrategien unbekannter Weltmarktführer. Frankfurt a.M.: Campus, 2007.

Smith 2008
Smith, David Mitchell: Web 2.0 and Beyond: Evolving the Discussion. s.l.: Gartner, Inc., 2008.
http://c.ymcdn.com/sites/www.simnet.org/resource/collection/5DD9A06C-4C50-46ED-A313-3992A14320DC/2008.10_Gartner_-_Web_2.0_and_beyond.pdf [abgerufen am 12. März 2014].

Sohn 2013
Sohn, Gunnar: Unternehmenskommunikation: Wenn Internet-Nutzern übel wird. 19. Dezember 2013.
http://www.netzpiloten.de/unternehmenskommunikation-wenn-internet-nutzern-ubel-wird/ [abgerufen am 05. Dezember 2014].

Solis 2011
Solis, Brian: Engage!: The Complete Guide for Brands and Businesses to Build, Cultivate, and Measure Success in the New Web. Hoboken: Wiley, 2011.

Sommerfeldt, Kent und Taylor 2012
Sommerfeldt, E. J.; Kent, M. L. und Taylor, M.: Activist practitioner perspectives of website public relations: Why aren't activist websites fulfilling the dialogic promise? In: Public Relations Review. (2012) #38, S. 303-312.

Song und Zinkhan 2008
Song, Ji Hee und Zinkhan, George M.: Determinants of Perceived Web Site Interactivity. In: Journal of Marketing. 72 (2008) #2, S. 99-113.

Spengler und Wirth 2009
Spengler, Christoph und Wirth, Werner: Die Wirkung von Marketing- und Vertriebsmaßnahmen maximieren. In: io new management. (2009) #3, S. 46-51.

Statistisches Bundesamt 2012
Statistisches Bundesamt: Unternehmen und Arbeitsstätten. Nutzung von Informations- und Kommunikationstechnologien in Unternehmen. Wiesbaden: Destatis, 2012.

Statistisches Bundesamt 2014
Statistisches Bundesamt: Anteil der Unternehmen im Jahr 2014, der eine eigene Website besitzt, nach Betriebsgröße. IKT in Unternehmen und Arbeitsstätten 2014. 2014.
http://de.statista.com/statistik/daten/studie/4010/umfrage/unternehmen-mit-eigener-website-nach-betriebsgroesse/ [abgerufen am 07. März 2015].

Steuer 1992
Steuer, Jonathan: Defining Virtual Reality: Dimensions Determining Telepresence. In: Journal of Commmunication. 42 (1992) #2, S. 73-93.

Strauß 2013
Strauß, Ralf E.: Digital Business Excellence. Strategien und Erfolgsfaktoren im E-Business. Stuttgart: Schäffer-Poeschel, 2013.

Strauß und Schoder 2002
Strauß, Ralf und Schoder, Detlef: eReality: das e-business-Bausteinkonzept; Strategien und Erfolgsfaktoren für das e-business-Management. Frankfurt a. M.: FAZ-Inst. für Management-, Markt- und Medieninformationen, 2002.

Tarafdar und Zhang 2007-2008
Tarafdar, Monideepa und Zhang, Jie: Determinants of Reach and Loyality - A Study of Websites Performance and Implications for Web Design. In: Journal of Computer Information Systems. 48 (Winter 2007-2008) #2, S. 16-24.

Thiele 2013
Thiele, Christian: Onlinehandel: Das Netzt bringt's nicht. In: Die Zeit. 03. Oktober 2013, Nr. 41. http://www.zeit.de/2013/41/online-handel-amazon-deuter-adidas.

Thompson 2008
Thompson, Clive: Brave New World of Digital Intimacy. In: New York Times. 08. September 2008, New York Ausgabe, S. MM42.

Tilebein 2005
Tilebein, Meike: Levers of Emergence – a Generic Framework of Complex Adaptive Systems in Management Science. In: The 6th European Congress on Systems Science. (2005), Paris.

Tilebein und Stolarski 2008
Tilebein, Meike und Stolarski, Vera: Diversität und kollektive Informationsverarbeitung. In: Eisenkopf, Alexander; Opitz, Christian und Proff, Heike: Strategisches Kompetenz-Management in der Betriebswirtschaftslehre. Wiesbaden: Gabler, 2008. S. 71-89.

Tißler 2013
Tißler, Jan: Praktische Beispiele für das Internet der Dinge. 17. Juni 2013. http://upload-magazin.de/blog/7086-internet-der-dinge-beispiele/ [abgerufen am 07. Dezember 2014].

Toffler 1980
Toffler, Alvin: The third wave. USA: Bantam Books, 1980.

Tomiuk und Pinsonneault 2008
Tomiuk, Daniel und Pinsonneault, Alain: Applying relationship theories to web site design: development and validation of a site-communality scale. In: Informations Systems Journal. 19 (2008), S. 413-435.

T-Systems Multimedia Solutions GmbH 2013
T-Systems Multimedia Solutions GmbH: Whitepaper: E-Business Reifegradmodell. Der Wert von e-Business in ihrem Unternehmen. Dresden: T-Systems Multimedia Solutions GmbH, 2013.

Ulich 1997
Ulich, Eberhard: Mensch, Technik, Organisation: ein europäisches Produktionskonzept. In: Strohm, Oliver (Hrsg.) und Ulich, Eberhard (Hrsg.): Unternehmen arbeitspsychologisch bewerten. Schriftenreihe Mensch - Technik - Organisation. Zürich: vdf Hochschulverlag AG an der ETH Zürich, 1997, Bd. 10, S. 5-17.

Universität St. Gallen und Conrad Caine 2012
Universität St. Gallen und Conrad Caine: Social Media Excellence 12. Studie. 2012.

Vissing 2011
Vissing, Adam: Öffentlicher Dialog mit Kunden. Februar 2011.
http://www.geldinstitute.de/data/beitrag/Artikel-oeffentlicher-Dialog-mit-Kunden_6130295.html
[abgerufen am 07. Dezember 2011].

Voorveld, Neijens und Smit 2009
Voorveld, Hilde A.M.; Neijens, Peter C. und Smit, Edith G.: Comsumers' response to brand websites: an interdisciplinary review. In: Internet Research. 19 (2009) #5, S. 535-565.

Wentzel, et al. 2010
Wentzel, Paul-Roux; Schmied, Jürgen; Hehn, Uwe und Gerdom, Michael: SPICE im Unternehmen einführen. Ein Leitfaden für die Praxis. Heidelberg: dpunkt, 2010.

Westerman, Bonnet und McAfee 2014
Westerman, George; Bonnet, Didier und McAfee, Andrew: The Nine Elements of Digital Transformation. 07. Januar 2014. http://sloanreview.mit.edu/article/the-nine-elements-of-digital-transformation/ [abgerufen am 20. März 2015].

Westermann 2004
Westermann, Arne: Unternehmenskommunikation im Internet. Berlin: Vistas Verlag, 2004.

Wilhelm 2014
Wilhelm, Hannah: Wie der Laden wirklich läuft. In: Süddeutsche.de. 2014, 29. November 2014.

Wirtz 2013
Wirtz, Bernd W.: Multi-Channel-Marketing. 2. Aufl., Wiesbaden: Springer Gabler, 2013.

Wittmann, et al. 2014

Wittmann, Georg; Stahl, Ernst; Torunsky, Robert und Weinfurtner, Stefan: Internet World Messe 2014 Digitalisierung der Gesellschaft 2014. Studie, Regensburg: ibi research an der Universität Regensburg GmbH, 2014.

Yin 2003

Yin, Robert K.: Case Study Research - Design and Methods. 3.Aufl., Kalifornien: Thousands Oaks, 2003.

Zerfaß und Pleil 2012

Zerfaß, Ansgar und Pleil, Thomas: Strategische Kommunikation in Internet und Social Web. In: Handbuch Online-PR. Strategische Kommunikation in Internet und Social Web. Konstanz: UVK, 2012, S. 39-82.

Zollet 2014

Zollet, Roman: Interactivity of Corporate Websites: An integrative Review of the Literature. In: IEEE Transactions on Professional Communication. 57 (2014) #1, S. 2-16.

Anhang

A. Klassifizierung der Kommunikationsmittel und -kanäle

Die nachfolgende Tabelle 55 (Teil A-D) bietet eine zusammenfassende Übersicht und eine Klassifizierung für alle klassischen und webbasierten Kommunikationsmittel und -kanäle anhand der maßgeblichen Strukturdeterminanten. Die Auswahl der einzelnen Eigenschaften und Attribute basiert auf den Ausarbeitungen von Clark & Brennan (Clark und Brennan 1991, S. 142), Piwinger (Piwinger 2002), Döring (Döring 2003, S. 125) und Behling (Behling 2006). Die Strukturdeterminanten werden modifiziert und um die zeitgemäßen Anforderungen und Erwartungen ergänzt.

	Zeit		Form der Kommunikation			Form der Information					
	synchron	asynchron	Hörbarkeit	Lesbarkeit	Sichtbarkeit	sprachlich	textlich	multimedial	Daten	unstrukturiert	strukturiert
klassische Kommunikations-mittel und -kanäle											
persönlicher Kontakt	●		●		●	●				●	
Brief		●		●			●				●
Telefon	●		●			●				●	
SMS		●		●			●		◐		●
IVR	●		●			●			●		●
webbasierte Kommunikations-mittel und -kanäle											
Unternehmenswebseite		●		●		●	●	●	◐[1]		●
Unternehmensportal		●		●		●	●	●	◐[1]		●
Formular		●		●		●					●
FAQ		●		●		●	●				●
E-Mail		●		●		●	●				●
Sichere E-Mail		●		●		●	●				●
Newsletter		●		●		●	●		●		●
Feed (z.B. RSS, E-Paper)		●		●		●	●				●
Chat	●	◐		●		●				●	
Video-Chat	●		●		●	●		●		●	
Video-Konferenz	●		●		●	●		●		●	
Co-Browsing	●			●	◐			●	●	●	
Web-based Training/ Seminar	●	◐	●	●	●	●	●	●			●
Kommentierung und Bewertung		●		●		●				●	
Stream/ Timeline		●		●		●	●			●	
Blog (inkl. Vblog, Podcast)		●	●	●	●	●	●	●		●	◐
Microblog		●		●		●	●			●	
Wiki		●		●		●	●				●
Diskussionsforum (öffentlich)		●		●		●	●			●	
Online-Community (abgeschlossen)		●		●		●	●			●	
Social Network		●		●		●	●			●	
Media-Sharing-Portale		●	●	●	●	●	●	●		●	
Internet (Self-)Service		●		●			●		●		●
Virtuelle Messen	●		●	●	●	◐	●	●	●		●
App		●		●		●	●	●	●		●
Smart Objects		●							●		●

Tabelle 55: Klassifizierung aller klassischen und webbasierten Kommunikationsmittel und -kanäle anhand ihrer Strukturdeterminanten (Teil A); FN 1: z.B. über Cookies, Geodaten etc.

Legende:

● trifft voll zu ◐ trifft teilweise zu ○ trifft nicht zu

	Präsenz		Art der Kommunikation			Eigenschaften der Kommunikation					
	Absenz	Gegenwärtigkeit	unidirektional	bidirektional	multi- oder polydirektional	parallelisierbar	sequenziell	revidierbar	unmittelbar	automatisierbar (Verarbeitung)	wiederverwendbar
klassische Kommunikationsmittel und -kanäle											
persönlicher Kontakt		●		●			●		●		
Brief	●		●	●		●		●		◐	●
Telefon		●		●			●		●		
SMS	●		●	●		●		●		●	●
IVR	●			●		●			●	●	
webbasierte Kommunikationsmittel und -kanäle											
Unternehmenswebseite	●		●			●		●			●
Unternehmensportal	●		●			●		●			●
Formular	●		●			●		●		●	
FAQ	●		●			●		●		●	●
E-Mail	●		●	●		●		●		●	●
Sichere E-Mail	●		●	●		●		●		●	●
Newsletter	●		●			●		●		●	●
Feed (z.B. RSS, E-Paper)	●		●			●		●		●	●
Chat	◐	●		●	◐	●	◐	◐	●	◐2	
Video-Chat		●		●	◐		●		●		
Video-Konferenz		●		◐	●		●		●		
Co-Browsing		●	◐	●			●		●		
Web-based Training/ Seminar	◐	●	●	◐	◐		●	◐	◐		◐
Kommentierung und Bewertung	●		●	◐		●		●			●
Stream/ Timeline	●		●			●		◐			
Blog (inkl. Vblog, Podcast)	●		●	◐		●		●			●
Microblog	●		●	◐		●		●			●
Wiki	●				●	●		●			●
Diskussionsforum (öffentlich)	●			●	●	●		●			●
Online-Community (abgeschlossen)	●			●	●	●		●			●
Social Network	●			●	●	●		◐			
Media-Sharing-Portale	●			●	●	●		●			●
Internet (Self-)Service	●		●			●		◐	●	●	
Virtuelle Messen	◐	●	●	●	●		●	◐	◐		◐
App	●		●			●		●		●	
Smart Objects	●				●	●			●	●	

Tabelle 55: Klassifizierung aller klassischen und webbasierten Kommunikationsmittel und -kanäle anhand ihrer Strukturdeterminanten (Teil B); FN 2: z.B. mit Hilfe eines Chat-Bots

	Datensicherheit			Privatheit		Kommunikationszahl				Authentizität	
	vertraulich	rechtsverbindlich	Sicherstellung von Integrität	privat/ abgeschlossen	öffentlich	individuell (one-to-one)	Gruppe (one-to-some)	Masse (one-to-many)	many-to-many	anonym/ pseudonym	nicht anonym
klassische Kommunikationsmittel und -kanäle											
persönlicher Kontakt	●	●	●	●		●					●
Brief	●	●		●		●	●	●			●
Telefon	●		◐	●		●				◐	●
SMS	●			●		●	●	●		◐	●
IVR				●		●				◐	
webbasierte Kommunikationsmittel und -kanäle											
Unternehmenswebseite					●			●		●	
Unternehmensportal	●	●	●	●	◐	●	●	●			●
Formular	●	●	◐	●		●				◐	●
FAQ					●		●			●	
E-Mail	●			●		●	●			●	
Sichere E-Mail	●	●	●	●		●					●
Newsletter					●			●		●	
Feed (z.B. RSS, E-Paper)					●			●		●	
Chat	●		◐	●		●	◐			●	
Video-Chat	●		◐	●		●	◐				●
Video-Konferenz	●		◐	●			●	●			●
Co-Browsing	●		◐	●		●	◐			●	
Web-based Training/ Seminar	●		◐	●	◐		●	●		◐	●
Kommentierung und Bewertung					●			●	●	●	
Stream/ Timeline					●			●		●	
Blog (inkl. Vblog, Podcast)					●			●	◐	●	
Microblog					●			●	◐	●	
Wiki					●			◐	●	●	
Diskussionsforum (öffentlich)					●			◐	●	●	
Online-Community (abgeschlossen)				●	◐			◐	●	●	
Social Network				◐	●		◐	◐	●	●	
Media-Sharing-Portale					●		◐	◐	●	●	
Internet (Self-)Service	●	◐	◐	●		●				◐	●
Virtuelle Messen				◐	●			◐	●	◐	●
App	●	◐	◐	●		●	●	●		●	
Smart Objects	●	◐	◐	●		●			●		●

Tabelle 55: Klassifizierung aller klassischen und webbasierten Kommunikationsmittel und -kanäle anhand ihrer Strukturdeterminanten (Teil C)

	Öffentlichkeits-wirksamkeit		Informationsgehalt		Aufwand	
	Wirksamkeit	Viralität	Informations-menge	darstellbare Komplexität	Personal-aufwand (pro Kunde)	Technikaufwand (Betreibersicht)
klassische Kommunikations-mittel und -kanäle						
persönlicher Kontakt	keine	keine	sehr hoch	sehr hoch	sehr hoch	sehr gering
Brief	gering	keine	hoch	hoch	gering	gering
Telefon	keine	keine	mittel	mittel	sehr hoch	gering
SMS	gering	keine	sehr gering	sehr gering	sehr gering	gering
IVR	keine	keine	gering	gering	keiner	mittel
webbasierte Kommunikations-mittel und -kanäle						
Unternehmenswebseite	sehr hoch	mittel	sehr hoch	hoch	mittel	mittel
Unternehmensportal	mittel	gering	sehr hoch	hoch	mittel	hoch
Formular	keine	keine	gering	gering	gering	gering
FAQ	gering	sehr gering	mittel	mittel	sehr gering	gering
E-Mail	gering	gering	hoch	hoch	gering	gering
Sichere E-Mail	keine	keine	hoch	hoch	gering	sehr hoch
Newsletter	hoch	mittel	hoch	mittel	sehr gering	gering
Feed (z.B. RSS, E-Paper)	hoch	gering	mittel	mittel	sehr gering	gering
Chat	keine	keine	gering	gering	mittel	mittel
Video-Chat	keine	keine	sehr hoch	sehr hoch	sehr hoch	sehr hoch
Video-Konferenz	gering	keine	sehr hoch	sehr hoch	hoch	sehr hoch
Co-Browsing	keine	keine	hoch	hoch	hoch	hoch
Web-based Training/ Seminar	mittel	gering	sehr hoch	sehr hoch	hoch	sehr hoch
Kommentierung und Bewertung	sehr hoch	hoch	gering	gering	gering	gering
Stream/ Timeline	hoch	mittel	mittel	gering	gering	gering
Blog (inkl. Vblog, Podcast)	hoch	hoch	hoch	mittel	mittel	gering
Microblog	hoch	sehr hoch	gering	gering	mittel	gering
Wiki	hoch	mittel	sehr hoch	hoch	mittel	gering
Diskussionsforum (öffentlich)	mittel	mittel	mittel	mittel	mittel	mittel
Online-Community (abgeschlossen)	hoch	sehr hoch	hoch	hoch	mittel	mittel
Social Network	sehr hoch	sehr hoch	mittel	mittel	mittel	mittel
Media-Sharing-Portale	hoch	sehr hoch	mittel	mittel	mittel	hoch
Internet (Self-)Service	keine	keine	mittel	mittel	keiner	hoch
Virtuelle Messen	hoch	mittel	hoch	hoch	hoch	hoch
App	mittel	gering	mittel	mittel	gering	hoch
Smart Objects	keine	keine	sehr hoch	sehr hoch	keiner	sehr hoch

Tabelle 55: Klassifizierung aller klassischen und webbasierten Kommunikationsmittel und -kanäle anhand ihrer Strukturdeterminanten (Teil D)

B.   Ergebnisbetrachtung der Studie zur digitalen Kundeninteraktion

Hinsichtlich der Internetnutzung zeigt sich, dass die tägliche Nutzung des Internets über PC oder Laptop (auch methoden-basiert) mit 95 bis 99% durchgängig hoch ist. Die Nutzung erfolgt gleichmäßig über alle Altersgruppen hinweg, was aber wahrscheinlich auf die Auswahl eines Onlinepanels zurückzuführen ist.

Bei der Nutzung von Smartphones zeigt sich eine deutliche Differenzierung sowohl zwischen den Altersgruppen als auch zwischen den Ländern. Auffällig ist die deutlich häufigere Nutzung des Internets mit Hilfe des Smartphones und Tablets in China gegenüber den anderen Ländern. 92% der Befragten aus China gaben im Gegensatz zu 53% der DACH-Einwohner an, mindestens täglich auf diese Art das Internet zu nutzen. Brasilien und USA liegen dabei im Mittelfeld, bleiben aber noch weit hinter China zurück.

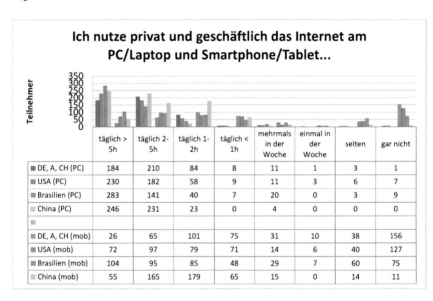

Ich nutze privat und geschäftlich das Internet am PC/Laptop und Smartphone/Tablet...

	täglich > 5h	täglich 2-5h	täglich 1-2h	täglich < 1h	mehrmals in der Woche	einmal in der Woche	selten	gar nicht
▪ DE, A, CH (PC)	184	210	84	8	11	1	3	1
▪ USA (PC)	230	182	58	9	11	3	6	7
▪ Brasilien (PC)	283	141	40	7	20	0	3	9
▫ China (PC)	246	231	23	0	4	0	0	0
▪								
▪ DE, A, CH (mob)	26	65	101	75	31	10	38	156
▪ USA (mob)	72	97	79	71	14	6	40	127
▪ Brasilien (mob)	104	95	85	48	29	7	60	75
▫ China (mob)	55	165	179	65	15	0	14	11

Abbildung 19: Internetnutzung über PC/Laptop und via Smartphone/Tablet sortiert nach Ländern (gesamt, Mehrfachantworten möglich)

Bei der Nutzung von Social Networks zeigt sich, dass grundsätzlich ein sehr großer Teil der Befragten in – je nach Land und Region – spezifischen Netzwerken unterwegs ist. In Deutschland, Österreich, Schweiz, USA und Brasilien ist das hauptsächlich »Facebook« und in China »Qzone« und »Weibo«.

Jedoch ist auch bemerkenswert, dass Brasilien und China in diesem Bereich Spitzenreiter sind und in DACH dagegen 24% der Befragten angegeben haben, kein Social Network zu nutzen.

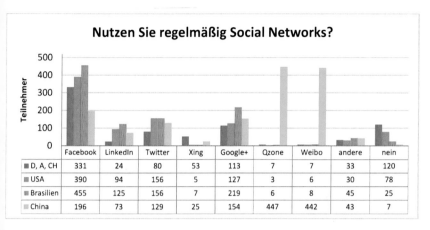

Nutzen Sie regelmäßig Social Networks?

	Facebook	LinkedIn	Twitter	Xing	Google+	Qzone	Weibo	andere	nein
D, A, CH	331	24	80	53	113	7	7	33	120
USA	390	94	156	5	127	3	6	30	78
Brasilien	455	125	156	7	219	6	8	45	25
China	196	73	129	25	154	447	442	43	7

Abbildung 20: Nutzung von Social Networks sortiert nach Ländern/Regionen (gesamt, Mehrfachantworten möglich)

Entsprechendes gilt auch für aktive Beteiligung im Internet und die Tendenz sowohl Erfahrungsberichte und Rezensionen anderer Nutzer zu beachten als auch die Bereitschaft selbst welche zu erstellen. In Brasilien und China ist die Anzahl »aktiver« Nutzer wesentlich höher.

Betrachtet man die Erwartungen der Kunden bzgl. des Kontakt- und Informationsangebots von Unternehmen im Internet, so haben derzeit immer noch Unternehmenswebseiten die höchste Bedeutung in allen Ländern/Regionen, insbesondere in DACH und USA. Die unternehmenseigene Webseite ist für die meisten Teilnehmer der wichtigste Anlaufpunkt für Kontakt, Informationen und elektronische Dienstleistungen.

Abbildung 21: Bedeutung von Kontakt-, Informations- und Funktionsangebot unterschiedlicher Kanäle im Internet (gesamt, Mehrfachantworten möglich)

Bei der Bewertung der Zufriedenheit mit Kontaktkanälen zeigt sich, dass durchweg eine hohe bis sehr hohe Zufriedenheit bei auf PC/Laptop zugeschnittenen Internetangeboten und dem Service im Geschäft vorherrschend ist – im Gegensatz zu Telefonservice, Smartphones oder Automaten. Das gilt für alle beteiligten Länder/Regionen. Ähnliches zeigt sich auch für die gefühlte Sicherheit im Umgang mit PC/Laptop und den Internetanwendungen.

Betrachtet man nun die Nutzung der unterschiedlichen Kontaktkanäle für unterschiedliche Produkte und Dienstleistungen, so zeigen sich durchaus beachtliche Unterschiede in den einzelnen Ländern/Regionen. Die weitere Ergebnisdarstellung wird dabei allerdings auf die Nutzung durch die DACH-Einwohner beschränkt. Die Studie differenziert insoweit zwischen dem Informations-, dem Kauf- und dem Reklamationsvorgang.

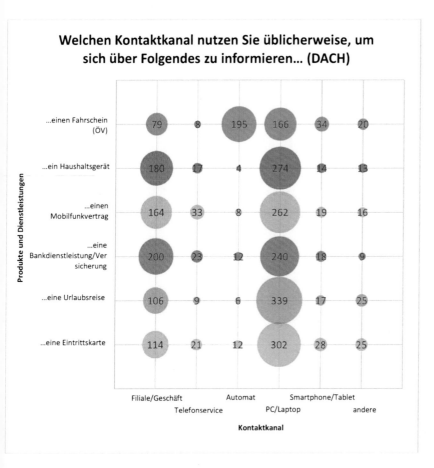

Welchen Kontaktkanal nutzen Sie üblicherweise, um sich über Folgendes zu informieren... (DACH)

Abbildung 22: Nutzung von Kontaktkanälen zum Einholen von Informationen zu Produkten und Dienstleistungen (DACH, Mehrfachantworten möglich)

Welchen Kontaktkanal nutzen Sie üblicherweise, um Folgendes zu kaufen... (DACH)

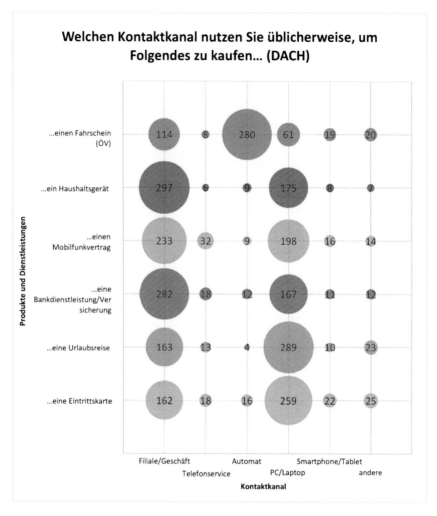

Abbildung 23: Nutzung von Kontaktkanälen zum Kauf von Produkten und Dienstleistungen (DACH, Mehrfachantworten möglich)

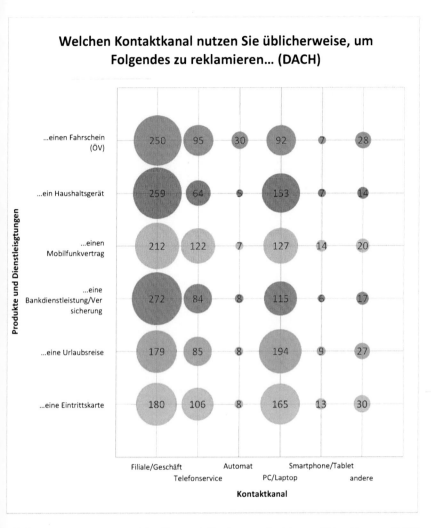

Welchen Kontaktkanal nutzen Sie üblicherweise, um Folgendes zu reklamieren... (DACH)

Abbildung 24: Nutzung von Kontaktkanälen zum Reklamieren von Produkten und Dienstleistungen (DACH, Mehrfachantworten möglich)

Hierbei wird grundsätzlich deutlich, dass von den Befragten für die Informationsrecherche zwar schon vorwiegend das Internet über PC/Laptop zum Einsatz kommt, die Filiale und das Geschäft jedoch weiterhin üblicherweise zum Kauf und zur Reklamation genutzt werden. Für das Reklamieren gewinnt auch der Telefonservice zunehmend an Bedeutung, bleibt aber hinter der Filiale und dem Geschäft zurück. Abgesehen von der Nutzung der Automaten zur Information beim Kauf von Fahrscheinen, ist dieser Kanal nach der Übersicht – zusammen mit den Smartphones/Tablets und anderen – bislang weitgehend zu vernachlässigen.

Hierbei wird auch der einfache ROPO-Effekt (Research Online, Purchase Offline bzw. Research Offline, Purchase Online) deutlich, der besagt, dass meist online recherchiert, dafür aber dann offline gekauft wird. Genauer betrachtet trifft dies aber nicht mehr für den Kauf von Urlaubsreisen und Eintrittskarten zu, die schon jetzt vorwiegend online abgewickelt werden. Bei Urlaubsreisen hat sich sogar schon der Kontaktkanal zur Reklamation in Richtung Online-Kontakt verschoben bzw. gewandelt.

Bei Betrachtung der Bankdienstleistungen und Versicherungen wird deutlich, dass in diesen Branchen die Online-Mentalität noch am geringsten entwickelt ist und noch große Potenziale bestehen. Dies gilt insbesondere beim Kauf/Abschluss von Bank- und Versicherungsdienstleistungen, die meist eine größere Komplexität besitzen und damit eine höhere Beratungsintensität erfordern.

Eigenschaften	Kontaktkanäle				
	Filiale/Geschäft	Telefonservice	Automat	PC/Laptop	Smartphone/Tablet
Schnell	-27%	-40%	-39%	-2%	-28%
Freundlich	-9%	-32%	k.A.	-26%	k.A.
Verbindlich	-6%	-49%	-34%	-24%	-48%
Vertrauensvoll	-13%	-69%	-62%	-57%	-82%
Anonym	-44%	31%	8%	20%	17%
Umständlich	k.A.	81%	-4%	k.A.	k.A.
Unklar	k.A.	68%	12%	k.A.	k.A.
Unzuverlässig	k.A.	108%	6%	k.A.	k.A.

Abbildung 25: Differenz zwischen Erwartung und tatsächlicher Erfahrung bei der Beurteilung verschiedener Kontaktkanäle (DACH)

Bei einem Vergleich der Erwartungshaltung und der tatsächlichen Erfahrung hinsichtlich der Nutzung von verschiedenen Kontaktkanälen fällt auf, dass grundsätzlich die Erwartungen die konkreten Erfahrungen übertreffen. Bei PC/Laptop sind insbesondere hinsichtlich Freundlichkeit, Verbindlichkeit und dem vertrauensvollen Umgang mit Daten die Erwartungen erheblich höher als die tatsächliche Erfahrung. Die Anonymität wird umgekehrt höher als erwartet eingeschätzt und die Schnelligkeit des Kanals entspricht genau dem, was erwartet wurde.

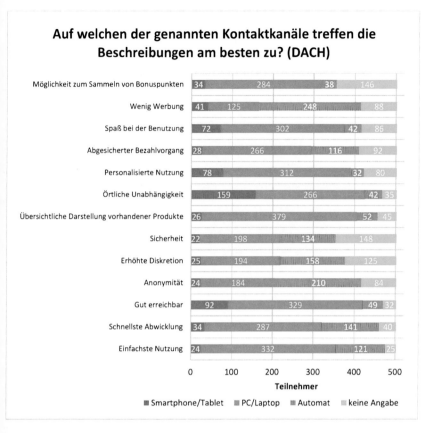

Abbildung 26: Eigenschaften von Self-Service Kontaktkanälen (DACH, n=502)

Bei der Charakterisierung der einzelnen Kontaktkanäle kann man unmittelbar erkennen, dass der PC/Laptop Kanal vergleichsweise gut in den einzelnen Eigenschaften abschneidet. Erwähnenswert ist in dem Fall nur, dass insbesondere Werbung, Sicherheit, Diskretion und Anonymität vergleichsweise schlecht abschneiden und ein noch vorhandenes Potenzial für diesen Kanal aufzeigen.

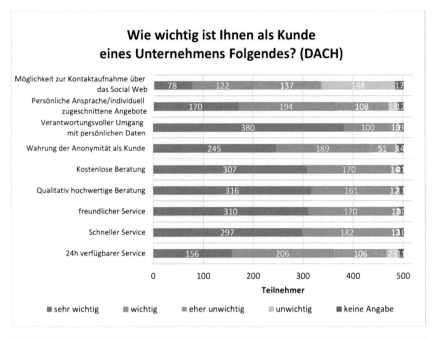

Wie wichtig ist Ihnen als Kunde eines Unternehmens Folgendes? (DACH)

	24h verfügbarer Service	Schneller Service	freundlicher Service	Qualitativ hochwertige Beratung	Kostenlose Beratung	Wahrung der Anonymität als Kunde	Verantwortungs-voller Umgang mit persönlichen Daten	Persönliche Ansprache/ individuell zugeschnittene Angebote	Möglichkeit zur Kontakt-aufnahme über das Social Web
Keine Angabe	11	10	10	11	11	14	9	12	17
Unwichtig	23	1	0	2	0	3	3	18	148
Eher unwichtig	106	12	12	12	14	51	10	108	137
Wichtig	206	182	170	161	170	189	100	194	122
Sehr wichtig	156	297	310	316	307	245	380	170	78

Abbildung 27: Priorisierung der Art des Kundenkontakts inklusive Datentabelle (DACH, n=502)

Betrachtet man nun den Kundenkontakt unabhängig vom Kanal, so zeigt sich, dass dem Kunden der verantwortungsvolle Umgang mit persönlichen Daten am wichtigsten ist. Dem folgen nach eine qualitativ hochwertige Beratung, ein freundlicher und schneller Service sowie eine möglichst kostenfreie Beratung. Als eher unwichtig und vernachlässigbar werden eingeschätzt, die Möglichkeit zur Kontaktaufnahme über Social Web, Personalisierung und ein 24h Service.

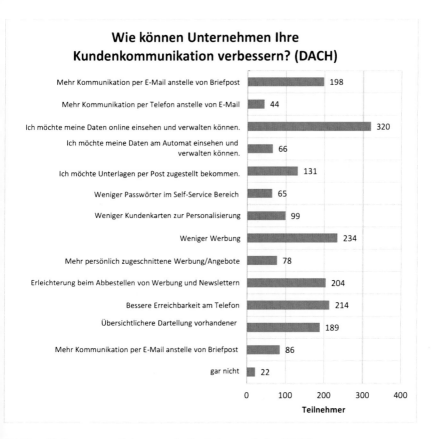

Wie können Unternehmen Ihre Kundenkommunikation verbessern? (DACH)

	Teilnehmer
Mehr Kommunikation per E-Mail anstelle von Briefpost	198
Mehr Kommunikation per Telefon anstelle von E-Mail	44
Ich möchte meine Daten online einsehen und verwalten können.	320
Ich möchte meine Daten am Automat einsehen und verwalten können.	66
Ich möchte Unterlagen per Post zugestellt bekommen.	131
Weniger Passwörter im Self-Service Bereich	65
Weniger Kundenkarten zur Personalisierung	99
Weniger Werbung	234
Mehr persönlich zugeschnittene Werbung/Angebote	78
Erleichterung beim Abbestellen von Werbung und Newslettern	204
Bessere Erreichbarkeit am Telefon	214
Übersichtlichere Dartellung vorhandener	189
Mehr Kommunikation per E-Mail anstelle von Briefpost	86
gar nicht	22

Abbildung 28: Anregung zur Verbesserung der Kundenkommunikation (DACH)

Auf die Frage, wie die Unternehmen ihre Kundenkommunikation verbessern können, zeigt sich, dass insbesondere die webbasierte Selbstverwaltung von persönlichen Kundendaten mit Hilfe von Self-Services hervorsticht. Erst mit Abstand wird der Wunsch nach insgesamt weniger Werbung erwähnt. Es folgen die bessere Erreichbarkeit am Telefon, die erleichterte Abbestellung von Werbung und Newslettern, die verstärkte digitale Kommunikation über E-Mail und die übersichtlichere Darstellung von Produkten und Dienstleistungen, die im Mittelblock liegen. Hierbei zeigt sich auch die Tendenz, dass mittlerweile der digitale Versand von Informationen und Unterlagen gegenüber dem postalischen Versand weitgehend bevorzugt wird.

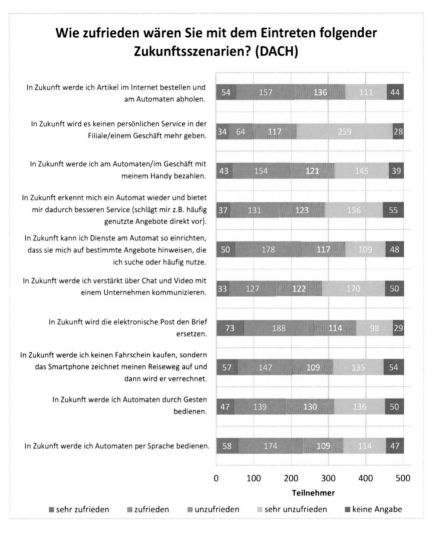

Wie zufrieden wären Sie mit dem Eintreten folgender Zukunftsszenarien? (DACH)

In Zukunft werde ich Artikel im Internet bestellen und am Automaten abholen.	54	157	136	111	44
In Zukunft wird es keinen persönlichen Service in der Filiale/einem Geschäft mehr geben.	34	64	117	259	28
In Zukunft werde ich am Automaten/im Geschäft mit meinem Handy bezahlen.	43	154	121	145	39
In Zukunft erkennt mich ein Automat wieder und bietet mir dadurch besseren Service (schlägt mir z.B. häufig genutzte Angebote direkt vor).	37	131	123	156	55
In Zukunft kann ich Dienste am Automat so einrichten, dass sie mich auf bestimmte Angebote hinweisen, die ich suche oder häufig nutze.	50	178	117	109	48
In Zukunft werde ich verstärkt über Chat und Video mit einem Unternehmen kommunizieren.	33	127	122	170	50
In Zukunft wird die elektronische Post den Brief ersetzen.	73	188	114	98	29
In Zukunft werde ich keinen Fahrschein kaufen, sondern das Smartphone zeichnet meinen Reiseweg auf und dann wird er verrechnet.	57	147	109	135	54
In Zukunft werde ich Automaten durch Gesten bedienen.	47	139	130	136	50
In Zukunft werde ich Automaten per Sprache bedienen.	58	174	109	114	47

0   100   200   300   400   500
Teilnehmer

■ sehr zufrieden   ■ zufrieden   ■ unzufrieden   ■ sehr unzufrieden   ■ keine Angabe

Abbildung 29: Bewertung von Zukunftsszenarien (DACH, n=502)

Bei der abschließenden Frage nach der Einschätzung von diversen Zukunftsszenarien zeigt sich eine allgemein eher negative Einstellung. Insgesamt schneiden nur drei Szenarien mit einer knappen positiven Mehrheit ab. Die elektronische Post wird demnach den Brief ersetzen und Sprachinteraktion mit technischen Geräten zunehmen. Bei der Kommunikation über Chat und Video mit Unternehmen zeigt sich eher eine ambivalente Einstellung. Sie wird angesichts der aktuellen Technik noch nicht als zufriedenstellend bzw. zukunftsfähig betrachtet.

C. Interviewleitfaden für Fallstudien zur digitalen Kundeninteraktion

Hintergrund

Innovative Konzepte der Kundeninteraktion dürften über alle Branchen des Handels- und Dienstleistungssektors hinweg in Zukunft immer interessanter und wichtiger werden. Je mehr es gelingt, den Bedürfnissen des Kunden zu entsprechen und dessen Erwartungen gerecht zu werden bzw. diese noch zu übertreffen, desto höher ist auch die Chance, neue Kunden zu gewinnen, vorhandene Kunden zu erhalten und diese auch dauerhaft an das Unternehmen zu binden.

Problemstellung

An Kundenkontaktpunkten sammelt der potenzielle oder bestehende Kunde seine konkreten Erfahrungen und Erlebnisse mit dem Anbieter (dem Unternehmen, der Marke, seinen Produkten und Dienstleistungen und ggfls. mit den Mitarbeitern). Die Anzahl und damit auch die Vielfalt der Kundenkontaktkanäle für Unternehmen haben sich in den letzten Jahren aufgrund einer äußerst dynamischer Entwicklungen im IT-Bereich erheblich erhöht.

Die Herausforderung liegt nun darin, einerseits den richtigen Kanal für die Kundenzielgruppe zu erkennen und entsprechend attraktiv zu gestalten und andererseits die Synchronisation und komplementäre Nutzung unterschiedlicher Kanäle sicherzustellen, um einen optimalen Erfolg zu erzielen.

Block 1 – Aktuelle Methoden / Lösungen

- Welche Methoden zur webbasierten Kundeninteraktion (Blogs, Communities, Chat, Video, Self-Services etc.) werden derzeit von Ihrem Unternehmen auf Ihrer Webseite angeboten und eingesetzt? Welche werden über externe Webseiten bzw. Social-Media-Aktivitäten angeboten?

- An welche Zielgruppen richten sich die jeweiligen Lösungen und welche zentralen Nutzungsszenarien werden abgedeckt?

- Welche technischen Plattformen und Informationssysteme befinden sich derzeit im Einsatz? Von wem werden diese gestaltet und betrieben? Welche Maßnahmen zur Integration der Kundenbetreuung auf unterschiedlichen Kanälen wurden getroffen?

- Wie hoch ist der Automatisierungsgrad der ein- und ausgehenden Kanäle und Services? Welche Art von Self- oder Smart-Services werden angeboten?

Block 2 – Motivation

- Wie haben sich ggfls. Kundenverhalten und -erwartungen aus Sicht des Unternehmens in den letzten Jahren verändert? Wie und in welchen Bereichen macht sich dies für das Unternehmen bereits bemerkbar?
- Wie schätzen Sie die Anforderungen der nächsten Kundengenerationen, insbesondere der sog. »Digital Natives« ein?
- Wurden bereits Konsequenzen aus dem veränderten bzw. zu erwartenden Kundenverhalten gezogen? Wenn ja, welche und wo liegen die Schwerpunkte Ihrer Kundeninteraktion?
- Worin sehen Sie den größten Nutzen bzw. die wesentlichen Vorteile der von Ihnen gewählten Methoden/Lösungen (gegenüber den klassischen Kontaktpunkten)?
- Welche Bedeutung hat die webbasierte Kundeninteraktion für Ihre Produktentwicklung und Innovationsmanagement? Können Sie bereits über positive Erfahrungen (Verbesserungsvorschläge, neue Produktideen etc.) berichten?

Block 3 – Erfolgsbedingungen

- Welche Faktoren kennzeichnen einen erfolgreichen webbasierten Dialog mit dem Unternehmen?
- Welchen besonderen technischen und/oder rechtlichen Anforderungen unterliegen die Dialog- und Benutzerführung an den digitalen Kontaktpunkten in ihrem spezifischen Dienstleistungskontext?
- Wie bewerten Sie die Nutzerakzeptanz der von Ihnen angebotenen Lösung?
- Bieten Sie dialogbereiten Kunden bestimmte Incentives an, um die Interaktion für Sie attraktiv und lohnenswert zu machen?

Block 4 – Herausforderungen und Grenzen

- Gibt es Grenzen für die von Ihrem Unternehmen ausgehenden Aktivitäten zur webbasierten Kundeninteraktion?

- Wie bewerten Sie die Grenzen hinsichtlich Intensität/Penetranz und Kundenbelastbarkeit? Welche Maßnahmen bzw. Regelungen wurden insoweit ggf. bereits getroffen oder sind beabsichtigt?
- Wie beurteilen Sie die Unterschiede bzw. Vor- und Nachteile einer verstärkten Dialogorientierung über zentrale Unternehmenswebseiten im Verhältnis zum Social Web und welche Konsequenzen/Schwerpunktsetzung leiten Sie ggf. hieraus ab?
- Welchen aktuellen Herausforderungen muss sich Ihr Unternehmen im Rahmen der webbasierten Kundeninteraktion stellen?

Block 5 – Organisatorische Veränderungen

- Welche Auswirkungen/Veränderungen z.B. in organisatorischer oder personeller Hinsicht hat die webbasierte Kundeninteraktion auf Ihr Unternehmen im Innenverhältnis?
- Gibt es zu den verschiedenen Interaktionsprozessen insbesondere Beratungsleistungen vorgegebene Prozessbeschreibungen bzw. Handlungsanleitungen für die Mitarbeiter/-innen?
- Welche spezifischen Anforderungen sind an das Personal zu stellen, das den Kunden beim digitalen Interaktionsprozess betreut? Gibt es interne oder externe Schulungen für den Einsatz in diesen Arbeitsbereichen?
- Inwieweit ist das Management bzw. die Unternehmensleitung mit diesen Angelegenheiten befasst. Welche Bedeutung kommt dem Management in diesem Zusammenhang zu?
- Gibt es für den Umgang mit produkt- und unternehmenskritischen Kundenbewertungen/-antworten insbesondere auf Ihren Unternehmenswebseiten interne Vorgaben?

Block 6 – Weiterentwicklung

- Wie schätzen Sie die Chancen einer dialogorientierten webbasierten Kundeninteraktion für künftigen die Beratungs-, Produktentwicklungs- und Innovationsprozesse Ihres Unternehmens ein?
- Welche Schritte zur Weiterentwicklung der webbasierten Kundeninteraktion sind in Ihrem Unternehmen geplant?